职业教育城市轨道交通专业产教融合创新教材
湖北省职业教育在线精品课程配套教材

城市轨道交通变电所运行与维护

主 编 杨大丽 邓小桃

副主编 江 澜 邓春兰

参 编 朱志红 邓玉皎

机械工业出版社

本书是湖北省职业教育在线精品课程配套教材。本书由 8 个项目组成，分别为供电系统的认知，变换电器的认知、运行与维护，开关及开关柜的认知与维护，防雷接地与杂散电流防护装置的认知与维护，城市轨道交通变电所电气主接线的识图分析与设备认知，变电所二次回路的识图与分析，变电所的运行操作，变电所常见异常与故障处理。

本书在编写过程中，内容上，力求深入浅出，突出重点，介绍新设备、新技术和新工艺，强调理论与实践相结合。语言上，简明扼要，通俗易懂。体例设计上，打破传统教材的编写模式，图文并茂、脉络清晰、版式新颖且可读性强。深入挖掘育人元素，以国产新设备与新技术发展、劳模的榜样事迹、事故案例三大主线将素质培养有机融入项目的各个任务。本书适合作为高等职业院校城市轨道交通类专业的教学用书，也可作为城市轨道交通行业职工培训、运行维护人员参考用书。

本书具有丰富的配套网络教学资源，如理论视频、实操视频和动画等（部分动画在本书中可通过扫描二维码观看），且在智慧职教 MOOC 学院开设的在线课程（课程名称：城市轨道交通供电系统的运行与维护）被评为 2022 年湖北省职业教育在线精品课程。另外，为了方便教学，本书还配有电子课件、习题答案等，凡选用本书作为授课教材的教师，均可登录机械工业出版社教育服务网（www.cmpedu.com）免费下载。咨询电话：010-88379375。

图书在版编目（CIP）数据

城市轨道交通变电所运行与维护 / 杨大丽，邓小桃主编 . —北京：机械工业出版社，2024.1
　职业教育城市轨道交通专业产教融合创新教材
　ISBN 978-7-111-74530-3

　Ⅰ．①城… Ⅱ．①杨… ②邓… Ⅲ．①城市铁路－轨道交通－变电所－运行－高等职业教育－教材 ②城市铁路－轨道交通－变电所－维修－高等职业教育－教材 Ⅳ．① U239.5

中国国家版本馆 CIP 数据核字（2023）第 238455 号

机械工业出版社（北京市百万庄大街 22 号　邮政编码 100037）
策划编辑：高亚云　　　　　　　责任编辑：高亚云
责任校对：肖　琳　王　延　　　封面设计：王　旭
责任印制：李　昂
河北泓景印刷有限公司印刷
2024 年 5 月第 1 版第 1 次印刷
184mm×260mm・17.25 印张・433 千字
标准书号：ISBN 978-7-111-74530-3
定价：49.80 元

电话服务　　　　　　　　　　网络服务
客服电话：010-88361066　　　机　工　官　网：www.cmpbook.com
　　　　　010-88379833　　　机　工　官　博：weibo.com/cmp1952
　　　　　010-68326294　　　金　书　网：www.golden-book.com
封底无防伪标均为盗版　　　　机工教育服务网：www.cmpedu.com

前　言

本书面向城市轨道交通企业和施工单位，根据一线从事城市轨道交通变电所的运行、检修与维护等工作的人员的需要，以培养变配电所值班员、变配电检修工等岗位的职业能力为重点，参照行业的职业资格标准，校企合作，以典型工作任务为中心组织内容，合理选择工作任务为载体，设计 8 个项目，将相关的知识、技能、素质要求按照学生的认知规律和职业成长规律，由易到难地融于各个项目。

本书根据企业工作岗位需求，采用项目－任务形式编写，按照"任务描述－任务目标－任务资讯－任务实施－拓展阅读－任务检测"的体例格式，以任务为线索，引导读者带着任务学习，通过任务实施情况检测学习效果，同时有利于教师的理实一体化授课。

为落实党的二十大报告中关于"推进教育数字化"的要求，本书配套有丰富的网络教学资源，如理论视频、实操视频和动画等（部分动画在本书中可通过扫描二维码观看），且在智慧职教 MOOC 学院开设的在线课程（课程名称：城市轨道交通供电系统的运行与维护）被评为 2022 年湖北省职业教育在线精品课程。纸质教材和数字资源的有机融合，可实现线上线下混合式学习，将复杂的原理知识、设备构造与实际操作更加生动、直观地呈现在读者面前，拓展了教学时空，增强了教学吸引力，激发了学习者的学习积极性和自主性，扩大了优质教育资源受益面。

本书由武汉铁路职业技术学院杨大丽、武汉铁路职业技术学院邓小桃任主编，武汉铁路职业技术学院江澜、安徽交通职业技术学院邓春兰任副主编，武汉铁路职业技术学院朱志红、武汉铁路职业技术学院邓玉皎参加编写。具体分工如下：全书框架、编写思路设计与统稿由杨大丽完成；项目 1、项目 2、项目 4 及项目 5 由杨大丽编写，项目 6 的任务 1～5 由邓小桃编写，项目 7、项目 6 的任务 7 和任务 9 由江澜编写，项目 8、项目 3 的任务 1 和任务 2 由邓春兰编写，项目 3 的任务 3 和任务 4 由朱志红编写，项目 6 的任务 6 和任务 8 由邓玉皎编写。

本书编写过程中，编者参阅了大量的文献资料，借鉴了国内外众多学者的研究成果，在此向有关作者一并表示诚挚的谢意！

由于编者水平有限，书中难免有不足之处，恳请广大读者提出宝贵意见和建议。

编　者

二维码清单

名称	图形	页码	名称	图形	页码
电力系统的组成		5	新一代轨道交通牵引供电系统核心设备——双向变流器实现国内首次正线挂网		46
壮丽70年·奋斗新时代：看电力足迹		6	电弧的产生		48
城市轨道交通供电系统的组成		8	断路器自动重合闸功能		49
城市轨道交通的发展历程		15	手车式真空断路器的认知		51
三相油浸式变压器结构认知		19	SF_6气体断路器结构和灭弧原理		53
干式变压器的认识		21	南宁地铁"心脏"守护者：用螺丝精神坚守岗位护大家守小家		59
事故案例：不按作业流程更换主变压器吸湿器硅胶		28	GW4型户外隔离开关的结构		60
事故案例：未对电流互感器二次端子箱开展红外测温		39	高压跌落式熔断器的认知		63

（续）

名称	图形	页码	名称	图形	页码
工匠故事：从普通检修工到"电网医生"张霁明		67	中国最早认识到避雷技术		107
GIS 开关柜的操作		75	接触电压和跨步电压触电		109
10kV 手车式交流开关柜认识		79	事故案例：不按安规要求规范装设接地线		117
低压框架式断路器认识与操作		83	杂散电流的产生		119
抽屉式低压开关柜认识与操作		85	宁波轨道交通开启"全自动运行"时代		124
事故案例：擅自解锁、防误闭锁装置解锁钥匙不按规定使用		88	桥形接线		128
直流快速断路器认识与操作		92	道德模范曾光——身边的电力守护者		133
直流馈线柜面板认识		96	主变电所电气主接线运行方式		134
直流进线柜操作		98	太原地铁 2 号线：龙城大街主变电所具备供电能力		139
年产超 10000 台套，轻轨直流供电装备实现自主化		99	郑州地铁飞轮储能能量回馈装置挂网成功		148
变电所防雷		105	24 小时无休，京港地铁上线变电所"智能巡检机器人"		155

（续）

名称	图形	页码	名称	图形	页码
"全国最美职工""大国工匠"黄金娟		162	河北电力自动化的"状元郎"——记"大国工匠"、国网沧州供电公司信通分公司党支部书记、副主任闫春晓		212
倾情电力事业，铸就骄人业绩——记省第十三届劳动模范、国网虎林市供电分公司检修师兼运维检修部主任王梁		167	礼赞地铁劳模，汲取榜样力量！		218
电网工匠皮志勇：23年匠心守护电网"中枢神经"		176	高压验电器的使用		220
GIS组合电器断路器控制回路原理分析		179	事故案例：高压验电、装设接地线未按规定戴绝缘手套		228
隔离开关控制信号回路原理分析		183	事故案例：雷雨天巡视室外高压设备不穿绝缘靴		235
国网安徽电力：投用操作机器人替代人工开展远方设备操作		185	事故案例：不按规定办理工作票终结手续		243
10kV交流开关柜断路器控制信号回路原理分析		187	电气设备4种状态及转换操作		244
事故案例：巡视不到位，未及时发现缺陷导致越级跳闸		189	事故案例：未认真执行倒闸操作监护复诵制度		249
国网浙江绍兴供电：变电站监控辅助机器人"上岗"实现智能监控		193	全国劳动模范张耘溢：扎根检修一线 守护万家灯火		258
湖北工匠孙宏杰：坚守匠心，厚积薄发		203	川电劳模李国强：二十七载运维光阴 深耕一线创造不凡		265

目 录

前言
二维码清单

项目1 供电系统的认知 ………………… 1
任务1 电力系统的认知 ………………… 1
任务2 城市轨道交通供电系统的认知 …… 6

项目2 变换电器的认知、运行与维护 …… 16
任务1 变压器的认知、运行与维护 …… 17
任务2 互感器的认知、运行与维护 …… 28
任务3 整流机组的运行与维护 …………… 39

项目3 开关及开关柜的认知与维护 …… 47
任务1 断路器的认知与维护 …………… 47
任务2 隔离开关、熔断器、负荷开关的认知与维护 …………… 59
任务3 交流开关柜的认知、操作与维护 …………… 67
任务4 直流开关柜的认知、操作与维护 …………… 88

项目4 防雷接地与杂散电流防护装置的认知与维护 …………… 100
任务1 防雷装置的认知与维护 …………… 100
任务2 接地装置的认知与维护 …………… 107
任务3 杂散电流防护装置的认知与维护 …………… 118

项目5 城市轨道交通变电所电气主接线的识图分析与设备认知 …………… 125
任务1 电气主接线的识图与分析 …………… 125
任务2 城市轨道交通主变电所电气主接线的识图分析与设备认知 …………… 133

任务3 城市轨道交通牵引变电所电气主接线的识图分析与设备认知 …………… 140
任务4 降压变电所和牵引降压混合变电所电气主接线的识图分析与设备认知 …………… 148

项目6 变电所二次回路的识图与分析 …………… 156
任务1 二次回路的认识 …………… 156
任务2 展开式原理接线图的识图与分析 …………… 163
任务3 安装接线图的识图与分析 …………… 168
任务4 110kV GIS 组合电器高压开关控制信号回路的识图与分析 …………… 176
任务5 中压交流开关柜控制信号回路的识图与分析 …………… 185
任务6 信号装置的识图与分析 …………… 189
任务7 交、直流自用电系统的认知 …………… 193
任务8 电力监控系统的认知 …………… 203
任务9 变电所主控室的认知 …………… 212

项目7 变电所的运行操作 …………… 219
任务1 变电所常用工具和仪表的认识与使用 …………… 219
任务2 变电所设备的巡视 …………… 228
任务3 工作票的办理 …………… 236
任务4 变电所的倒闸操作 …………… 243

项目8 变电所常见异常与故障处理 …………… 250
任务1 变电所常见异常处理 …………… 250
任务2 变电所常见故障处理 …………… 258

参考文献 …………… 266

项目 1　供电系统的认知

任务 1　电力系统的认知

任务描述

认识典型电力系统的组成，识读常见的供配电系统示意图。

任务目标

知识目标	1. 熟悉电力系统的组成 2. 明确电力系统中常用的电压等级 3. 掌握电力系统中常见设备额定电压的确定方法
能力目标	1. 认识电力系统中常见设备的图形与文字符号 2. 能够识读与分析常见的供配电系统示意图
素质目标	1. 厚植热爱祖国、热爱电力行业的情怀 2. 培养爱岗敬业的职业精神，增强绿色环保意识

任务资讯

一、电力系统的组成

日常生活中的电能是如何传输到千家万户的呢？首先，由发电厂发出三相交流电，利用升压变压器升压，经过很长距离的高压输电线路将电能输送至用户中心，再由变电所降压后经低压配电线路供给各种用电设备，如图 1-1 所示。

电力系统是由发电、输电、变电、配电和用电 5 个环节构成的一个完整系统。它将发电厂、变电所和用户联系起来。其中除了发电厂和用户的部分，电力系统中的各级电压线路及其联系的变配电所又称为"电力网"，简称"电网"，它包含输电、变电和配电 3 个环节。电力系统可以看作由发电厂、电力网和电能用户 3 个部分组成。

1. 发电厂

发电厂又称为"发电站"，是将自然界蕴藏的各种一次能源（如水能、风能、太阳能和核能等）转换为电能的场所。常见的发电厂有火力发电厂、水力发电厂、核电厂和太阳能发电厂等。

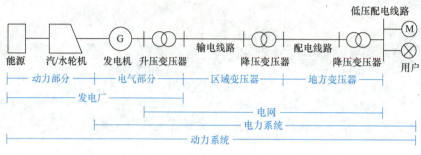

图1-1 电力系统的组成

（1）火力发电厂　火力发电目前在我国仍然处于主导地位。火力发电是将燃料燃烧时产生的化学能转换为电能，如图1-2a所示。其优点是建设投资小、工期短，但对环境污染较大。

（2）水力发电厂　水力发电在我国总发电量中占据第二位。水力发电是把水的机械能转换为电能，如图1-2b所示。根据重力势能公式$E=mgh$，水力发电厂要增加发电量，必须要增大储水量和水位落差h。水力发电厂的优点是生产过程简单、易于实现自动化、无污染，缺点是建设投资大、工期长、受气候和水文条件影响较大。

（3）核电厂　核电厂可将核裂变产生的能量转换为电能，如图1-2c所示。其优点是消耗燃料少，容量越大越经济，但一旦发生泄漏，会有放射性污染，对环境和人类产生很大的危害。目前我国已经建成的规模较大的核电厂有浙江秦山核电厂、广东大亚湾核电厂、阳江核电厂等。

（4）其他发电厂　目前我国正在大力发展的还有风能发电、太阳能发电、潮汐发电和地热发电等。尤其是太阳能取之不尽用之不竭，且属于非常清洁环保的能源，因此太阳能发电是未来发电厂重点发展的方向，如图1-2d所示。

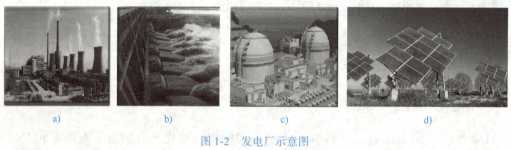

a)　　　　　　　b)　　　　　　　c)　　　　　　　d)

图1-2 发电厂示意图

2. 电力网

电力网是由各类变配电所与输电线路组成的电能传输和分配的网络。它的任务是将发电厂生产的电能输送、变换和分配到用户，如图1-3所示。

图1-3 电网

目前我国电网按照运行和管理机制分为两大电网，即国家电网和南方电网。其中国家电网公司由5个区域电网公司组成，包含华中电网、华东电网、华北电网、西北电网和东北电网。南方电网独立于国家电网，单独运营和管理，如图1-4所示。

为什么要组建电网呢？一是为了保证发电与供电的安全可靠性，调整地区间的电力供需平衡，保证电能质量。二是为了提高经济性，减少电能损耗，降低发电和输配电成本，获得最大的经济利益。

3. 电能用户

电能用户是指将电能转换为所需要的其他形式能量的工厂或用电设备，又称为电力负荷。如电视机、空调、电动机、照明设备等。电力系统中的负荷按其对供电可靠性的要求及停电造成的影响不同，一般分为三级。

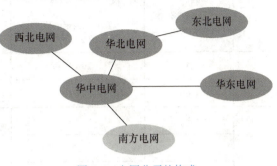

图 1-4　电网公司的构成

一级负荷：中断供电将在政治、经济上造成重大损失及影响或造成人身伤亡的电力负荷。如重要交通枢纽、重要通信枢纽、大型体育场馆、经常用于国际活动的大量人员集中的公共场所等用电单位中的重要负荷，还有医院的急诊室、手术室等用电负荷。

二级负荷：中断供电将在政治、经济上造成较大损失或影响的电力负荷。

三级负荷：不属于一、二级负荷的电力负荷，停电后造成的损失不大，如居民用电负荷。

在一个工业企业或民用建筑中，并不一定所有用电设备都属于同一等级的负荷，因此在进行系统设计时应根据其负荷级别分别考虑。

（1）一级负荷对电源的要求　普通一级负荷应由两个独立电源供电，当其中一个电源发生故障时，另一个电源不应同时受到损坏。特别重要的一级负荷，除由上述两个电源供电外，还应增设应急电源，如独立于正常电源的发电机组、蓄电池组等。

（2）二级负荷对电源的要求　二级负荷一般由双回路供电，供电变压器也应有两台，两个回路电源线应尽量引自不同的变压器或两段母线，当其中有一条回路或一台变压器发生故障时，二级负荷应不致中断供电，或中断供电后能迅速恢复供电。

（3）三级负荷对电源的要求　三级负荷对电源无特殊要求，一般单电源供电即可。

二、电力系统设备的额定电压

1. 我国电网（或电力线路）额定电压等级

电网或电力线路的额定电压是国家规定的特定电压等级，是确定其他各类电气设备额定电压的基本依据，见表 1-1，按国家标准规定，额定电压分为三类：

第一类额定电压为 100V 及以下的电压等级，如 12V、24V、36V 等，主要用于安全照明、潮湿工地建筑内部的局部照明及小容量负荷。

第二类额定电压为 100～1000V 之间的电压等级，常用 220V、380V，主要用于低压动力和照明设备等。

第三类额定电压为 1kV 以上电压等级，主要用于电力系统中发电机、变压器、输配电设备及高压用电设备。

在电力系统中，通常把交流 1kV 及以下的电压称为低压，交流 1kV 以上的电压称为高压。三相电气设备的额定电压不做特别说明时均指线电压。

表 1-1 三相交流电网和电气设备常用的额定电压 （单位：kV）

分类	电网和电气设备额定电压	发电机额定电压	电力变压器额定电压	
			一次绕组	二次绕组
低压	0.38	0.40	0.38	0.40
	0.66	0.69	0.66	0.69
高压	3	3.15	3 及 3.15	3.15 及 3.3
	6	6.3	6 及 6.3	6.3 及 6.6
	10	10.5	10 及 10.5	10.5 及 11
	—	13.8, 15.75, 18, 20	13.8, 15.75, 18, 20	—
	35	—	35	38.5
	110	—	110	121
	220	—	220	242
	330	—	330	363
	500	—	500	550
	750	—	750	825

2. 电力系统各设备的额定电压

（1）用电设备　用电设备一般接在电力线路的末端，用电设备的额定电压规定与同级电网的额定电压相同。用电设备电压允许在额定电压 ±5% 范围内波动。

（2）发电机　发电机通常接在电力系统的首端，发电机额定电压规定高于同级电网额定电压 5%，以补偿线路上的电压损耗。

（3）变压器　变压器额定电压又分一次绕组额定电压和二次绕组额定电压，需要分别讨论。

1）变压器一次绕组额定电压跟它所连接的设备有关，分两种情况：

① 当变压器直接与发电机相连时，则变压器一次绕组额定电压等于发电机额定电压，如图 1-5 中的变压器 T_1 所示。

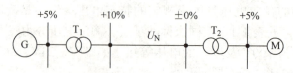

图 1-5　电力系统各设备的额定电压

② 当变压器不与发电机相连，而是与线路相连时，则变压器一次绕组额定电压等于同级电网额定电压，如图 1-5 中的变压器 T_2 所示。

2）变压器二次绕组额定电压与二次侧供电线路的长短有关，也分两种情况：

① 变压器二次侧供电线路较长，则二次绕组额定电压应比相连的同级电网额定电压高 10%，其中变压器二次绕组电压损耗占 5%，输电线路电压损耗占 5%，如图 1-5 中的

变压器 T_1 所示。

② 变压器二次侧供电线路较短，则二次绕组额定电压应比相连的同级电网额定电压高 5%，其中变压器二次侧绕组电压损耗占 5%，输电线路电压损耗因供电线路短损耗小忽略不计，如图 1-5 中变压器 T_2 所示。

三、工厂供配电系统结构示意图认识

工厂供配电系统结构示意图如图 1-6 所示。由发电机发出三相交流电，经过发电厂的升压变压器升为 35～500kV 的三相交流电，其中以升压为 110kV 和 220kV 的居多，升压的目的是为了降低很长输电线路上的电能损耗。经过长距离的高压输电线路将电能输送至用户中心，再由总降压变电所的变压器将三相交流 35～500kV 的电压变换为三相交流 6～10kV 的电压供给工厂的高压设备，之后由高压配电线路将电能输送到低压用户中心，车间变电所的变压器将三相交流 6～10kV 的电压变换为三相交流 380V 的电压供给车间的低压设备，取单相供给交流 220V 设备。

电力系统的组成

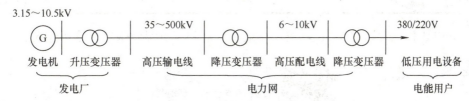

图 1-6 工厂供配电系统结构示意图

任务实施

典型的供配电系统识图与分析

1）读图 1-7，写出表 1-2 所列各设备的图形和文字符号。

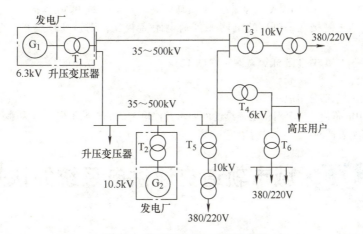

图 1-7 典型的供配电系统示意图

表 1-2 设备图形符号和文字符号

序号	设备	图形符号	文字符号
1	发电机		
2	双绕组变压器		
3	电动机		
4	白炽灯		

2）读图 1-7，简要描述表 1-3 所列各设备的功能。

表 1-3 设备功能

序号	设备	作用
1	发电机 G_1	
2	发电机 G_2	
3	变压器 T_1	
4	变压器 T_2	
5	变压器 T_3、T_5	
6	变压器 T_4	
7	变压器 T_6	

3）分组认识并讨论图 1-7，抽查小组成员代表讲解典型的供配电系统组成。

拓展阅读

任务检测

壮丽 70 年·奋斗新时代：
看电力足迹

一、单项选择题

1. 以下电压等级中，_____是我国常用的低压配电电压。
   A. 380V B. 10kV C. 660V D. 110V
2. 在以下发电厂中，_____目前在我国占据主导位置。
   A. 火力发电厂 B. 水力发电厂 C. 太阳能发电厂 D. 核电厂
3. 某发电机接在 10kV 的电网上，则该发电机的额定电压是_____。
   A. 10kV B. 10.5kV C. 11kV D. 9kV
4. 某变压器二次侧接在 110kV 的电网上且输电距离较长，则该变压器的二次绕组额定电压是_____。
   A. 110kV B. 115.5kV C. 121kV D. 10kV

二、简答题

1. 电力系统由哪几部分组成？
2. 电力系统中的负荷，按其对供电连续性的要求及停电造成的影响不同，分为哪几级？各级负荷对供电可靠性的要求是怎样的？

任务 2 城市轨道交通供电系统的认知

任务描述

认识城市轨道交通供电系统的组成，识读典型的城市轨道交通供电系统示意图。

项目 1　供电系统的认知

任务目标

知识目标	1. 了解城市轨道交通的含义和分类 2. 掌握城市轨道交通供电系统的供电制式 3. 熟悉城市轨道交通供电系统的基本组成及各部分功能
能力目标	1. 能够认识城市轨道交通供电系统的组成示意图 2. 能够识读与分析典型的城市轨道交通供电系统示意图
素质目标	1. 厚植热爱祖国、热爱城市轨道交通行业的情怀 2. 了解我国城市轨道交通快速发展历程，增强文化自信，激发自豪感

任务资讯

一、城市轨道交通的定义和分类

根据中华人民共和国原建设部 2007 年发布的 CJJ/T 114—2007《城市公共交通分类标准》中的定义，城市轨道交通为采用轨道结构进行承重和导向的车辆运输系统，包括地铁系统、轻轨系统、市域快速轨道系统、单轨系统、有轨电车、自动导向轨道（APM）系统、磁浮系统。

城市轨道交通具有节能、省地、运量大、全天候、无污染（或少污染）及安全等特点，属于绿色环保交通体系，特别适应于大中城市。

二、城市轨道交通供电系统的供电制式

为城市轨道交通运营提供所需电能的系统称为城市轨道交通供电系统。城市轨道交通的种类形式繁杂多样，其供电制式是指供电系统向电力机车或电动列车供电所采用的方式，主要包括电流制式、电压等级和馈电方式。

1. 电流制式

世界各国城市轨道交通的牵引供电系统大多采用直流供电制式。

2. 电压等级

目前，国际电工委员会拟定的城市轨道交通牵引电压等级有 DC 600V、DC 750V 和 DC 1500V 共 3 种，后 2 种电压为推荐值。我国国家标准 GB/T 10411—2005《城市轨道交通直流牵引供电系统》规定了 DC 750V 和 DC 1500V 两种电压等级。

3. 馈电方式

城市轨道交通的馈电方式有架空接触网和接触轨两种方式。电压等级与馈电方式密切相关，组合起来共有 4 种：DC 1500V 架空接触网、DC 1500V 接触轨、DC 750V 架空接触网和 DC 750V 接触轨。一般大运量的城市轨道交通系统，多采用 DC 1500V 架空接触网方式；中小运量的城市轨道交通系统，多采用 DC 750V 接触轨方式。采用哪种供电制式必须根据城市具体条件与要求综合分析论证后确定。

三、城市轨道交通供电系统的组成

城市轨道交通的供电负荷包括两类：一类是为城市轨道交通电动列车提供牵引用电；另一类是为城市轨道交通车站运营所需要的动力照明设备提供电能，如风机、给排水站、售检票机、防灾报警、通信、空调和照明等设备。根据 GB 50157—2013《地铁设计规范》，城市轨道交通供电系统由 5 部分组成：外部电源、主变电所（或电源开闭所）、牵引供电系统、动力照明供电系统和电力监控系统，如图 1-8 所示。

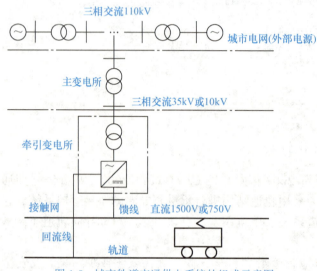

城市轨道交通供电系统的组成

图 1-8　城市轨道交通供电系统的组成示意图

1. 外部电源

外部电源是为城市轨道交通供电系统提供电能的外部城市电网电源系统。因为城市轨道交通使用的电动列车属于一级负荷，所以需要由两个独立的电源供电。即由两个发电机发出三相交流电，再经过升压变压器变换为三相交流 110kV 的电压。为了保证城市轨道交通供电的可靠性，对于外部电源提出以下 4 个要求：

（1）数量要求　两路独立的进线电源，这两路电源可以来自城市电网的不同变电所，也可以来自城市电网的同一变电所的不同母线，但主变电所进线电源应至少有一路为专线电源。

（2）运行方式要求　两路电源应分列运行，互为备用。当一路电源发生故障时，另一路电源不应同时受到损坏，由另一路电源保证对城市轨道交通供电系统供电。

（3）进线电源容量要求　每路进线电源的容量应满足所内全部一、二级负荷的要求。

（4）地理位置要求　为了便于运营管理和减少损耗，外部电源接入点应尽可能地靠近城市轨道交通线路。线路越短，电能损耗越小。

2. 主变电所（或电源开闭所）

主变电所的功能是接受城市电网输送的电能，将三相交流 110kV 的电压变换为三相交流 35kV 或 10kV 的电压，为牵引变电所、降压变电所提供电源。

如果城市电网在城市轨道交通沿线有足够的变电站和备用容量，并能满足城市轨道交通牵引供电的可靠性要求，城市轨道交通也可以不设主变电所，而是设置电源开闭所。

电源开闭所的功能是接受城市电网提供的三相交流 35kV 或 10kV 中压电源，为牵引变电所、降压变电所转供中压电源。因不设主变电所,大大降低了成本。

根据城市电网实际构成情况的不同,外部电源对于城市轨道交通的供电方式有3种,分别是集中式供电、分散式供电和分散与集中相结合的混合式供电。

(1) 集中式供电　集中式供电指的是在城市轨道交通线路附近设置两座及以上的主变电所,通过主变电所集中从城市电网接受电能,经主变电所降压后再向轨道交通内部的牵引变电所或降压变电所供电。集中式供电示意图如图1-9所示,一个主变电所供沿线的多个牵引变电所或降压变电所。

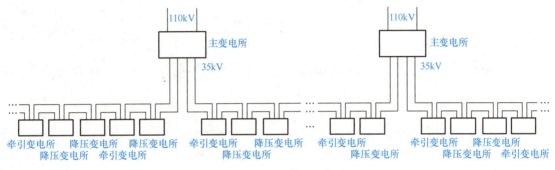

图1-9　集中式供电示意图

集中式供电有以下特点:

1) 与城市电网接口少。

2) 受电电压高,电能质量好且供电可靠性高,受外部电网影响小。

3) 城市轨道交通供电系统相对独立,便于管理。

4) 需要设置主变电所,投资较大。

集中式供电主要应用于城市轨道交通与城市电网接口少,要求运营、调度和管理方便的场合。

(2) 分散式供电　分散式供电不设主变电所,而是沿城市轨道交通线路的城市电网直接分散引入多路三相交流35kV或10kV(大多数是10kV)电源,经电源开闭所分别向沿线的各牵引变电所和降压变电所供电。分散式供电示意图如图1-10所示。

分散式供电有以下特点:

1) 与城市电网接口多,相邻牵引变电所或降压变电所由电源开闭所连接,两个电源开闭所之间的供电分区通过双环网联络。

2) 受电电压低,电能质量较差且供电可靠性容易受外部电网影响。

3) 城市轨道交通供电系统独立性差,运营管理相对复杂。

4) 不需要设置主变电所,投资较小。

分散式供电主要应用于城市轨道交通沿线电力资源丰富,与城市电网接口多的场合。

(3) 混合式供电　混合式供电是将分散式供电与集中式供电相结合的供电方式,由主变电所和城市中压电源共同为牵引变电所、降压变电所供电。当一条城市轨道交通线路很长,远端站点的变电所到主变电所的距离很远时,远端站点的变电所可以从附近的城市中压电源获取电能作为补充,构成以集中式供电为主、分散式供电为辅的混合式供电方式。这种方式主要应用于与城市电网接口数、城市电网容量介于集中式和分散式之间的场合。特别适合建设城市轨道交通延长线,即早期规划的主线路采用集中式供电,后期建设的延长线采用分散式供电,形成混合式供电方式。

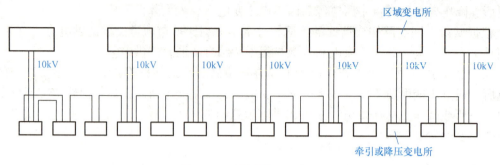

图 1-10 分散式供电示意图

3. 牵引供电系统

（1）组成 牵引供电系统包括牵引变电所与牵引网两个部分，如图 1-11 所示。

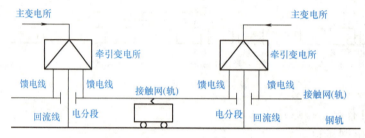

图 1-11 牵引供电系统的组成

1）牵引变电所的功能是将主变电所或电源开闭所提供的三相交流 35kV 或 10kV 电压变换为直流 1500V 或 750V 电压，为电动列车提供牵引供电，牵引变电所既要变换电压，又要变换电流。

2）牵引网实质是沿线路敷设的专为电动列车提供电能的特殊供电回路。

① 馈电线：用于连接牵引变电所和接触网的导线。由馈电线将牵引变电所变换后的电能输送到接触网。

② 接触网（轨）：沿钢轨敷设的、和钢轨保持一定距离的输电网，主要起输送电能的作用。通过受电弓滑板在接触网的滑动接触，电能由接触网进入电动车组，从而驱动牵引电动机带动列车运行。

城市轨道交通接触网按安装位置和接触导线的不同分为接触轨和架空接触网。通常接触轨又称为第三轨。接触轨按接触授流位置的不同分为上部授流方式、下部授流方式和侧部授流方式。架空接触网按接触悬挂方式的不同分为柔性架空接触网和刚性架空接触网。

③ 钢轨：钢轨是牵引回路的组成部分，电动列车行走时，牵引电流经过钢轨流向回流线。因此，钢轨除了具有引导行驶的功能外，还需要完成导通回路电流的任务。

④ 回流线：连接轨道和牵引变电所的导线，通过回流线把钢轨中的回路电流导入到牵引变电所。

通常将馈电线、接触网（轨）、钢轨和回流线称为牵引网。牵引网实质是沿线路敷设的专为电动列车供给电能的装置，由正极接触网（轨）供电，负极钢轨回流。馈线侧电流由牵引变电所的正极出发，经由馈电线、接触网（轨）、电动列车、钢轨、回流线返回牵引变电所负极。

接触网（轨）沿线设置了电分段，将接触网（轨）分为若干个小的区段，主要目的是便于检修和缩小事故范围，如图1-11所示。

（2）运行方式　牵引变电所向牵引网供电的方式有两种，即单边供电和双边供电。在每个牵引变电所附近，接触网由电分段进行电气隔离，分成两个供电分区，每个供电分区也称为一个供电臂。

单边供电是指电动列车只从所在供电臂上的一个牵引变电所获得电能。车辆段内一般采用单边供电方式。双边供电是指一个供电臂同时从相邻两个牵引变电所获得电能。正常运行时，正线采用双边供电方式。在采用双边供电时，当某牵引变电所发生故障退出运行时，该段接触网就变成了单边供电方式。如图1-12所示，正常运行时，电动列车以双边供电方式从牵引变电所B和牵引变电所C获得电能，越区隔离开关QS_2断开；当牵引变电所B因故障退出运行时，越区隔离开关QS_2闭合，通过QS_2由牵引变电所A和牵引变电所C进行大双边供电。正线上任何牵引变电所因故障退出运行时，均由相邻牵引变电所越区供电。在越区供电方式下，供电末端的接触网（轨）电压较低，电能损耗较大。

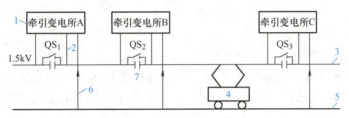

图1-12　牵引供电系统运行方式

1—牵引变电所　2—馈电线　3—接触网（轨）　4—电动列车　5—钢轨　6—回流线　7—电分段

4. 动力照明供电系统

城市轨道交通供电系统除了要向电动列车提供牵引供电外，还需要向运营所需要的各种动力照明设备供电。动力照明供电系统的功能是将35kV或10kV三相交流电压变换成0.4kV三相交流电压，为城市轨道交通除电动列车以外的所有动力照明负荷供电，它包括降压变电所、动力照明配电系统，如图1-13所示。

（1）降压变电所　降压变电所将35kV或10kV三相交流电压变换成0.4kV三相交流电压，为风机、给排水站、售检票机、防灾报警、通信、空调和照明等设备供电。降压变电所可以单独建设，也可以与牵引变电所合建，合建时称为牵引降压混合变电所。

（2）动力照明配电系统　动力照明配电系统包括配电所和配电线路，其功能是分配、传输电能至用电设备。配电系统常采用TN-S系统，中性线和保护线分开，即3根相线、1根中性线、1根保护线。正常时，工作、事故照明均由交流电源供电；交流电源失电压时，事故照明自动切换为蓄电池供电，用于事故期间的紧急照明。

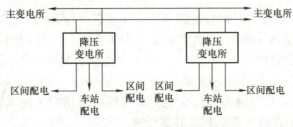

图1-13　动力照明供电系统

根据《地铁设计规范》，牵引用电负荷为一级负荷；动力照明等用电负荷按供电可靠性要求及失电影响程度分为一级负荷、二级负荷、三级负荷。

1）一级负荷包含防灾报警设备、消防泵、事故照明、主排水泵、通信系统设备、信号系统设备、综合监控系统设备、电力监控系统设备、自动售检票设备、变电所操作电源等。

2）二级负荷包含地上站厅和站台等公共区的照明、普通风机、排污泵、电梯、自动扶梯等。

3）三级负荷包含区间检修设备、车站空调制冷及水系统设备、广告照明、清洁设备等。

对于这三种负荷的供电要求是：

一级负荷必须采用双电源双回线路供电，一级负荷中特别重要的应增设应急电源，并严禁其他负荷接入；二级负荷宜采用双电源单回线路专线供电；三级负荷可采用单电源单回线路供电，当系统中只有一个电源工作时可切除三级负荷。

降压变电所设置两台动力变压器，可以互为备用。正常时，两台动力变压器并列运行；当一台动力变压器故障时，切除三级负荷，由另一台动力变压器承担全部一、二级负荷供电任务。

5. 电力监控系统

电力监控系统又称为电力SCADA（Supervisory Control and Data Acquisition）系统或远动系统，即监视控制与数据采集系统。电力监控系统包括电力调度系统（也称为主站或控制中心）、变电所综合自动化系统（子站）、联系主站和子站的专用数据传输通道，如图1-14所示。

主站设在城市轨道交通的运营控制中心（简称OCC），用于对全线变电所及沿线供电设备实行集中监视、测量和控制。变电所综合自动化系统与各变电所主要设备通过通信接口连接，实现集中监控。站级变电所综合自动化系统以供电设备为对象，通过所内网络将所内的间隔层设备连接起来，由可靠性高、实时性强且有冗余设置的通信控制器构成稳定、可靠的系统。

全线所有变电所综合自动化系统通过综合监控系统实现信息汇总，并实现控制中心、变电所控制室对变电所的统一调度管理。当综合监控系统出现故障时，变电所综合自动化系统可以独立运行，并实现对各变电所的实时监控。电力监控系统的功能如下：

（1）遥控　遥控是指控制中心对变电所开关设备进行分合闸操作和保护及自动装置的投/退等。根据控制方式的不同，遥控可分为选点式、选站式和选线式控制。

1）选点式控制，即单控。调度员可根据站名、开关号以及动作状态进行选择操作。

2）选站式控制，调度员通过对所控站名、动作状态的选择，按系统的运行方式发出指令，进行停送电操作。

3）选线式控制，调度员对运行线路号、动作状态进行选择，实现全线停送电操作。

（2）遥测　遥测是指控制中心对供电系统中主要运行参数的测量和数据采集。遥测的主要参数包括变电所进线的电压、电流、功率、电能，母线电压，馈线电流，整流机组电流与电能，动力变压器电流与电能等。

（3）遥信　遥信是指控制中心将变电所的各种实时信息（包括开关的位置信号、保护信号和预告信号等）进行采集处理，并显示在模拟屏上。

（4）遥调　遥调是指控制中心对保护整定值和有载调压变压器的调压开关等参数进行调节。

（5）其他功能　电力监控系统还具备数据传输及处理、报警处理、统计报表、画面显示、自检、维护及扩展、信息查询、安全管理、系统组态、在线检测、时钟同步和培训等功能。

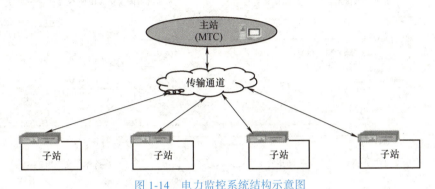

图 1-14　电力监控系统结构示意图

四、城市轨道交通供电系统的电压等级

在城市轨道交通供电系统中，涉及主变电所、牵引变电所、降压变电所和牵引降压混合变电所，应用到的电压等级主要有以下几种：

1）外部电源供给主变电所的进线电压：高压侧三相交流 63kV、110kV，其中 63kV 电压等级为东北地区电网所特有。

2）主变电所馈线电压：三相交流 35kV 或 10kV，供给牵引变电所或降压变电所。通常 3～35kV 电压等级也被称为中压。

3）交流 380V/220V：动力、照明等低压负荷用电的电源电压。

4）牵引变电所直流馈线侧电压：直流 1500V 或直流 750V。直流 1500V 一般供给地铁的架空接触网，直流 750V 一般供给接触轨或轻轨的架空接触网。

5）直流 220V 和 110V：变电所直流操作电源电压。

典型城市轨道交通供电系统识图与分析

1）读图 1-15，在表 1-4 中写出城市轨道交通供电系统的主要组成部分。

表 1-4　城市轨道交通供电系统的主要组成部分

序号	虚线间隔	城市轨道交通供电系统的主要组成部分
1	虚线 1 以上部分	
2	虚线 1 和 2 之间部分	
3	虚线 2 以下部分	

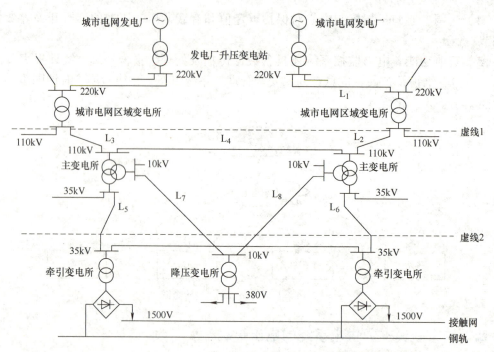

图 1-15 典型的城市轨道交通供电系统示意图

2）读图 1-15，简要描述表 1-5 所列各变电所的功能。

表 1-5 变电所功能

序号	变电所	功能
1	城市电网区域变压所	
2	主变电所	
3	牵引变电所	
4	降压变电所	

3）读图 1-15，简要描述表 1-6 所列各变电所的供电对象。

表 1-6 变电所供电对象

序号	变电所	供电对象
1	主变电所	
2	牵引变电所	
3	降压变电所	

4）分组识读并讨论图 1-15，抽查小组成员代表讲解典型的城市轨道交通供电系统组成。

拓展阅读

任务检测

城市轨道交通的发展历程

一、不定项选择题

1. 城市轨道交通电动列车采用_____电压供电。
   A. 直流 750V　　　B. 直流 1500V　　　C. 三相交流 380V　　　D. 单相交流 25kV
2. 事故照明属于_____负荷。
   A. 一级　　　B. 二级　　　C. 三级　　　D. 四级
3. 电力监控系统由_____组成。
   A. 主站　　　B. 通信通道　　　C. 子站　　　D. 牵引变电所
4. 电力监控系统"四遥"功能是指_____。
   A. 遥测　　　B. 遥信　　　C. 遥控　　　D. 遥调

二、简答题

1. 城市轨道交通供电系统由哪几部分组成？画出城市轨道交通供电系统的组成示意图。
2. 城市轨道交通的主变电所、牵引变电所、降压变电所的功能分别是什么？

项目 2 变换电器的认知、运行与维护

城市轨道交通变电所中的电气设备根据功能不同可以分为一次设备和二次设备两大类,一次设备是城市轨道交通供电系统的主体,二次设备是城市轨道交通供电系统安全可靠运行的保障。

1. 一次设备

用来接受、变换或分配电能的设备和载流导体称为一次设备,或称为主设备。按照功能的不同,一次设备可以分成以下 5 类:

1)变换电器:用来变换电路中电压和电流的设备,包括变压器、电流互感器、电压互感器和整流器。

2)开关电器:用来关合和开断电路的设备,包括断路器、隔离开关、熔断器和负荷开关。

3)限制电器:用来限制电路中电压或电流的电器,包括电抗器、避雷器。

4)补偿电器:用于补偿系统的无功功率、提高功率因数的设备,如电力电容器和无功补偿装置。

5)成套配电装置和组合电器:将上述某几种电器按一定的线路装配成一个整体的电器组合,主要有气体绝缘金属封闭组合电器(GIS)、高压交流开关柜、低压成套配电装置、直流开关柜等。在城市轨道交通供电系统中大量采用了组合电器。

按照安装地点的不同,一次设备可以分成以下 2 类:

1)户内式:装在建筑物内,不具有防风防尘等性能,一般用于 35kV 及以下的电压等级。

2)户外式:露天安装,能防风防尘,一般用于 35kV 及以上的电压等级。

按照电流制式的不同,一次设备可以分成以下 2 类:

1)交流电器:工作于三相或单相工频交流制式的电器。

2)直流电器:工作于直流制式的电器,如直流 1500V、直流 750V 断路器。

2. 二次设备

用来对一次设备进行控制、保护、监视和测量的系列低压、弱电设备通常称为二次设备,如各种继电器、测量仪表、控制开关和成套保护装置等。

任务 1 变压器的认知、运行与维护

任务描述

认识三相油浸式变压器和干式变压器结构,掌握变压器标准化巡视过程和巡视语言,两人为一组实施三相油浸式和干式变压器的巡视。

任务目标

知识目标	1. 熟悉变压器的工作原理、分类、型号和铭牌参数含义 2. 理解三相油浸式变压器各部件功能 3. 理解干式变压器各部件功能 4. 掌握变压器并列运行的条件
能力目标	1. 认识常用的三相油浸式变压器结构 2. 认识干式变压器结构 3. 能够进行变压器标准化巡视
素质目标	1. 树立"安全第一"的责任意识,弘扬认真负责、一丝不苟的职业精神 2. 严格遵守规章和作业流程,防止事故隐患,培养标准化作业的行为习惯

任务资讯

一、变压器的基本知识

变压器是利用电磁感应原理,将一种电压(电流)等级的交流电能转换成同频率的另一种电压(电流)等级的交流电能的静止电器,可用于变换电压、变换电流和变换阻抗等。

1. 工作原理

变压器的工作原理如图 2-1 所示:在一个铁心上绕有两个不同匝数的绕组,一次侧的一次绕组接到交流电源上,铁心中即产生交变磁通 Φ,并在一、二次绕组中产生感应电动势 E_1 和 E_2。若忽略变压器的内阻,一、二次绕组间电压关系为

$$\frac{U_1}{U_2} = \frac{N_1}{N_2} = K \quad (2\text{-}1)$$

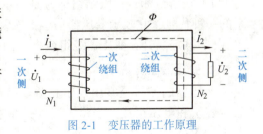

图 2-1 变压器的工作原理

若忽略变压器的内部能量损耗,一、二次绕组间电流的关系为

$$\frac{I_1}{I_2} = \frac{N_2}{N_1} = \frac{1}{K} \quad (2\text{-}2)$$

式中,U_1 为一次电压;U_2 为二次电压;N_1 为一次绕组匝数;N_2 为二次绕组匝数;K 为电

压比；I_1 为一次电流；I_2 为二次电流。

由式（2-1）和式（2-2）可知，由于变压器一次、二次绕组匝数不同，因而可以起到变换电压的作用，其一、二次电压与绕组匝数成正比，而一、二次电流与绕组匝数成反比。根据上述原理可以制造出单相、三相、自耦等各种变压器。

2. 变压器分类

1）按用途分类：电力变压器和特种变压器。
2）按冷却介质和冷却方式分类：油浸式变压器、干式变压器和充气式变压器。
3）按电源相数分类：单相变压器、三相变压器和多相变压器。
4）按铁心结构分类：心式变压器和壳式变压器。
5）按绕组形式分类：单绕组（自耦）变压器、双绕组变压器、三绕组变压器和多绕组变压器。
6）按调压方式分类：无励磁调压变压器（变压器二次侧不带负载，一次侧与电网断开进行调压）和有载调压变压器（带负荷变换绕组分接开关进行调压）。

3. 变压器的主要技术参数

1）额定容量 S_N：变压器在额定电压、额定电流条件下输出的单相或三相总视在功率，单位为伏安（V·A）、千伏安（kV·A）或兆伏安（MV·A）。

理想情况下，三相变压器的额定容量为

$$S_N = \sqrt{3} U_{1N} I_{1N} = \sqrt{3} U_{2N} I_{2N} \tag{2-3}$$

式中，S_N 为额定容量；U_{1N} 为一次额定电压；I_{1N} 为一次额定电流；U_{2N} 为二次额定电压；I_{2N} 为二次额定电流。

2）额定电压 U_{1N}/U_{2N}：变压器长时间运行所能承受的工作电压。一次额定电压 U_{1N} 是指电源加在一次绕组上的额定电压；二次额定电压 U_{2N} 是指一次侧加额定电压，二次侧空载时二次绕组的端电压。单位为伏（V）或千伏（kV）。在三相变压器中，额定电压是指线电压。

3）额定电流 I_{1N}/I_{2N}：变压器在额定电压和额定环境温度下长期运行允许通过的电流值，单位为 A。三相变压器的额定电流是指线电流。

4）联结组标号：联结组标号是表示变压器一次绕组与二次绕组的连接方式和相位关系的一种代号，它表示变压器一、二次绕组对应线电压之间的相位关系。

5）额定温升：变压器绕组或上层油面的温度与变压器外围空气的温度之差。

4. 变压器型号说明

变压器的型号通常由表示相数、冷却方式、调压方式、绕组材料等的符号及变压器额定容量和电压组成。表示方法为：基本型号 + 设计序号 – 额定容量（kV·A）/高压侧电压（kV）。其意义为：

[1] [2] [3] [4] [5] [6] [7] [8] – [9] / [10]

[1] 绕组耦合方式：O——自耦；不标——非自耦。
[2] 相数：S——三相；D——单相。
[3] 冷却方式：不标——油浸自冷；F——油浸风冷；S——油浸水冷；G——干式空气自冷；C——干式浇注绝缘。

［4］油循环方式：不标——自然循环；F——强迫循环；D——强迫导向循环。
［5］绕组形式：不标——双绕组；S——三绕组；F——双分裂绕组。
［6］绕组导线材质：不标——铜；B——铜箔；L——铝；LB——铝箔。
［7］调压方式：不标——无励磁调压；Z——有载调压。
［8］设计序号：以数字1、2、3等表示。
［9］变压器额定容量：斜线前数字——额定容量（kV·A）。
［10］高压绕组额定电压：斜线后数字——额定电压（kV）。

5. 铭牌

铭牌上包含有变压器的型号、主要参数等，型号可反映出变压器的结构、额定容量、电压等级、冷却方式等内容，如型号为S11-315/10的变压器，表示三相油浸自冷式变压器，额定容量为315kV·A，高压侧额定电压10kV。

二、三相油浸式变压器的认知

大容量变压器中广泛使用了油浸式变压器，在城市轨道交通供电系统的主变电所中，主变压器一般采用三相油浸式变压器，其结构示意图如图2-2所示，主要部件包含铁心、绕组、油箱和冷却装置、绝缘套管、附件5个部分。

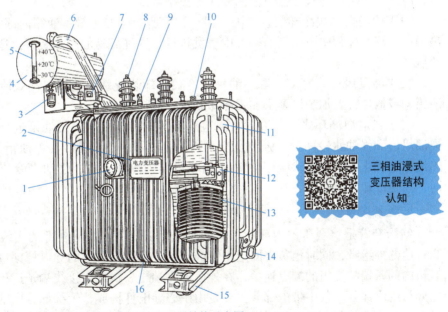

图 2-2 三相油浸式变压器结构示意图

1—油温计 2—铭牌 3—吸湿器 4—储油柜 5—油位计 6—安全气道 7—气体继电器 8—高压套管和接线端子 9—低压套管和接线端子 10—分接开关 11—油箱及散热油管 12—铁心 13—绕组及绝缘 14—放油阀 15—小车 16—接地端子

1. 铁心

铁心用来构造变压器的磁路部分，铁心由铁心柱和铁轭两部分组成，两者构成闭合的磁路。为了减小涡流和磁滞损耗，提高导磁性能，铁心通常用厚度为0.35～0.5mm的硅钢片涂绝缘漆后叠装而成。根据绕组和铁心的相对位置，变压器铁心有心式和壳式结构两种。

2. 绕组

绕组用来构造变压器的电路部分,是电流的载体,用来传输电能,由包绝缘的铜或铝导线在绕线模上绕制而成。根据变压器高、低压绕组在铁心柱上的排列方式可分为同心式和交叠式两种类型。

在电力变压器中绕组广泛采用同心式结构,高压绕组和低压绕组均做成圆筒形,同心地套在铁心柱上,为便于绝缘,通常低压绕组在里面,高压绕组在外面。同心式绕组结构简单,制造方便。

交叠式绕组呈盘形,高压绕组和低压绕组各分为若干个线饼,沿着铁心柱的高度交错排列。

3. 油箱和冷却装置

油箱也是变压器的外壳,内装铁心和绕组并充满变压器油。变压器油箱一般有两个,分别是本体油箱和调压油箱。一般大型变压器采用总装钟罩式油箱。油箱主要起机械支撑、装油和冷却散热作用。

油箱内的变压器油除用来冷却变压器以外,也用于绕组与绕组、绕组与铁心及绕组与油箱之间的绝缘。

油浸式变压器油箱外壳安装大量的散热器,以增大散热面积,其冷却装置主要有油浸自冷式、油浸风冷式和强迫油循环式等类型。

(1) 油浸自冷式冷却装置 因铜损、铁损所产生的热量,油箱内部的油会受热上升,热油在对流的过程中向周围的空气中散发热量。这种简易的冷却装置,适合于容量较小的变压器。

(2) 油浸风冷式冷却装置 油浸风冷式冷却装置基于油浸自冷式冷却装置,通过在油箱壁或散热管上加装风扇来加强冷却装置的散热能力。

(3) 强迫油循环式冷却装置 强迫油循环式冷却装置采用油泵进行循环冷却,又分强油风冷和强油水冷两种。强油风冷是利用冷却器的油泵使冷油由油箱下部进入绕组间,热油由油箱上部进入冷却器,利用风扇吹风作为冷却介质;强油水冷与强油风冷原理相同,只是冷却介质为水。

4. 绝缘套管

绝缘套管是将变压器内部的高、低压绕组引线引到油箱外部的出线装置,它作为引线对地的外绝缘,同时担负着固定引线的作用。绝缘套管中的导电杆穿过变压器油箱,在油箱内的一端与绕组的端点连接,在外面的一端与高、低压接线端子连接。套管包含带电部分与绝缘部分,其中带电部分主要是由中心导电杆构成,绝缘部分由绝缘套管构成。绝缘套管根据绝缘材料分为瓷质绝缘套管、充气式或充油式绝缘套管和电容式绝缘套管等。各种类型的绝缘套管适用场合为:1kV 以下采用实心瓷质绝缘套管,10~35kV 采用充气式或充油式绝缘套管,110kV 及以上采用电容式绝缘套管。为了增大外表面放电距离,绝缘套管外形做成多级伞形裙边,电压等级越高,级数越多。

5. 附件

(1) 储油柜 储油柜有两个作用。一是储油和补油,由于外界环境温度变化,变压器油箱的油会热胀冷缩,储油柜可调节油箱内油量,保证随时充满油。二是减缓变压器油氧化速度。

(2) 油位计 油位计安装在储油柜外侧面,它的作用是指示储油柜内的油面位置。

油位计上有三条刻度线，分别表示环境温度 –30℃、20℃、40℃时的正常油面高度。

（3）吸湿器 吸湿器安装在储油柜下部，主体为玻璃管，下端有空气进口，内部装有吸潮物质（硅胶），用于吸收进入储油柜中空气的水分；同时储油柜内的油通过吸湿器与大气相通进行呼吸，所以又称为呼吸器。正常时，吸湿器呈现蓝色，若吸湿器三分之二以上变为粉色，说明吸湿达到饱和，需要更换硅胶。

（4）气体继电器 气体继电器安装在变压器油箱和储油柜之间的连接管道上，是利用变压器内部故障时产生的热油流和热气流推动继电器动作的元件，它的作用是对变压器进行瓦斯保护，分轻瓦斯和重瓦斯保护。当变压器油箱内部发生严重故障时，大量的变压器油分解变为气体，冲向储油柜，气体继电器下面的重瓦斯触点动作带动变压器两侧的断路器自动跳闸。当变压器油面降低时，气体继电器上面的轻瓦斯触点动作发出报警信号。

（5）安全装置 安全装置主要指安全气道（防爆管）和压力释放阀，它们安装在油箱顶盖上，是变压器的一种压力保护装置。当变压器正常工作时，安全气道使变压器油与外部空气隔离；当变压器内部有严重故障时，变压器油分解产生大量气体，造成油箱内压力急剧升高，若此时故障未切除，安全气道将及时动作，降低油箱内的压力，防止变压器油箱破裂。日常巡视时应注意检查释压装置有无喷油痕迹。

（6）油温计 油温计安装在变压器的油箱外，用于测量变压器油箱的上层油温，监视变压器的油温变化情况。上层油温一般不宜超过85℃。

（7）净油器 净油器是一个充有吸收剂的容器，用来对运行中的变压器油进行过滤净化，延缓变压器油老化。

（8）调压装置 在变压器绕组上设置有分接开关，当变换分接开关位置时就改变了绕组的匝数，达到调压的目的。调压装置分无励磁调压装置和有载调压装置。无励磁调压装置一般有 3～5 个分接位置，中间分接位置为额定电压位置，对于有 3 个分接位置的变压器，另外两个分接位置分别与额定电压相差 ±5%；对于有 5 个分接位置的变压器，另外 4 个分接位置分别与额定电压相差 ±5% 和 ±2.5%。分接开关调压手柄安装在变压器上，经传动杆与分接开关相连。无励磁调压装置必须在停电时才能进行操作。

三、干式变压器的认知

干式变压器是指铁心和绕组不浸渍在变压器油中的电力变压器，它们依靠空气对流进行自然冷却或风机冷却，并且主要是安全可靠性要求高且容量较小的变压器。在城市轨道交通的牵引变电所和降压变电所中广泛采用环氧树脂浇注干式变压器。它是以环氧树脂作为主绝缘材料的干式变压器，外观如图2-3所示。

图 2-3 环氧树脂浇注干式变压器外观

1. 结构

环氧树脂浇注干式变压器由硅钢片叠加的铁心和环氧树脂浇注的绕组组成，高低压绕组之间放置绝缘筒用于增加电气绝缘。干式变压器主要包含铁心、绕组和绝缘装置、高低压接线端子、高压连接杆、高压分接头和高压连接片、冷却风机、冷却气道等，辅助部分有底座、接地螺钉、双向轮和垫块，用于干式变压器的支撑和移动，如图2-4所示。

（1）铁心　铁心用来构造干式变压器的磁路部分，采用心式结构。

（2）绕组和绝缘装置　绕组用来构造干式变压器的电路部分。浇注式干式变压器的绕组主要由导线（一般为铜线）和绝缘结构（主要为环氧树脂体系）构成。干式变压器大多数采用环氧树脂浇注绝缘。由于环氧树脂是难燃、阻燃、自熄固体绝缘材料，既安全又洁净，所以环氧树脂浇注干式变压器具有无油、难燃、运行损耗低、防灾能力突出等特点，并因此被广泛应用。用于变压器绕组的电流导体主要有铜和铝两大类，其结构形式有线形导体和箔形导体两种。

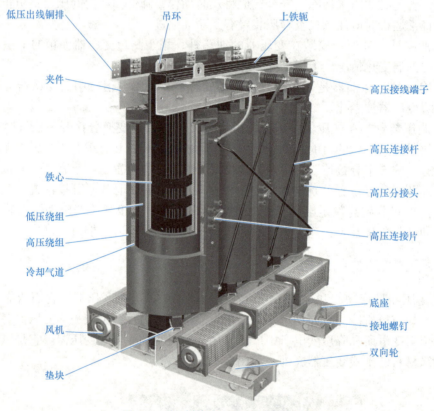

图2-4　环氧树脂浇注干式变压器结构

（3）冷却装置　干式变压器冷却方式分为自然空气冷却（AN）和强迫空气冷却（AF）两种。自然空气冷却时，干式变压器可在额定容量下长期连续运行。强迫空气冷却时，干式变压器输出容量可提高50%，适用于断续过负荷运行或应急事故过负荷运行。

（4）调压装置　分接开关是干式变压器的调压装置，由高压分接头的6个端子和连接片构成，如图2-5所示，可构成5个档位来实现对高压侧电压的调节。正常工作时，高压侧额定电压为10kV，连接片接在3-4档位。当连接片分别接在1-2、2-3、3-4、4-5、5-6

端子之间时，对应的高压侧电压可以在10kV 的 5%、2.5%、0 %、–2.5%、–5% 共 5 个档位进行调节。

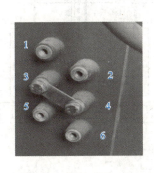

图 2-5　干式变压器高压分接头

干式变压器调压可以分为无励磁调压和有载调压两种。其中无励磁调压表示切换端子时必须将干式变压器从电网中切除，即停电后进行。通常无励磁调压通过调整分接开关的连接片来实现调压。而有载调压则利用有载调压分接开关进行，在变压器励磁或负荷状态下，通过改变绕组匝数完成调压操作，有载调压的变压器在调压时不用停电。

2. 温度控制系统

干式变压器的安全运行和使用寿命由变压器绕组绝缘的安全可靠程度来决定。干式变压器一般都有温度控制系统。绕组温度超过绝缘耐受温度时会使绝缘破坏，导致变压器不能正常工作，因此对变压器运行温度的监测及报警控制十分重要。下面以 TTC-300 系列温度控制系统为例介绍其功能和工作原理，如图 2-6 所示。

（1）风机自动控制　通过预埋在低压绕组最热处的 Pt100 热敏电阻测取温度信号。若变压器负荷增大，则绕组温度会上升，当绕组温度达到某一数值（此值可调，对 F 级绝缘的干式变压器，一般整定为 110℃）时，系统自动启动风机冷却；当绕组温度降低至某一数值（此值也可调，对 F 级绝缘的干式变压器，一般整定在 90℃）时，系统自动停止风机。

（2）超温报警、跳闸　通过预埋在低压绕组中的 PTC 非线性热敏电阻采集绕组或铁心的温度信号。若变压器绕组温度继续升高，在达到某一数值（对 F 级绝缘的干式变压器，一般整定为 155℃）时，系统发出超温报警信号；若温度继续上升达到某一数值（对 F 级绝缘的干式变压器，一般整定为 170℃）时，变压器已不能继续运行，应向二次保护回路输送超温跳闸信号，使变压器迅速跳闸。

（3）温度显示系统　通过预埋在低压绕组中的 Pt100 热敏电阻测取温度变化值，直接显示各相绕组温度（三相巡检及最大值显示，也能记录历史最高温度），可将最高温度以 4～20mA 的模拟量输出，若需传输至远方（距离可达 1200m）计算机，可加配计算机接口。系统的超温报警、跳闸也可由 Pt100 热敏传感电阻信号引导动作，以进一步提高温度控制系统的可靠性。

3. 干式变压器的铭牌参数

干式变压器铭牌如图 2-7 所示。

（1）产品型号　铭牌上第一项为变压器的型号 SCB11-630/10，代表三相固体浇注式铜箔绕组，含义如图 2-8 所示。

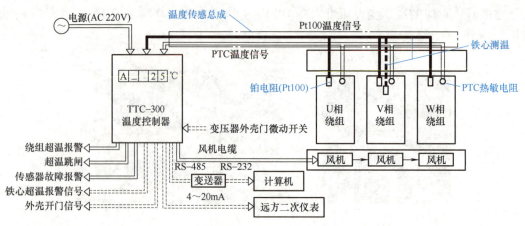

图 2-6 TTC-300 系列温度控制系统

（2）绝缘水平　铭牌上第二项为变压器的绝缘水平，也称绝缘强度，是与保护以及其他绝缘部分相配合的水平，即耐受电压值。图 2-7 所示绝缘强度为 LI75 AC35/AC3，表示雷电冲击耐受电压为 75kV；工频耐受电压高压为 35kV，低压为 3kV。

（3）绝缘等级　表 2-1 为变压器绝缘等级对应的允许温度，图 2-7 变压器的绝缘等级为 F 级。绝缘等级是指电机或变压器绕组采用的绝缘材料的耐热等级。其中 F 级代表最高允许温度为 155℃，绕组温升限值为 100K。

总之，环氧树脂浇注干式变压器具有结构简单、不易燃烧、可在恶劣环境下正常工作、维护工作量很小、运行损耗低、运行效率高等优点。

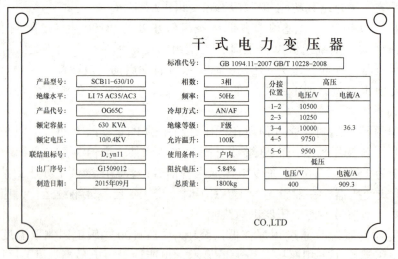

图 2-7 干式变压器铭牌

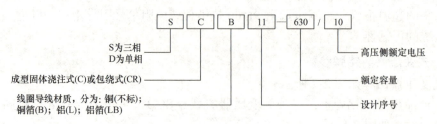

图 2-8 干式变压器型号含义

表 2-1 变压器绝缘等级对应的允许温度

绝缘等级	A	E	B	F	H
最高允许温度 /℃	105	120	130	155	180
绕组温升限值 /K	60	75	80	100	125

四、变压器的并列运行

变压器的并列运行是指将两台或以上变压器的一次绕组并联在同一电压的母线上，二次绕组并联在另一电压的母线上运行。

1. 并列运行的优点

1）提高供电的可靠性：当一台变压器发生故障时，并列运行的其他变压器仍可以继续运行，以保证重要用户的用电。

2）提高供电的经济性：当用电负荷季节性很强时，在负荷轻的季节可以让部分变压器退出运行，这样可以提高系统的经济性。

2. 并列运行的条件

1）变压器电压比相同，且一、二次额定电压分别相同。

2）变压器的联结组标号相同。

3）变压器的短路电压（阻抗电压）相等或接近相等（允许误差 ±10%）。

4）变压器的容量比不宜超过 3：1。

条件 1）和条件 2）保证了变压器空载时，绕组内不会有环流。环流会影响变压器容量的合理利用，如果环流过大，甚至会烧坏变压器。条件 3）和 4）限制了变压器的阻抗电压值相差不致过大，保证了负荷分配与容量成正比。

五、变压器的日常巡视与维护

1. 变配电所电气设备的巡视检查方法

1）以值班人员的目测、耳听、鼻嗅、手触等为主要检查手段，发现运行中设备缺陷及隐患。

① 目测法：值班人员用肉眼观察运行设备可见部位的外观变化，以便发现异常现象，如变色、变形、位移、破裂、松动、打火冒烟、渗油漏油、断线闪络、污秽等。目测法是设备巡视最常用的方法。

② 耳听法：当设备出现故障时，会发出异常的噪声，甚至有"噼啪"的放电声，可以通过正常时和异常时音律、音量的变化来判断设备故障的发生和性质。

③ 鼻嗅法：电气设备的绝缘材料一旦过热会使周围的空气产生异味，这种异味对值班人员来说是可以嗅出并辨别出来的。

④ 手触法：对带电的高压设备及运行中的变压器和消弧线圈中性点接地装置，禁止使用手触法测试。对不带电且外壳可靠接地的设备，检查其温度或温升时可以用手去触试检查。

2）使用工具和仪表，进一步探明故障性质。

2. 变压器的巡视分类

变压器的巡视根据巡视周期分为日常巡视、定期巡视和特殊巡视。

3. 三相油浸式变压器的日常巡视与维护

1）变压器绝缘套管清洁，无破损和裂纹，无放电痕迹及其他异常现象。

2）电气连接部分（一、二次接线）应连接牢固，接触良好，无过热、断股和散股，无过紧或过松。

3）变压器声响正常，无异味。

4）变压器的油阀、油位、油温、油色正常，无渗漏、喷油现象。

5）变压器各部件安装牢固，无倾斜，外壳无严重锈蚀，接地良好，基础、支架无严重破损和剥落。

6）压力释放阀密封良好，无渗油。

7）吸湿器内干燥剂颜色正常。

8）气体继电器内无气体，继电器与储油柜间阀门开启。

9）冷却装置、风扇电动机运行正常，无渗漏。

10）分接开关位置指示正确。

4. 干式变压器的日常巡视与维护

1）变压器外部各部件完好无损。

2）变压器接线端子、引线、电缆、母线应无发热现象。

3）绕组温度在正常范围内。

4）变压器内部声响正常，振动、噪声不超过正常情况。

5）绝缘套管外部应清洁，无破损裂纹，无放电痕迹及其他异常现象。

6）浇注型绕组和相间连接线应无尘埃附着，无龟裂，无变色放电现象。

7）铁心风道应无灰尘异物堵塞，无生锈或腐蚀现象。

8）调压分接头应无过热、变色、接触不良或锈蚀现象，绕组压紧装置无松动。

9）温度计和保护装置动作应正常。

10）有冷却风机者，电动机、风扇轴承应运转良好，声响正常。

任务实施

三相油浸式和干式变压器的认知与巡视

1）根据图2-2，分组认识并讨论主变电所三相油浸式变压器的各部件名称和作用，完成表2-2。

表2-2 三相油浸式变压器各部件名称和作用

序号	部件名称	作用
1		
2		
3		
4		
5		
6		
7		
8		

（续）

序号	部件名称	作用
9		
10		
11		
12		
13		
14		
15		
16		

2）学习变压器标准化巡视过程和巡视语言并实施巡视，两人为一组，一人为助理值班员，另一人为值班员，按照表2-3实施主变电所三相油浸式变压器的标准化巡视。

表2-3 三相油浸式变压器的标准化巡视

序号	作业程序	作业内容	操作情况评价
1	穿戴防护用具	1. 助理值班员穿戴防护用具：戴安全帽，穿绝缘靴	
		2. 值班员穿戴防护用具：戴安全帽，穿绝缘靴	
2	指向并检查1号变压器外观	1. 值班员指向1号变压器，并提示助理值班员："变压器外观状况。"	
		2. 助理值班员指向并检查1号变压器，对值班员应答："变压器外观正常，设备标识和各种安全警示牌等完好、清晰，变压器外壳接地线接触良好。"	
3	指向并检查1号变压器运行声响	1. 值班员指向1号变压器，并提示助理值班员："变压器运行声响状况。"	
		2. 助理值班员指向并检查1号变压器，对值班员应答："变压器运行声响正常，无异味。"	
4	指向并检查1号变压器油位计	1. 值班员指向1号变压器油位计，并提示助理值班员："变压器油位计状况。"	
		2. 助理值班员指向并检查1号变压器油位计，对值班员应答："变压器油位计指示正常。"	
5	指向并检查1号变压器油阀、储油柜和油色	1. 值班员指向1号变压器进油阀、放油阀、储油柜，并提示助理值班员："变压器进油阀、放油阀、储油柜、油色状况。"	
		2. 助理值班员指向并检查1号变压器进油阀、放油阀、油枕，对值班员应答："变压器进油阀、放油阀、储油柜清洁，无锈蚀，无渗漏，油色正常。"	
6	指向并检查1号变压器高压、低压套管	1. 值班员指向1号变压器高压套管、低压套管，并提示助理值班员："变压器高压套管、低压套管状况。"	
		2. 助理值班员指向并检查1号变压器高压套管、低压套管，对值班员应答："变压器高压套管、低压套管清洁，无破损，无裂纹，无放电痕迹。"	
7	指向并检查1号变压器引线及引线连接	1. 值班员指向1号变压器进线，并提示助理值班员："变压器引线状况。"	
		2. 助理值班员指向并检查1号变压器进线、进线连接、出线，对值班员应答："变压器引线接触良好，张力适当，无松股，无断股。"	
8	指向并检查1号变压器油温计	1. 值班员指向1号变压器油温计，并提示助理值班员："变压器油温计状况。"	
		2. 助理值班员指向并检查1号变压器油温计，对值班员应答："变压器油温计显示正常。"	
9	指向并检查1号变压器基础支架	1. 值班员指向1号变压器基础支架，并提示助理值班员："变压器基础支架状况。"	
		2. 助理值班员指向并检查1号变压器基础支架，对值班员应答："变压器基础支架安装牢固，无倾斜。"	
10	指向并检查1号变压器吸湿器	1. 值班员指向1号变压器吸湿器，并提示助理值班员："变压器吸湿器状况。"	
		2. 助理值班员指向并检查1号变压器吸湿器，对值班员应答："变压器吸湿器完好、畅通，硅胶颜色正常。"	

（续）

序号	作业程序	作业内容	操作情况评价
11	指向并检查1号变压器压力释放阀	1. 值班员指向1号变压器压力释放阀，并提示助理值班员："变压器压力释放阀状况。" 2. 助理值班员指向并检查1号变压器压力释放阀，对值班员应答："压力释放阀密封良好，无渗油、漏油现象。"	
12	指向并检查1号变压器散热装置	1. 值班员指向1号变压器散热装置，并提示助理值班员："变压器散热装置状况。" 2. 助理值班员指向并检查1号变压器散热装置，对值班员应答："变压器散热装置齐全，无异常。"	
13	指向并检查气体继电器	1. 值班员指向1号变压器气体继电器，并提示助理值班员："变压器气体继电器状况。" 2. 助理值班员指向并检查1号变压器气体继电器，并对值班员应答："气体继电器充油正常，内部无气体。"	
14	指向并检查分接开关	1. 值班员指向1号变压器分接开关，并提示助理值班员："分接开关状况。" 2. 助理值班员指向并检查1号变压器分接开关，对值班员应答："分接开关位置指示正确。"	
15	脱下防护用具	1. 值班员脱下防护用具：脱安全帽，脱绝缘靴 2. 助理值班员脱下防护用具：脱安全帽，脱绝缘靴	

3）分组认识干式变压器并实施日常巡视，填写巡视记录表。

拓展阅读

任务检测

事故案例：不按作业流程更换主变压器吸湿器硅胶

一、单项选择题

1. 某变压器的一、二次绕组匝数之比等于25，二次电压是400V，那么一次电压是_____。
   A. 1000V   B. 10000V   C. 16V   D. 25V
2. 变压器的联结组标号表示的是变压器高、低压侧_____间的相位关系。
   A. 线电压   B. 线电流   C. 相电压   D. 相电流
3. 变压器油起_____作用。
   A. 绝缘和灭弧   B. 绝缘和防锈   C. 散热和灭弧   D. 绝缘和散热
4. 普通三相油浸式自冷变压器的上层油温不宜超过_____。
   A. 55 ℃   B. 85 ℃   C. 95 ℃   D. 105 ℃

二、简答题

1. 简述变配电所电气设备的巡视检查方法。
2. 简述无励磁调压变压器和有载调压变压器的区别。
3. 干式变压器的温度控制系统有哪些功能？

任务2 互感器的认知、运行与维护

任务描述

认识常见互感器的结构并正确使用，认识并绘制常用的接线方式简化符号，两人为一组实施电流互感器、电压互感器的接线。

项目2 变换电器的认知、运行与维护

任务目标

知识目标	1. 掌握电流与电压互感器的功能、工作原理和使用注意事项 2. 理解常用电流、电压互感器的结构
能力目标	1. 认识并绘制电流、电压互感器常用的接线方式简化符号 2. 能够正确进行互感器的接线
素质目标	1. 加强业务学习，提高工作质量，防患于未然 2. 严格按照规程要求运维设备，不能有丝毫马虎和大意

任务资讯

一、互感器的认识

1. 定义

互感器是一种特殊的变压器，是按比例变换电压或电流的设备。互感器广泛应用于高压等级的交流电路中，是一、二次设备之间的重要联络元件。

2. 分类

根据功能的不同，互感器分为两大类：

（1）电流互感器　电流互感器是用于变换电流的互感器。它将一次侧大电流按比例变换成二次侧标准小电流（额定电流为5A或1A）。电流互感器在工程上常用TA或CT表示。

（2）电压互感器　电压互感器是用于变换电压的互感器。它将一次侧高电压按比例变换成二次侧标准低电压（额定电压为100V或$100/\sqrt{3}$ V）。电压互感器在工程上常用TV或PT表示。

3. 功能

（1）变换电压或电流　互感器可将高电压或大电流变换成标准低电压或小电流，以便与测量仪表、保护设备及自动装置连接，实现设备生产的小型化、标准化。

（2）实现电气隔离　互感器可将二次设备与高压一次设备可靠隔离，保证人身和设备的安全。

4. 互感器的连接

图2-9所示为互感器在电力系统中的连接示意图。

电流互感器TA一次绕组串联在一次电路上，二次绕组串联电流表A、继电器电流线圈等低阻抗负荷，对一次系统进行电流测量和保护。

电压互感器TV一次绕组并联在一次电路上，二次绕组并联电压表V、继电器电压线圈等高阻抗负荷，对一次系统进行电压测量和保护。

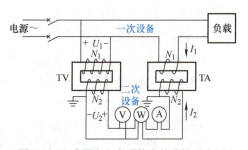

图2-9　互感器在电力系统中的连接示意图

互感器和计量装置配合,还可用于对一次系统电能的测量。

二、电流互感器的认知与运行维护

1. 电流互感器的工作原理

电流互感器是利用变压器一、二次电流成比例的原理制成的,其工作原理与变压器相同。图 2-10a 所示为电流互感器工作原理,图 2-10b 所示为电流互感器的符号,图 2-10c 为电流互感器的简化符号。电流互感器一、二次电流的大小与绕组匝数成反比。

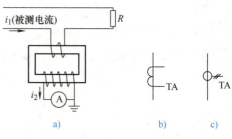

图 2-10 电流互感器的工作原理和符号

(1) 一次绕组 一次绕组匝数少,串联在一次电路中,故一次绕组中的电流完全取决于被测电路的负荷电流,而与二次侧的负荷无关。

(2) 二次绕组 二次绕组匝数多,串联仪表、继电器电流线圈(阻抗很小,接近于短路状态)。

2. 电流互感器的使用注意事项

1) 电流互感器二次绕组有一端必须可靠接地。如图 2-10a 所示,主要是为了防止一、二次绕组间绝缘击穿时,一次侧高电压窜入二次侧,危及人身和设备安全。

2) 电流互感器二次侧不能开路。电流互感器正常工作时,根据变压器的磁动势平衡方程式

$$\dot{I}_0 N_1 = \dot{I}_1 N_1 + \dot{I}_2 N_2 \tag{2-4}$$

此时二次绕组产生的磁动势对一次绕组的磁动势起去磁作用,所以励磁电流很小,二次绕组的感应电动势也很小。当二次侧开路时,二次电流为零,而一次电流将全部用来励磁,使电流互感器铁心饱和,磁通增大,这会产生 3 个后果:

① 由于磁通饱和,二次绕组将产生很大的感应电动势,危及人身和设备安全。

② 由于铁心磁通饱和,将使铁心严重发热,损坏绕组绝缘。

③ 在铁心中产生剩磁,降低准确度等级,导致测量结果不准确。

所以,电流互感器二次侧不允许开路。电流互感器二次回路中不允许接熔断器,也不允许在运行时未经旁路就拆下电流表、继电器等设备。

3) 电流互感器在安装和使用时,注意端子的极性不能接错,否则可能引起保护误动作、测量不准确或烧坏仪表。

3. 电流互感器的分类

1) 按用途可分为:测量用和保护用电流互感器。

2) 按安装地点可分为:户内式和户外式电流互感器。

3) 按绝缘介质可分为:干式、浇注式、油浸式和 SF_6 式电流互感器。

4) 按安装方式可分为:穿墙式、支持式和装入式电流互感器。

5) 按一次绕组匝数可分为:单匝式和多匝式电流互感器。

4. 电流互感器的型号

电流互感器的型号由字母符号和数字组成，包含电流互感器的结构特点、绝缘方式、使用特点、额定电压和额定电流等，其格式为：

[1] [2] [3] [4] [5]—[6] / [7]

[1] 产品名称：L——电流互感器。

[2] 结构特点：M——母线式；Q——线圈式；Y——低压式；D——单匝式；F——多匝式；A——穿墙式；R——装入式；C——瓷箱式；Z——支柱式；V——结构倒置式；J——零序。

[3] 绝缘方式：Z——浇注绝缘；C——瓷绝缘；K——塑料外壳。

[4] 使用特点：B——过电流保护；D——差动保护；J——接地保护或加大容量；S——速饱和；Q——加强型。

[5] 设计序号：以数字 1、2、3、…表示。

[6] 额定电压：单位为 kV。

[7] 额定电流：单位为 A。

5. 电流互感器的技术参数

1）额定电压（kV）：一次绕组长期对地能够承受的最大电压有效值。

2）额定电流（A）：在正常运行状态下，通过一、二次绕组的额定电流称为电流互感器的额定电流。

3）额定电流比 K_i：电流互感器一、二次额定电流之比称为电流互感器的额定电流比。电流互感器的电流比常用分数形式标出，分子表示一次绕组的额定电流，分母表示二次绕组的额定电流。

4）额定二次负荷：额定二次负荷是指在二次电流为额定值，二次负载为额定阻抗时，二次侧输出的视在功率。同一台电流互感器在不同的准确度等级下工作时，有不同的额定容量和额定负荷阻抗。

5）准确度等级：准确度等级指在规定的二次负荷变化范围内，一次电流为额定值时的电流误差限值。

常用电流互感器的准确度等级有 0.1、0.2、0.5、1、3、5、5P、10P 共 8 个级别。如 0.5 级表示误差在 ±0.5% 以内。显然数值越小，准确度越高。

不同的准确度等级具有不同的用途。一般 0.1 级、0.2 级用于实验室的精密测量，0.5 级用于计量，1 级用于指示性测量，3 级、5 级用于非精密测量，5P、10P 级用于保护。

6）热稳定倍数及动稳定倍数：表示在电力系统故障时，电流互感器承受由短路电流引起的热效应和电动力作用而不致受到破坏的能力。热稳定倍数为热稳定电流与电流互感器额定电流之比；动稳定倍数为电流互感器所能承受的最大电流的瞬时值与其额定电流之比。

6. 电流互感器的极性

电流互感器一次绕组有两个端子 P_1、P_2，二次绕组也有两个端子 S_1、S_2。如图 2-11 所示，P_1 和 S_1 是一对同名端，P_2 和 S_2 也是一对同名端。

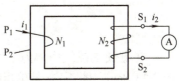

图 2-11 电流互感器减极性原理图

在图 2-11 中，当一次绕组有电流 i_1 从 P_1 流向 P_2 时，由于共同磁通的作用，在二次绕组中产生感应电流 i_2 从 S_1 流出，S_2 流入，这种极性称为减极性，反之称为加极性。在工程实际中，除特殊情况外，电流互感器均采用减极性接线。

7. 电流互感器的接线方式

电流互感器的接线方式如图 2-12 所示。在接线时，一定要注意把极性接正确，否则将带来严重后果。

（1）单相联结　如图 2-12a 所示，单相联结通常由一只电流互感器（接入中间相）加一只电流继电器或电流表构成，可用于单相电流或三相对称电路中电流的测量，常用于低压动力线路中。

（2）两相 V 联结　两相 V 联结又称为两相三继电器不完全星形联结，如图 2-12b 所示，可用于三相系统中两相电流的测量，广泛用于 6～10kV 中性点不接地系统的测量和保护。

（3）两相电流差联结　如图 2-12c 所示，两相电流差联结方式常用于过电流继电保护电路中。正常工作时，通过继电器的电流是两相电流的相量差。

（4）三相完全星形（Y）联结　如图 2-12d 所示，三相完全星形联结由三只电流互感器和三只电流继电器组成，常用于中性点直接接地系统中。

（5）三角形联结　如图 2-12e 所示，三角形联结应用于 Y/△ 联结的变压器差动保护。

（6）零序联结　如图 2-12f 所示，零序联结由三只电流互感器和一只电流继电器组成，主要用于继电保护中的零序电流保护。

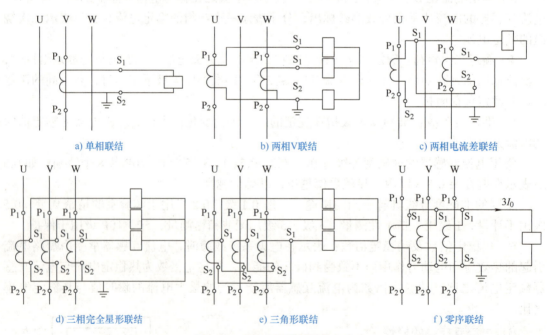

图 2-12　电流互感器的接线方式

在电气主接线中，为了便于识图，经常使用电流互感器的接线方式的简化符号，如图 2-13 所示。图 2-13a 是单相接线的简化符号；图 2-13b 是两相 V 联结的简化符号；图 2-13c 是三相完全星形联结的简化符号。其中列代表了接线方式，行代表了二次绕组个数。

8. 常用电流互感器的结构

电流互感器按绝缘介质可分为干式、树脂浇注式、油浸式和 SF_6 式等多种。

（1）干式电流互感器　干式电流互感器一、二次绕组之间及绕组与铁心之间的绝缘介质由绝缘纸、玻璃丝带等固体材料构成，并在浸渍绝缘漆后经烘干处理。其特点是结构简单，制造方便，但绝缘强度低，防火性能差，只适用于 0.5kV 及以下的低压电路中。

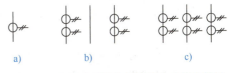

图 2-13　电流互感器常用接线方式简化符号

（2）树脂浇注式电流互感器　树脂浇注式电流互感器利用合成树脂、填料和固化剂组成的混合胶浇注在电流互感器里固化后形成绝缘介质，常用环氧树脂浇注，如图 2-14a 所示。其特点是绝缘强度高，防火，用于 0.5～35kV 电压等级的电路中。

（3）油浸式电流互感器　油浸式电流互感器的绝缘介质是变压器油，主要由底座、器身、储油柜和瓷套等组成，瓷套是电流互感器的外绝缘，并兼作油的容器，如图 2-14b 所示。按绝缘结构不同，油浸式电流互感器可分为链型绝缘和电容型绝缘两种。63kV 以下的电流互感器多采用链型绝缘结构；220kV 及以上的电流互感器则主要采用电容型绝缘结构；110kV 的电流互感器有采用链型绝缘结构的，也有采用电容型绝缘结构的。

链型绝缘结构的一次绕组和二次绕组构成互相垂直的圆环，就像两个链环。常见的油浸式"8"字结构电流互感器如图 2-14c 所示，主要用于 35～110kV 电压等级的电路中。

正立式电容型绝缘结构的主绝缘全部包扎在一次绕组上，一次绕组常采用 U 形结构；若为倒立式结构，则主绝缘全部包扎在二次绕组上。

图 2-14　电流互感器结构
1——次绕组　2——次绕组绝缘　3—二次绕组及铁心

（4）SF_6 式电流互感器　SF_6 式电流互感器主要用于电流、电能的测量和继电保护。它有两种结构形式，一种是与 SF_6 组合电器配套用的；另一种是可单独使用的，通常称为独立式 SF_6 电流互感器。

常用的 SF_6 式电流互感器内部结构如图 2-15 所示，主要由壳体、防爆装置、支持绝缘子、套管、屏蔽罩、底座、气体密度计等部件组成。一、二次绕组间用 SF_6 气体绝缘，二次线通过接线端子接在密闭的接线盒内。

三、电压互感器的认知与运行维护

1. 电压互感器的工作原理

电压互感器是利用变压器一、二次电压成比例的原理制成的，其工作原理与变压器相同，它将高电压变换为适合仪表与继电保护装置使用的低电压。图 2-16a 所示为电压互感器的工作原理，图 2-16b 所示为电压互感器的简化符号图。电压互感器一、二次电压的大小与一、二次绕组的匝数成正比，即

$$\frac{U_1}{U_2} = \frac{N_1}{N_2} = K \qquad (2-5)$$

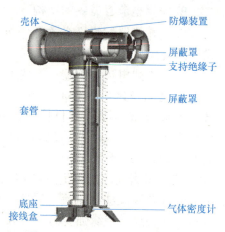

图 2-15 常用的 SF_6 式电流互感器内部结构

（1）一次绕组　一次绕组匝数多，并联在主电路中。

（2）二次绕组　二次绕组匝数少，并联仪表、继电器电压线圈（阻抗很大，接近于开路状态）。

2. 电压互感器的使用注意事项

1）电压互感器二次绕组有一端必须可靠接地。如图 2-16a 所示，这主要是为了防止一、二次绕组间绝缘击穿时一次侧高电压窜入二次侧，危及人身和设备安全。

2）电压互感器工作时，二次侧不得短路，且一、二次侧都应装熔断器。正常工作时，电压互感器二次回路中的负载阻抗很大，二次电流很小，其运行状态接近于开路。当发生短路时，将产生很大的短路电流，造成电压互感器二次绕组严重发热而烧毁。

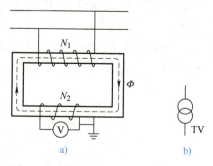

图 2-16 电压互感器的工作原理和符号

3）电压互感器在安装和使用时，注意端子的极性不能接错。

3. 电压互感器的分类

1）按用途可分为：测量用和保护用电压互感器。
2）按安装地点可分为：户内式和户外式电压互感器。
3）按绝缘介质可分为：干式、树脂浇注式、油浸式和 SF_6 式电压互感器。
4）按相数可分为：单相、三相电压互感器。
5）按结构原理分：电磁式、电容式和光电式电压互感器。

4. 电压互感器的型号

电压互感器的型号由字母符号和数字组成，包含电压互感器的相数、绝缘形式、结构形式及额定电压等。

[1] [2] [3] [4] [5]-[6]

［1］产品名称：J——电压互感器。
［2］相数：D——单相；S——三相。
［3］绝缘形式：G——干式；J——油浸式；C——瓷绝缘；Z——浇注式；R——电容式。
［4］结构形式：B——带补偿绕组；W——五柱三绕组；J——接地保护。
［5］设计序号：用数字1、2、3、…表示。
［6］额定电压：单位为kV。

5. 电压互感器的常用技术参数

（1）电压比　电压比常以一次、二次绕组的额定电压比表示。

（2）联结组标号　联结组标号表明电压互感器一、二次线电压的相位关系。

（3）准确度等级　准确度等级指在规定的一次电压和二次负荷变化范围内，负荷功率因数为额定值时电压误差的最大值。通常分为0.2、0.5、1、3及3P、5P，使用时根据负荷需要来选用。

（4）极性　按照规定，一次绕组首端标为U_1，尾端标为U_2，二次绕组首端标为u_1，尾端标为u_2，U_1和u_1、U_2和u_2是同名端。假设一次电流从首端U_1流入，从尾端U_2流出时，则二次电流从首端u_1流出，从尾端u_2流入，这样的极性标志称为减极性，如图2-17所示，反之则称为加极性。一般工程实际中采用减极性。

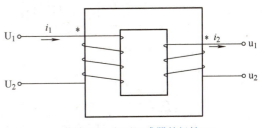

图2-17　电压互感器的极性

6. 电压互感器的接线方式

电压互感器的接线方式有单相联结、V/V联结、Y_0/Y_0联结和三相五柱式联结4种方式，原理图如图2-18所示，对应的简化符号如图2-19所示。

（1）单相联结　单相联结由一个单相电压互感器接入电路，常用于三相电路中测量某两相之间的线电压，如图2-18a所示，或用于测量某相对地电压（此时电压互感器一次绕组两端分别接于该相和地之间）。二次绕组有一端可靠接地。在电气主接线中，为了便于识图，经常使用电压互感器接线方式的简化符号，单相联结简化符号如图2-19a所示。

（2）V/V联结　V/V联结由两个单相电压互感器接入电路，如图2-18b所示，简化符号如图2-19b所示，常用于中性点不接地或经消弧线圈接地的三相电路系统中，可测量任意两相之间的线电压。其优点是接线简单、经济，缺点是不能测量相电压。

（3）Y_0/Y_0联结　Y_0/Y_0联结由三个单相电压互感器接入电路，如图2-18c所示，简化符号如图2-19c所示，该方式在三相电路中既能测量相电压，又能测量线电压，常用于中性点直接接地系统中。

（4）三个单相三绕组或三相五柱式联结　三相五柱式联结的一次绕组接成Y_0联结，有两套二次绕组。其中Y_0联结的二次绕组称为基本二次绕组，常常接仪表，用于测量线电压、相电压；开口三角形联结的二次绕组称为辅助二次绕组，连接电压继电器KV，用于绝缘监察，接线方式如图2-18d所示，简化符号如图2-19d所示。三相五柱式联结既能测量线电压、相电压，又能构成绝缘监察装置和单相接地保护，广泛用于10kV中性点不接地系统中。其工作原理如下：在系统正常运行时，因三相电压对称，开口三角形两端零序电压接近于零,KV 不会动作;当系统发生单相接地时,开口三角形两端出现零序电压,使 KV 动作,发出接地报警信号。

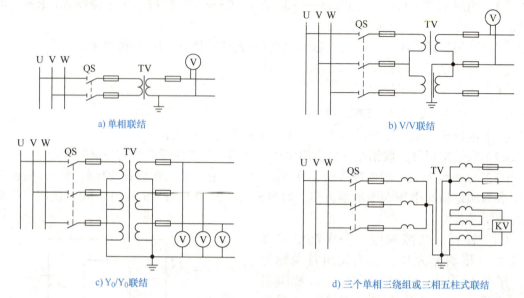

图 2-18 电压互感器的接线方式
a) 单相联结 b) V/V 联结 c) Y_0/Y_0 联结 d) 三个单相三绕组或三相五柱式联结

7. 常用电压互感器的结构

电压互感器结构与变压器相似,主要由铁心、一次绕组、二次绕组和绝缘等几个部分构成。

(1) 油浸式电压互感器 油浸式电压互感器应用广泛,从结构上可分为单级式和串级式两种。

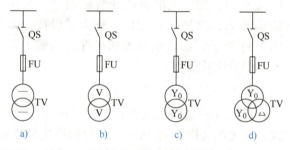

图 2-19 电压互感器的接线方式简化符号

单级式是指一次绕组和二次绕组全部套在一个铁心上,一次绕组不分级,3~35kV 电压互感器多采用单级式。图 2-20a 所示为 JSJV-10 型三相油浸式电压互感器外形。

串级式是指一次绕组分成匝数接近相等的几个绕组分别套在几个铁心上,再串联起来。110kV 及以上电压互感器普遍制成串级式结构。图 2-20b 所示为 JDC-110 型单相油浸式电压互感器外形。

从外形看,电压互感器由头部、瓷套管及底座三大部分组成。头部连接一次高压回路,有一次接线端子及标志;瓷套管是电压互感器的外绝缘;底座起支持固定的作用,安装有铭牌、二次接线端子、接地端子、安装孔和放油阀等。JDC-110 型单相油浸式电压互感器采用串级式结构,绕组和铁心采用分级绝缘,一次绕组分成相等的两段分别套在上下铁心柱上,二次绕组套在下铁心柱上。

(2) 树脂浇注式电压互感器 树脂浇注式电压互感器具有良好的电气和机械性能,能防火防潮且制造简单。图 2-21 所示为 JDZ-10 型环氧树脂浇注式单相电压互感器,其一、二次绕组同心绕在一起,一、二次侧引出线一起用环氧树脂浇注成型,并固定在底板上。树脂浇注式电压互感器广泛应用于户内 35kV 及以下电压等级。

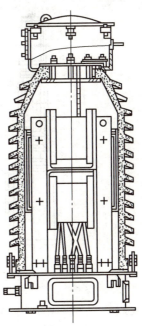

a) JSJV-10型三相油浸式电压互感器　　b) JDC-110型单相油浸式电压互感器

图 2-20　油浸式电压互感器外形

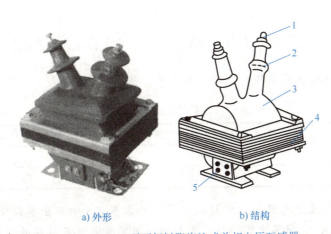

a) 外形　　b) 结构

图 2-21　JDZ-10 型环氧树脂浇注式单相电压互感器

1——次接线端　2—高压绝缘套管　3—二次绕组　4—铁心　5—二次接线端

（3）SF$_6$式电压互感器　SF$_6$式电压互感器有两种结构形式，一种是与GIS配套用的；另一种是独立的。为保证正常运行，独立SF$_6$式电压互感器有充气阀、防爆片、压力表和气体密度继电器等。

（4）电容式电压互感器　电容式电压互感器具有结构简单、体积小、运行维护方便等优点，且电压等级越高优点越明显。图 2-22 所示为TYD220系列电容式电压互感器的结构和外形。它主要由瓷套管、电容分压器、电磁单元装置和二次接线盒组成。其中电容分压器由上、下两节串联组合而成，装在瓷套管中，瓷管套内充满绝缘油。电容式电压互感器广泛用于 110～500kV 的中性点直接接地系统中。

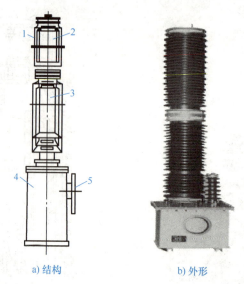

图 2-22 TYD220 系列电容式电压互感器的结构和外形

1—瓷套管 2—上节电容分压器 3—下节电容分压器 4—电磁单元装置 5—二次接线盒

任务实施

互感器的认知、常用接线方式识图与安装

1）分组讨论互感器的功能和使用注意事项，并完成表 2-4。

表 2-4 互感器的功能和使用注意事项

互感器类型	功能	二次侧额定值	文字符号	使用注意事项
电流互感器				
电压互感器				

2）分组讨论电流互感器的常用接线方式，并在表 2-5 中画出其简化符号（电流互感器有两个二次绕组），说明其适用场合；两人为一组实施电流互感器的安装接线。

表 2-5 电流互感器的常用接线方式

电流互感器常用接线方式	简化符号示意图	适用场合
单相接线		
两相 V 联结		
三相完全星形联结		

3）分组讨论电压互感器的常用接线方式，并在表 2-6 中画出其简化符号，说明其适用场合；两人为一组实施电压互感器的安装接线。

表2-6 电压互感器的常用接线方式

电压互感器常用接线方式	简化符号	适用场合
单相联结		
V/V 联结		
Y_0/Y_0 联结		
三相五柱式联结		

4）结合图2-21，认识JDZ-10型环氧树脂浇注式单相电压互感器结构，完成表2-7。

表2-7 JDZ-10型环氧树脂浇注式单相电压互感器结构

电压互感器结构	部件名称	功能
1		
2		
3		
4		
5		

拓展阅读

任务检测

事故案例：未对电流互感器二次端子箱开展红外测温

一、单项选择题

1．电压互感器二次额定电压通常为_____V。
A. 20　　　　　　　　　　B. 100
C. 1000　　　　　　　　　D. 10000

2．电流互感器二次额定电流通常为_____A。
A. 5　　　　B. 10　　　　C. 20　　　　D. 100

二、判断题

1．电压互感器可以隔离高压，保证了测量人员、仪表及保护装置的安全。（   ）
2．电流互感器正常运行时二次阻抗很大，接近于开路状态。（   ）
3．三相五柱式接线的电压互感器广泛用于10kV中性点不接地系统中。（   ）

三、简答题

1．简述互感器的功能。
2．电流互感器在运行中为什么二次侧必须有一个端子可靠接地？
3．电流互感器二次侧为什么不允许开路？
4．电压互感器二次侧为什么不允许短路？采取什么保护措施？

任务3 整流机组的运行与维护

任务描述

认识整流变压器和整流器的结构，分组对整流机组进行日常巡视检查，填写巡视检查记录表；对整流器上的二极管进行检测，并对故障二极管进行更换。

任务目标

知识目标	1. 掌握整流机组的功能和组成 2. 理解6脉波、12脉波和24脉波整流电路的构成和工作原理
能力目标	1. 认识整流变压器和整流器的结构 2. 能够正确地巡视检查整流机组 3. 能够正确地检测整流器上的二极管
素质目标	1. 了解我国自主研发的新设备、新技术的应用状况，增强对我国先进技术研发的信心 2. 培养攻坚克难、创新实践的精神

任务资讯

一、整流机组的组成与功能

整流机组是城市轨道交通牵引变电所最重要的设备，由整流变压器和整流器组成。其作用是将中压网络的三相交流35kV（33kV）或10kV电压降为交流1180V或590V电压，再整流输出直流1500V或750V电压，经网上电动隔离开关给接触网供电，实现直流牵引。

二、整流机组的工作原理

早期的城市轨道交通直流牵引供电系统，整流器中常采用三相桥式整流电路构成的6脉波整流电路，但6脉波整流电路产生的谐波严重。为提高输出直流的质量，减少谐波，6脉波整流电路逐步被12脉波和24脉波整流电路代替。我国后来建设的城市轨道交通牵引变电所以24脉波整流电路为主。

1. 6脉波整流电路

（1）电路的构成　整流器由大功率二极管构成。二极管具有单向导电性，即正向导通，反向截止。多个二极管可以构成共阴极二极管和共阳极二极管。对于共阴极二极管，是指多个二极管的阴极连接在一起，阳极电位越高的二极管越容易导通。对于共阳极二极管，是指多个二极管的阳极连接在一起，阴极电位越低的二极管越容易导通。

三相桥式整流电路构成的6脉波整流电路原理如图2-23a所示，由整流变压器T和三相桥式整流电路构成。很显然，整流变压器T的一次绕组为三角形联结，二次绕组为星形联结。三相桥式整流电路接在变压器的二次侧，由6只二极管构成。其中VD_1、VD_3、VD_5共3只二极管构成共阴极组，VD_4、VD_6、VD_2共3只二极管构成共阳极组，R为负载电阻。

（2）工作原理　在每一瞬间，根据优先导通原则，共阴极组中阳极电位最高的二极管导通，共阳极组中阴极电位最低的二极管导通。

为了分析方便，将一个周期等分为6段，每段相隔60°。第一阶段即$t_1 \sim t_2$期间，从图2-23b所示的u_2波形图可以看出，共阴极组中u相电位最高，VD_1导通；共阳极组中v相电位最低，VD_6导通。此时的电流回路为由u相经过VD_1流向负载，再经过VD_6流向v相。变压器u相和v相工作，忽略二极管正向导通的电压降，加在负载上的整流电压u_d

为 u 相与 v 相电压之差，即为 u_{uv}。

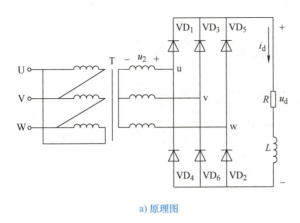
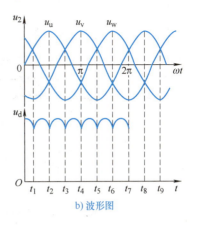

a) 原理图　　　　　　　　　　　　　b) 波形图

图 2-23　6 脉波整流电路

第二阶段即 $t_2 \sim t_3$ 期间，共阴极组中 u 相电位依旧最高，VD_1 导通；但共阳极组中 w 相电位最低，VD_2 导通，VD_6 承受反向电压而关断。此时的电流回路为由 u 相经过 VD_1 流向负载，再经过 VD_2 流向 w 相。变压器 u 相和 w 相工作，加在负载上的整流电压 u_d 为 u 相与 w 相电压之差，即为 u_{uw}。

第三阶段即 $t_3 \sim t_4$ 期间，v 相电位最高，VD_3 导通；w 相电位最低，VD_2 导通。加在负载上的整流电压 u_d 为 v 相与 w 相电压之差，即为 u_{vw}。

同理，第四阶段即 $t_4 \sim t_5$ 期间，VD_3、VD_4 导通，负载上的整流电压 u_d 为 u_{vu}。第五阶段即 $t_5 \sim t_6$ 期间，VD_5、VD_4 导通，负载上的整流电压 u_d 为 u_{wu}。第六阶段即 $t_6 \sim t_7$ 期间，VD_5、VD_6 导通，负载上的整流电压 u_d 为 u_{wv}。在一个周期内的 u_d 波形如图 2-23b 所示。之后不断循环。

由此可见，三相桥式整流电路在 1 个周期中，输出电压共有 6 个脉动的电压波形，所以也称为 6 脉波整流电路。

（3）结论　一个三相桥式整流电路构成 6 脉波整流电路，使用 6 只二极管，各绕组线电压相位错开 π/3（60°），输出的直流电压波形在一个周期中脉动 6 次，相邻脉动波形的间隔为 π/3（60°）。

2. 12 脉波整流电路

（1）电路的构成　单机组 12 脉波整流电路由两个三相桥式整流电路并联组成。整流变压器一次侧星形联结的绕组为公用绕组，二次绕组有一个星形联结的绕组和一个三角形联结的绕组，分别向两个三相桥式整流电路供电。因为整流变压器二次侧星形联结的绕组和三角形联结的绕组相对应的线电压相位错开 π/6（30°），所以可以得到两个 6 脉波整流电路并联组成的 12 脉波整流电路，其原理如图 2-24a 所示。

（2）工作原理　整流变压器一次侧星形联结的绕组为公用绕组，二次侧绕组分别为星形联结和三角形联结，形成 30° 相位差。12 脉波整流电路是顺序换相的，互不干扰，整流换相图如图 2-24b 所示。在一个周期中，各绕组线电压相位错开 π/6（30°），因此总的直流输出电压便为 12 脉波，如图 2-24c 所示。

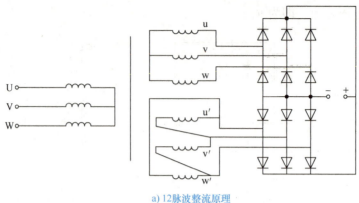

a) 12脉波整流原理

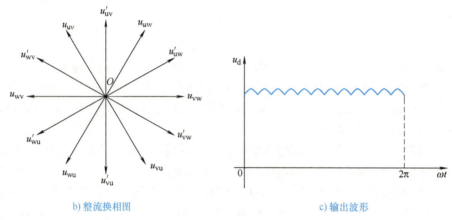

b) 整流换相图　　　　　　　　　　c) 输出波形

图 2-24　12 脉波整流电路

（3）结论　两个 6 脉波整流电路（交流侧相位错开 30°）并联构成 12 脉波整流电路，使用 12 只二极管，各绕组线电压相位错开 π/6（30°），12 脉波整流电路输出的直流电压波形在一个周期（2π）中脉动 12 次，相邻脉动波形的间隔为 π/6（30°）。

3. 24 脉波整流电路

（1）电路构成　目前，城市轨道交通牵引变电所广泛采用等效 24 脉波整流机组，它由两台整流机组并联构成，单台整流机组采用 12 脉波整流电路。1 号整流机组由整流变压器 T_1 和 12 脉波整流电路组成，2 号整流机组由整流变压器 T_2 和 12 脉波整流电路组成。两组 12 脉波整流电路输出并联，构成 24 脉波整流电路。

（2）工作原理　为了实现 24 脉波整流，将两台整流变压器的一次绕组采用延边三角形联结，使两台变压器分别移相，如图 2-25 所示。其中一台整流变压器的一次绕组采用延边三角形首尾相接的方法，移相 +7.5°，如图 2-25a 所示；另一台整流变压器的一次绕组则采用延边三角形尾首相接的方法，移相 -7.5°，如图 2-25b 所示。

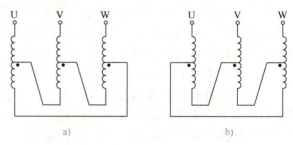

图 2-25　整流变压器一次绕组接线图

等效 24 脉波整流机组原理接线如图 2-26 所示。每台整流变压器一次绕组都采用双绕组结构，利用延边三角形移相，使两台变压器分别移相 ±7.5°。整流变压器接线外观示意图如图 2-27 所示。两台整流变压器一次侧并联接在同一电网中，二次侧电压相同，相位相差 15°。每台变压器二次侧分别连接两组三相全波桥式整流电路，输出等效 12 脉波直流电压，两组等效 12 脉波整流输出并联，构成 24 脉波整流输出。

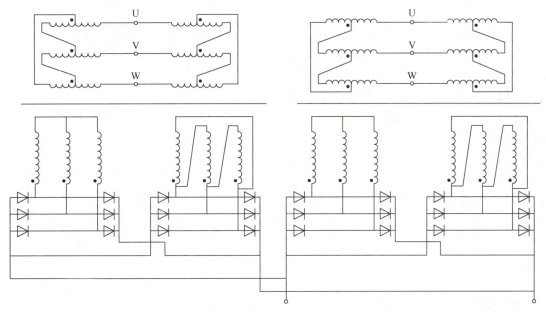

图 2-26　24 脉波整流机组原理接线图

只考虑 1 号整流机组整流后输出的直流电压波形，如图 2-24c 所示。输出直流波形在一个周期中脉动 12 次，相邻脉动波形的间隔为 30°。2 号整流机组输出的直流波形变化规律与 1 号机组一样，同样是 12 个脉动的波形。但由于两台整流机组是同时并联运行的，T_1 和 T_2 的一次绕组通过延边三角形联结移相后具有 15° 的相位差，因此其整流后输出的直流电压波形也错开 15°，在一个周期内脉动 24 次，相邻脉动波形的间隔为 15°。直流输出波形图如图 2-28 所示。图 2-29 所示为 24 脉波整流机组与中压网络连接示意图。

图 2-27　整流变压器接线外观示意图

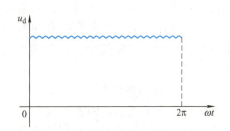

图 2-28　24 脉波整流直流输出波形图

（3）结论　两个 12 脉波整流电路（交流侧相位错开 15°）并联构成 24 脉波整流电

路，使用24只二极管，各绕组线电压相位错开π/12，24脉波整流电路输出的直流电压波形在一个周期中脉动24次，相邻脉动波形的间隔为15°。

三、整流机组的结构与运行维护

1. 整流机组的结构

（1）整流变压器　整流变压器不仅起降压作用，还可将三相交流电变成多相交流电供整流器整流。整流变压器一般采用干式环氧树脂浇注变压器，其结构与普通变压器相同，有一次、二次两个绕组，整流变压器的一次绕组接交流电力系统，二次绕组接整流器，这两个绕组共用一个铁心。

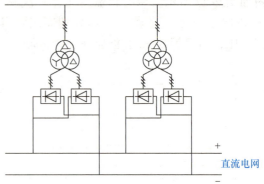

图2-29　24脉波整流机组与中压网络连接示意图

整流变压器和普通变压器的工作原理相同，其外观示意图如图2-27所示。某地铁用整流变压器的型号为ZQSC-2750/35/2×1.18，其中Z代表整流变压器，Q代表牵引，S代表三相，C代表成型固体浇注式，额定容量为2750kV·A，一次侧额定电压为35kV，二次侧两个绕组的额定电压均为1.18kV。其基本参数如下：

额定电压：35/1.18/1.18kV；额定频率：50Hz；相数：3。

联结组标号：Dd0/Dy11；短路阻抗：8%；绝缘等级：F级。

干式环氧树脂浇注变压器机械强度高，耐受短路能力强，防潮及耐腐蚀性能好，且运行寿命长、损耗低、过负荷能力强。其结构特点如下：

1）一、二次绕组采用圆筒式，一次绕组多层分段。

2）整流变压器下部装设小车，便于变压器整体移动，并能固定安装，顶部有起吊用吊环。

3）整流变压器设置有温控显示仪，可显示绕组、铁心温度，并能输出温度报警及跳闸信号，此信号同时送向变电所综合自动化系统。

4）整流变压器的铁心和金属件均有防腐蚀的保护层，并可靠接地。

（2）整流器　整流器的作用是将整流变压器输出的交流电压变换成直流1500V或750V电压，供电动列车的牵引电动机使用。某地铁用整流器的基本参数如下：负载等级为GB3859Ⅵ级；额定频率：50Hz；额定输出电压为DC 1500V；最高输出电压为DC 1800V。

整流器外形如图2-30a所示，内部结构如图2-30b所示。整流器由大功率二极管及散热器、保护器件、故障显示器件和通信接口等组成，核心部件是大功率二极管。单个二极管安装在自然冷却的散热片上，散热片应具有良好的散热特性，散热片表面要进行防腐处理以减少维护工作。

实际上，为增加设备运行可靠性，每个桥臂都有多个并联支路，每个支路由一个整流二极管串联一个快速熔断器组成。当任意一臂并联的二极管中有一个损坏时，整流器仍能正常运行，并满足过负荷和短路要求。有些容量大的系统，每一个臂上要并联3个二极管，则6脉波就需要18个二极管，12脉波就需要36个二极管，24脉波就需要72个二极管。

项目2　变换电器的认知、运行与维护

a)　　　　　　　　　　　　　b)

图 2-30　整流器

为确保二极管安全可靠工作，整流器设置了熔断器熔断报警。当整流器某一桥臂有一个二极管损坏或不同桥臂上分别有一个二极管损坏时，相应的熔断器熔断报警但不会跳闸；同一桥臂上的两个二极管损坏时，相应的熔断器熔断报警，同时保护器件动作跳闸。

2. 整流机组的运行维护

整流机组的运行规定（以中压侧交流为35kV，直流输出额定电压1500V为例）：

1）整流机组的负载运行要求：额定负载连续运行，150%过负荷时运行2h，300%过负荷时运行1min。负荷高峰期间，应严格监视，遵守规定。

2）整流机组输入电压允许变动范围为35×（1±5%）kV；整流机组输出电压允许变动范围为1000～1800V。

3）整流变压器为无载调压，整流变压器的电源电压允许在其额定电压的±5%范围内变动，超过时应改变其分接头连接片位置（两台整流变压器分接头连接片位置必须相同）。

4）整流器的直流输出电压不允许经常超过1800V。经常超过时，应报告电力调度。

任务实施

整流机组的认知与巡视维护

1）整流机组的日常巡视检查。教师示范整流机组的日常巡视检查项目，之后小组分组按表2-8进行巡视检查及验收。

表 2-8　整流机组的日常巡视检查

顺序	巡视检查内容	检查结果	巡视情况评价
1	整流变压器是否有不正常的机械振动、响声或放电声		
2	整流变压器接线端子、引线、电缆和母线有无发热、松动现象		
3	整流变压器的电流和温度是否超过允许值		
4	套管及绝缘子是否清洁，有无破损、裂缝和放电现象		
5	外壳接地是否良好，接地线是否有腐蚀、断股现象		
6	调压分接头有无过热变色、接触不良或锈蚀现象		

(续)

顺序	巡视检查内容	检查结果	巡视情况评价
7	保护熔断器、信号装置有无不正常指示		
8	整流器柜内有无异声，整流器件、分流器有无变色和放电现象		
9	过电压吸收装置是否正常		
10	导电排、接线端子、出线电缆是否有发热或变色现象		
11	整流变压器35kV（或10kV）开关的位置指示器是否与运行相符		
12	各电流、电压指示有无异常，是否有故障指示		

2）整流器二极管的检测及更换。对整流器上的二极管进行检测，并对故障二极管进行更换，小组分组按表2-9进行验收。

表2-9 整流器二极管的检测及更换

顺序	操作内容	操作情况评价
1	用万用表检查各二极管的正反向电阻值有无异常	
2	对于故障二极管，从备品中找出与故障型号相同的二极管	
3	拆下装在块状散热器前的快速熔断器和与之连接的导电排	
4	松开与损坏二极管套件所连接的全部螺钉，将二极管套件轻轻取下，以免磕碰划伤绝缘件及其他组件	
5	将二极管套件紧固螺钉松开拆下，取出损坏二极管	
6	用药用纱布蘸取少许乙醇，将备用二极管两面及散热器与二极管的接触表面擦拭干净	
7	按顺序组装散热器、二极管及其附件，用力矩扳手紧固	
8	在组装好的二极管套件上散热器与铜母线接触的地方涂抹导电膏，按顺序将二极管套件安装到位，紧固螺钉	
9	将快速熔断器、导电排装上，恢复原位	

新一代轨道交通牵引供电系统核心设备——双向变流器实现国内首次正线挂网

一、单项选择题

1.我国后来建设的城市轨道交通牵引变电所以_____脉波整流为主。
  A.6   B.12   C.24   D.48

2.整流器中核心部件是_____。
  A.二极管   B.晶体管   C.晶闸管   D.熔断器

3.在一个周期（2π）中，24脉波整流电路相邻脉动波形的间隔为_____。
  A.15°   B.30°   C.60°   D.7.5°

4.直流输出额定电压为1500V的整流机组允许的最大输出电压是_____。
  A.1500V   B.1800V   C.2000V   D.2500V

二、简答题

1.整流机组由哪几部分组成？简述其功能。

2.简述24脉波整流电路的构成和工作原理。

项目 3　开关及开关柜的认知与维护

任务 1　断路器的认知与维护

任务描述

认识真空断路器和 SF_6 断路器的结构并进行日常维护，分组对真空断路器进行手动储能、合闸操作及手动储能、分闸操作。

任务目标

知识目标	1. 熟悉电弧的产生与危害 2. 熟悉断路器的结构和功能 3. 掌握断路器日常维护方法
能力目标	1. 能认识典型真空断路器和 SF_6 断路器的结构 2. 能进行断路器的日常维护
素质目标	1. 培养爱岗敬业、无私奉献的职业素养 2. 强化居安思危、思则有备、有备无患的文化理念

任务资讯

一、电弧的概述

开合电路的瞬间，如果电压大于 10V，电流超过 80mA，断口处的游离气体在电场的作用下会自持放电，形成强烈的白光，这种白光被称为电弧。电弧是一种游离状态的气体放电现象。

1. 电弧的产生

电弧的产生是开关电器开断负荷电路时，触头间的中性质点被游离的结果。其产生第一是由于热的作用，发生热电子发射和热游离；第二是由于电场的作用，发生强电场发射和碰撞游离。在气隙间出现大量电子流，使气体由绝缘体变成导体。

强电场发射和碰撞游离是产生电弧的主要原因，而电弧得以维持和发展的主要原因是热游离。应该注意的是，在整个过程中几种物理作用并不是截然分开的，而是交叉进行或同时存在的。电弧燃烧期间，起主要作用的是热游离。

2. 电弧的危害

电弧对电力系统和电气设备的安全会产生很大的危害。

1）延长开关电器切断电路的时间。

2）电弧的温度很高，如果电弧长时间燃烧，不仅可将触头表面的金属熔化或蒸发，而且可引起电弧附近电气绝缘材料烧坏，引发事故。对充油电气设备，电弧还可能使设备的内部温度和压力剧增，从而引起爆炸、火灾等。

3）由于电弧能在外力的作用下迅速移动，很容易形成飞弧造成电源短路事故和伤人。

3. 灭弧方法

电弧分直流电弧和交流电弧。

直流电弧具体的灭弧方法有拉长电弧、开断电路时在电路中逐级串联电阻、在断口上装灭弧栅、吹弧冷却电弧。

交流电弧广泛采用的灭弧方法有速拉灭弧法、冷却灭弧法、多断口灭弧法、吹弧或吸弧灭弧法、长弧切短灭弧法、粗弧分细灭弧法、狭沟灭弧法、真空灭弧法、六氟化硫（SF_6）灭弧法、油灭弧法。

二、断路器概述

断路器是高压电气回路的开关，在所有的高压系统中，断路器是最主要的设备之一，它是一种能对电路进行控制（开断、关合）和保护的高压电器。

1. 断路器的作用及基本要求

（1）作用　系统正常运行时，断路器用来关合和开断负荷电流；故障时，断路器用来迅速开断短路电流，切除故障电路。

（2）基本要求

1）合闸状态时断路器为良好的导体。

2）分闸状态时断路器应有良好的绝缘性。

3）开断规定的短路电流时，应有足够的开断能力和尽可能短的开断时间。

4）在接通规定的短路电流时，短时间内断路器的触头不能产生熔焊等情况。

5）在制造厂规定的技术条件下，高压断路器要能长期可靠地工作，有一定的机械寿命和电气寿命。

6）断路器在正常工作时，可以开断和关合负荷电流；短路时可以开断短路电流。

7）能承受额定电压、最大工作电压、内部过电压及外部过电压等的作用。

8）具有自动重合闸能力。

9）结构简单，价格低廉。在满足安全可靠的前提下，断路器还应有结构简单、安装检修方便、体积小、质量小等优点。

2. 结构

断路器基本组成如图 3-1 所示,由开断元件、绝缘支撑元件、传动元件、操动机构、底座组成。

3. 断路器的型号

断路器的类型很多,目前我国断路器的型号根据相关国家标准的规定,一般由文字符号和数字按以下方式组成:

[1] [2] [3] [4]–[5] [6] [7]/[8] [9]–[10] [11]

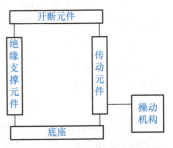

图 3-1 断路器基本组成

断路器自动重合闸功能

其意义为:

[1] 产品名称,用下列字母表示:S——少油断路器;D——多油断路器;K——空气断路器;L——六氟化硫断路器;Z——真空断路器;Q——产气断路器;C——磁吹断路器。

[2] 装置地点代号:N——户内;W——户外。

[3] 设计序号:以数字 1、2、3、…表示。

[4] 改进顺序号:以 A、B、C、…表示。

[5] 额定电压,单位为 kV。

[6] 其他补充工作特性标志:C——手车式;G——改进型;W——防污型;Q——防振型;F——分相操作型。

[7] 特殊使用条件标志:W——污秽;TH——湿热;G——高海拔。

[8] 操动机构类别:CS——手动;CD——电磁;CY——液压;CT——弹簧。

[9] 额定电流,单位为 A。

[10] 额定开断电流,单位为 kA。

[11] 企业自定义符号。

如:SW4-35/1000 表示 35kV 户外用少油断路器,其额定电流为 1000A。

4. 断路器的分类

依据灭弧介质来分,可分为油断路器、空气断路器、六氟化硫断路器和真空断路器。依据操动机构,可分为电动操动机构、手动操动机构、气动操动机构和弹簧操动机构等。依据安装地点可分为户内式断路器和户外式断路器。

5. 断路器的主要技术参数

断路器因开断负荷大小和周围环境的不同,其额定值的大小也分别不同,通常用下列技术参数表示断路器的基本性能。

(1) 额定电压　额定电压是表征断路器绝缘强度的参数,它是断路器长期工作的标准电压。我国的相关国家标准规定,高压断路器额定电压有以下等级:3、6、10、20、35、60、110、220、330 和 500kV 等。

(2) 额定电流　额定电流是表征断路器长期允许通过电流能力的参数。即断路器在规定环境温度下允许连续长期通过的最大电流的有效值。通过这一电流时,断路器各部分(如接触部分、端子及导体连接部分、与绝缘体接触的金属部分)的允许温度不超过国家标准规定的数值。

我国的高压断路器额定电流值为 200、400、630、1000、1250、1600、2000、2500、3150、4000、5000、6300、8000、10000、12500、16000 和 20000A 等。

（3）额定开断电流　额定开断电流是指额定电压下，断路器能可靠开断的最大短路电流有效值。它反映了断路器开断短路电流的能力。

（4）额定断流容量　断路器在负荷端发生短路时，会通过很大的故障电流，而断路器在额定电压下，能安全切除的最大短路电流出现时的断路器容量叫额定断流容量，通常以 MV·A 为单位。

（5）分、合闸时间　分闸时间是指断路器接到分闸命令瞬间起到各相电弧完全熄灭为止的时间间隔，它包括断路器的固有分闸时间和燃弧时间，即两者之和。合闸时间是指断路器接到合闸命令起到断路器触头刚接触时所经过的时间间隔。

（6）额定关合电流　额定关合电流指在额定的电压下，断路器能可靠闭合的最大短路电流峰值。

（7）动稳定电流　动稳定电流是指断路器在合闸位置时，允许通过的最大短路电流峰值。它反映了断路器承受短路电流电动力效应的能力。

（8）热稳定电流　热稳定电流是指在规定的某一段时间内，允许通过断路器的最大短路电流有效值。它反映了断路器承受短路电流热效应的能力。

（9）自动重合闸　自动重合闸是为防止架空线路的瞬时性短路故障（雷害、鸟害等）引起电力系统不稳定而设置的，它可以防止因一些瞬时性故障而造成的断电，从而提高供电的可靠性。

三、真空断路器结构认知与原理

真空断路器利用真空度约为 10^{-4}Pa（运行中不低于 10^{-2}Pa）的高真空作为绝缘和灭弧介质。当灭弧室内被抽成 10^{-4}Pa 的高真空时，其绝缘强度要比绝缘油、一个标准大气压下的 SF_6 和空气的绝缘强度高很多。目前在我国，真空断路器主要应用在 35kV 及以下电压等级的电网中。

1. 真空断路器的结构

真空断路器如图 3-2 和图 3-3 所示，用于灭弧的动、静触头封在真空泡内，利用真空作为绝缘和灭弧介质，因而具有可以频繁动作、维护工作量小和体积小等优点，这是其他类型断路器不可比拟的。国际上一些工业发达的国家，都致力于真空断路器的开发和应用。

图 3-2　户内式真空断路器

图 3-3　户外式真空断路器

（1）基本组成及作用　真空断路器主要由断路器本体、操动机构、传动机构和绝缘支撑 4 部分组成，如图 3-4 所示。

1）断路器本体：断路器本体由导电回路、绝缘系统、密封件和壳体组成。主要包括上部接线端子、真空灭弧室、下部接线端子和软连接。

2）操动机构：操动机构是断路器合、分闸的动力驱动装置。主要包括触头弹簧、绝缘拉杆、传动轴和行程调节器。

3）传动机构：传动机构用于把操动机构的运动传输至灭弧室，实现灭弧室内动静触头的合、分闸操作，主要包括开关位置检测传感器、合闸线圈、电磁铁、铁心、分闸线圈和紧急分闸装置。

4）绝缘支撑件：绝缘支持件可将各功能元件架接起来满足断路器的绝缘要求。主要包括机构外壳和绝缘支撑。

（2）动作过程

1）合闸过程：当操动机构接到合闸信号后（开关处于断开且已储能状态），操动机构推动传动轴，使之推动绝缘拉杆向上压缩触头弹簧，触头弹簧作用于真空灭弧室里的动触头，让动触头向上运动，完成合闸。

2）分闸过程：断路器合闸后，接到分闸信号，操动机构推动传动轴，使之拉动绝缘拉杆，绝缘拉杆向下拉触头弹簧，使触头弹簧拉动真空灭弧室里的动触头向下运动，断路器分闸。

2. 真空灭弧室

（1）基本组成及作用　真空灭弧室是真空断路器中最重要的部件。真空灭弧室的外壳是由绝缘筒、动端盖板、静端盖板和波纹管所组成的密封容器，如图3-5所示。灭弧室内有一对触头，静触头焊接在静导电杆上，动触头焊接在动导电杆上，动导电杆在中部与波纹管的一个断口焊在一起，波纹管的另一端口与动端盖板的中孔焊接，动导电杆从中孔穿出外壳。由于波纹管可以在轴向上自由伸缩，故这种结构既能实现在灭弧室外带动动触头做分合运动，又能保证真空外壳的密封性。

手车式真空断路器的认知

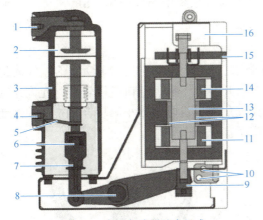

图3-4　真空断路器基本组成

图3-5　真空灭弧室

1—上部接线端子　2—真空灭弧室　3—绝缘支撑　4—下部接线端子
5—软连接　6—触头弹簧　7—绝缘拉杆　8—传动轴　9—行程调节器
10—开关位置检测传感器　11—合闸线圈　12—电磁铁
13—铁心　14—分闸线圈　15—紧急分闸装置　16—机构外壳

1—静端盖板　2—屏蔽罩　3—动、静触头
4—波纹管　5—动端盖板　6—静导电杆
7—外壳　8—动导电杆

1）外壳：整个外壳通常由绝缘材料和金属组成。外壳的气密封要好，且有一定的机械强度及良好的绝缘性能。

2）波纹管：波纹管既要保证灭弧室完全密封，又要在灭弧室外部操动机构动作时使触头随之做分合运动，波纹管的允许伸缩量决定了灭弧室所能获得的触头最大开距。

3）屏蔽罩：触头周围的屏蔽罩主要用来吸附燃弧时触头上蒸发的金属蒸气，防止绝缘筒因金属蒸气的污染而引起绝缘强度降低和绝缘破坏，同时也有利于熄弧后弧隙介质强度的迅速恢复。此外，在波纹管外面用屏蔽罩，也可使波纹管免遭金属蒸气的烧损。

4）导电系统：静导电杆、静触头、动触头和动导电杆构成了灭弧室的导电系统。由真空灭弧室组装成的真空断路器合闸时，操动机构通过动导电杆的运动，使两触头闭合，完成电路的接通。

5）触头：触头的结构对灭弧室的开断能力有很大影响。采用不同结构的触头，产生的灭弧效果也有所不同，早期采用的是简单的圆柱形触头，该结构虽简单，但开断能力不能满足断路器的要求，仅能开断 10kA 以下电流。目前常采用的有螺旋槽结构触头、带斜槽杯状结构触头和纵磁场杯状结构触头 3 种，其中以纵磁场杯状结构触头为主。

（2）真空灭弧原理　真空灭弧室利用高真空度绝缘灭弧介质，并用密封在真空中的一对动、静触头来实现电路通断。当其开断一定数值的电流时，动、静触头在分离的瞬间，电流收缩到触头刚分离的某一点或某几点上，导致电极间电阻剧烈增大，温度迅速提高，直至发生电极金属的蒸发，同时形成极高的电场强度，导致剧烈的强电场发射和间隙击穿，产生真空电弧。当工作电流接近零时，加之触头间距增大，真空电弧的离子体很快向四周扩散，电弧电流过零后，触头间隙的介质迅速由导体变为绝缘体，于是电流被分断。由于触头的特殊构造，燃弧期间触头间隙会产生适当的纵向磁场，这个磁场可使电弧均匀分布在触头表面，维持较低的电弧电压，最终电弧得以熄灭。

四、SF_6 断路器结构认知与原理

SF_6 断路器是以 SF_6 气体作为绝缘和灭弧介质的断路器。它属于气吹断路器，工作气压较低，在吹弧过程中，气体不排向大气，而是在封闭系统中循环使用。SF_6 气体主要起绝缘、灭弧和散热作用，其化学性质非常稳定，是一种无色、无味、无毒且不燃的气体。

1. SF_6 断路器的结构

SF_6 断路器主要有瓷柱式和落地罐式两种类型，如图 3-6 和图 3-7 所示。SF_6 气体优良的绝缘和灭弧性能使 SF_6 断路器具有如下优点：开断能力强，断口电压较高，允许连续开断次数较多，适用于频繁动作、噪声小、无火灾危险、机电磨损小等场合，是一种性能优异的"无维修"断路器，在高压电路中应用广泛。

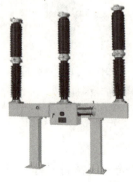

图 3-6　瓷柱式 SF_6 断路器

图 3-7　落地罐式 SF_6 断路器

（1）基本组成及作用　SF_6 断路器采用 SF_6 气体作为灭弧介质，主要是由导电部分、绝缘部分、灭弧部分以及操动机构组成，如图 3-8 所示。

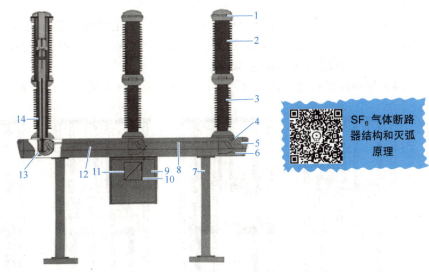

图 3-8　瓷柱式 SF_6 断路器结构

1—高压接线端子　2—灭弧室瓷套　3—支柱瓷套　4—分子筛　5—横梁　6—传动箱　7—支架　8—连杆　9—操动机构箱　10—断路器位置指示器　11—合闸弹簧位置指示器　12—密度计　13—分闸弹簧　14—绝缘拉杆

1）导电部分：包括动弧触头、静弧触头和主触头或中间触头，以及各种形式的过渡连接等，其作用是通过工作电流和短路电流。

2）绝缘部分：包括 SF_6 气体、瓷套和绝缘拉杆等，其作用是保证导电部分对地之间、不同相之间和同相断口之间具有良好的绝缘状态。

3）灭弧部分：主要为灭弧室，其作用是提高熄灭电弧的能力，缩短燃弧时间。

4）操动机构：用于控制通断元件，实现各种操作，接到命令时动作，经中间传动机构驱动动触头，实现合闸或分闸。

（2）动作过程

合闸过程：当操动机构接到合闸信号后，操动机构推动连杆，通过传动箱将能量传递给绝缘拉杆，绝缘拉杆让灭弧室里的动触头向上运动，完成合闸操作。

分闸过程：断路器合闸后，接到分闸信号，操动机构拉动连杆，通过传动箱将能量传递给绝缘拉杆，绝缘拉杆让灭弧室里的动触头向下运动，断路器分闸。

2. SF_6 灭弧室

（1）基本组成及作用　SF_6 断路器采用三种灭弧结构：压气式（或称单压式）、旋弧式和自能灭弧式。其中单压式灭弧室由静触头、动触头、气缸及喷嘴等零件组成，如图 3-9 所示。

（2）灭弧原理　在灭弧过程中，灭弧室内动、静触头间的开距随着压气室的运动而逐渐加大，即在吹弧过程中电极开距不断变大，故灭弧室称为变开距灭弧室。如图 3-9 所示，在开断电流时，由操动机构通过绝缘拉杆让带有动触头和绝缘喷嘴的气缸运动，使其内部的 SF_6 气体受到压缩，建立高气压，并使高压气体形成高速气流经喷嘴吹向电弧，使电弧强烈冷却而熄灭。

1）合闸位置：主触头与弧触头并联，电流基本上经过主触头流通。

2）压气过程：电流已由主触头转移到弧触头上流通，但还没形成电弧。压气室 SF_6 气体被压缩，而喷嘴还没有被打开，先进行一段预压缩过程使压气室气体压力提高后再打开喷口产生吹弧作用。

3）吹弧过程：动、静弧触头刚刚分离并已产生电弧，随着动触头及运动系统继续向下运动，气缸中的 SF_6 气体继续被压缩，同时高压气体经被打开的喷嘴吹向被拉长的电弧，当电流过零时电弧就被熄灭。

4）分闸位置：当电弧熄灭之后，动触头及运动系统继续运动到分闸位置。

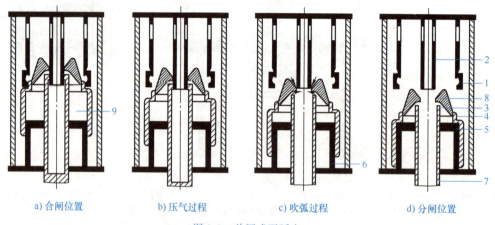

a）合闸位置　　　b）压气过程　　　c）吹弧过程　　　d）分闸位置

图 3-9　单压式灭弧室

1—静主触头　2—静弧触头　3—动弧触头　4—动主触头　5—气缸　6—活塞　7—操动杆　8—喷嘴　9—压气室

五、断路器操动机构

断路器的操动机构是用来使断路器分闸、合闸，并使断路器在合闸后保持在合闸位置的装置。

1. 操动机构的基本要求

1）应具有足够的操作功率。在电网正常工作时，用操动机构使断路器合闸，这时电路中流过的是工作电流，合闸比较容易。但在电网事故情况下，如存在预伏性短路故障时，情况要严重得多。因为断路器合闸时，电路中出现的短路电流可达到几万安以上。断路器导电回路受到的电动力可达几千牛以上，另一方面，电动力又常常是阻碍断路器合闸的，因此断路器在使有预伏性短路故障的电路合闸时，由于电动力过大，断路器有可能出现触头不能闭合的情况，从而引起触头严重烧伤，油断路器则可能出现喷油甚至爆炸等严重事故。因此，断路器应具有使故障电路合闸的能力。

2）要求动作迅速。通常要求快速断路器全分闸时间不大于 0.08s，近代高压和超高压断路器甚至要求该时间仅为 0.02～0.04s。在断路器全分闸时间中，固有分闸时间约占一半以上，它与操动机构结构有关。

3）要求操动机构工作可靠，结构简单，体积小，质量小，操作方便。

2. 操动机构的组成

（1）能量转换装置　该装置可将其他形式的能量转换为机械能，使操动机构按规定目的发生机械运动。如电磁铁、电动机、弹簧、液压缸、气缸等均属此装置。它应能提供足够的操作功,用以克服断路器的静力矩和短时的电动力矩,保证断路器的分、合闸速度。

(2)传动机构 该机构可传递能量转换装置提供的操作功,使断路器改变工作状态。传动机构要求机械惯性小,传动速度大,能耗小,动作可靠且准确。

(3)保持与脱扣机构 使断路器可靠地保持在合闸位置,又可迅速解除合闸位置,使断路器进入自由分闸状态的装置称为保持与脱扣机构。保持与脱扣机构应稳定可靠、动作灵活。

(4)控制系统 操动机构的控制系统有电控、气控、液控等类型,用于实现对断路器的远距离控制、保持或释放操作功。

(5)缓冲装置 缓冲装置用于吸收做功元件完成分、合闸操作后剩余的操作功,使机构免受机械冲击。缓冲装置应有较短的复位时间,以便为下次动作做好准备。常见缓冲装置有弹簧缓冲器、橡胶缓冲器、油缓冲器和气体缓冲器。

(6)闭锁装置 闭锁装置可以防止断路器误操作和误动作。

3.类型

依据断路器合闸时所用能量形式不同,操动机构可分为以下6种:

1)手动操动机构(CS型)指用人力进行合闸的操动机构。

2)电磁操动机构(CD型)指用电磁铁产生的电磁力合闸,靠已储能的分闸弹簧或分闸线圈来分闸的操动机构。

3)弹簧操动机构(CT型)指事先用人力或电动机使分闸弹簧储能并进行合闸,靠已储能的分闸弹簧进行分闸的操动机构。

4)电动机操动机构(CJ型)指用电动机实现合闸与分闸的操动机构。

5)液压操动机构(CY型)指用高压油推动活塞实现合闸与分闸的操动机构。

6)气动操动机构(CQ型)指用压缩空气推动活塞实现合闸与分闸的操动机构。

4.弹簧操动机构

弹簧操动机构合、分闸电流都不大,对电源的容量要求不大,既可远方电动储能并电动合、分闸,也可就地手动储能并手动合、分闸,在直流电源消失的情况下也可手动合、分闸操作,动作快,且能快速自动重合闸,所以应用广泛。

(1)基本组成 弹簧操动机构主要由储能系统、电磁系统和机械系统组成,如图3-10所示。弹簧操动机构以弹簧作为储能元件。弹簧的储能借助电动机通过减速装置来完成,并经过锁扣系统保持在储能状态。分闸时,锁扣借助磁力脱扣,弹簧释放能量,经过机械传递单元使触头运动。

(2)工作过程

1)储能过程:弹簧操动机构的分、合闸操作采用两个螺旋压缩弹簧实现。由储能电动机给合闸弹簧储能,在合闸时,合闸弹簧存储的能量一部分用来合闸,另一部分用来给分闸弹簧储能。合闸弹簧一释放,储能电动机立刻给其储能。运行时,分、合闸弹簧均处于压缩状态,而分闸弹簧的释放另有一套独立的系统控制,与合闸弹簧没有关系。这样设计的弹簧操动机构具有高度的可靠性和稳定性。

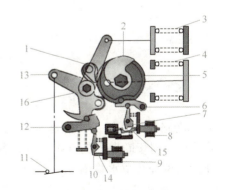

图3-10 弹簧操动机构示意图——
合闸位置(合闸弹簧储能状态)

1—棘爪 2—凸轮 3—分闸弹簧 4—合闸弹簧
5—棘轮 6—合闸保持掣子 7—合闸触发器
8—合闸线圈 9—分闸线圈 10—分闸触发器
11—灭弧室 12—分闸保持掣子 13—拐臂
14—分闸撞杆 15—合闸撞杆 16—轴销

2）分闸操作：分闸信号使分闸线圈带电并使分闸撞杆撞击分闸触发器，分闸触发器以顺时针方向旋转并释放分闸保持掣子，分闸保持掣子也以顺时针方向旋转释放拐臂上的轴销，分闸弹簧的弹力使主拐臂逆时针旋转，断路器分闸。

图 3-11 所示状态为断路器处于分闸位置，此时合闸弹簧为储能状态（分闸弹簧已释放），凸轮通过凸轮轴与棘轮相连，棘轮受到已储能的合闸弹簧的弹力作用，存在顺时针方向的力矩，但在合闸触发器和合闸保持掣子的作用下锁住不动，断路器保持在分闸位置。

3）合闸操作：合闸信号使合闸线圈带电，并使合闸撞杆撞击合闸触发器。合闸触发器以顺时针方向旋转，并释放合闸保持掣子，合闸保持掣子逆时针方向旋转，释放棘轮上的轴销。合闸弹簧的弹力使棘轮带动凸轮以逆时针方向旋转，并使拐臂以顺时针方向旋转，断路器完成合闸，同时压缩分闸弹簧，使分闸弹簧储能。当拐臂转到行程末端时，分闸触发器和合闸保持掣子将轴销锁住，断路器保持在合闸位置。

图 3-12 所示状态为断路器处于合闸位置，合闸弹簧释放（分闸弹簧已储能）。断路器合闸操作后，与棘轮相连的凸轮使限位开关闭合，磁力开关带电，接通储能电动机回路，使储能电动机起动，通过一对锥齿轮传动至与一对棘爪相连的偏心轮上，偏心轮的转动使这一对棘爪交替蹬踏棘轮，使棘轮逆时针转动，带动合闸弹簧储能，合闸弹簧储能到位后由合闸保持掣子将其锁定。同时凸轮使限位开关切断电动机回路，合闸弹簧储能过程结束。

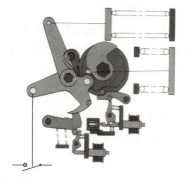 

图 3-11　弹簧操动机构示意图——分闸位置
（合闸弹簧储能状态，分闸弹簧能量释放）

图 3-12　弹簧操动机构示意图——合闸位置
（合闸弹簧释放）

六、断路器的维护

断路器的良好工作状态是变电所正常运行的重要内容，所以对断路器的运行维护十分重要。对于断路器的维护，包括断路器巡视检查项目、断路器正常运行维护项目、漏气分析与处理及微水检测等。

1. 断路器巡视检查项目

1）分、合闸位置指示正确，并与实际运行工况相符。
2）支持瓷绝缘子、断口瓷绝缘子及并联电容器瓷绝缘子无裂痕、破损及放电异声。
3）断路器箱内各电气元件应运行正常、无渗漏，工作状态应与要求一致，箱门密封良好。
4）接地完好。

5)引线接触部分无过热、变色,引线弛度适中。
6)SF_6气体压力应在正常范围内,无漏气现象。
7)机械部分无卡涩、变形及松动现象。
8)二次部分应清洁,绝缘应良好。
9)断路器外观应清洁,无锈蚀,无杂物。
10)低温时应注意加热器的运行情况。
11)正常运行时应注意除潮装置的运行情况。

2. 断路器正常运行维护项目

1)不带电部分应定期清扫。
2)配合设备停电的机会,进行传动部位检查,清扫瓷绝缘子积存的污垢并处理缺陷。
3)配合设备停电的机会,对所有摩擦部位添加润滑油。
4)配合设备停电的机会,检查各部位螺钉有无松动,发现松动时应及时拧紧。
5)配合设备停电的机会,检查辅助开关触头,若有烧损,应及时更换。

3. 漏气分析与处理

断路器不允许在没有灭弧介质或灭弧介质不能满足要求的情况下开断或关合大电流。
1)密度继电器发出报警信号时分析漏气原因。
2)当SF_6气体压力迅速下降或出现零表压时,应立即退出运行,并分析造成漏气的原因。

4. 微水分检测

SF_6气体中的水分会使绝缘件的绝缘强度降低,也会间接造成设备的腐蚀。

任务实施

典型的真空断路器识图及分合闸操作

1)结合实物与教师讲解,认识典型的真空断路器的结构并正确进行断路器的分合闸操作。
2)读图 3-13 所示的典型真空断路器内部结构,在表 3-1 中写出图 3-13 中各数字指代的名称。

表 3-1 典型真空断路器内部结构

数字	指代部分名称	数字	指代部分名称
1		7	
2		8	
3		9	
4		10	
5		11	
6			

3)读图 3-14 所示的典型真空断路器外部面板,在表 3-2 写出图 3-14 中各数字指代的名称。

表 3-2 典型真空断路器外部面板

数字	指代部分名称	数字	指代部分名称
1		5	
2		6	
3		7	
4		8	

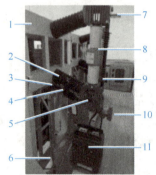

图 3-13 典型真空断路器内部结构

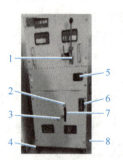

图 3-14 典型真空断路器外部面板

4）分组认识并讨论图 3-13 和图 3-14，抽查小组成员代表讲解典型真空断路器结构并指出电流通路。

5）教师示范断路器手动分合闸操作，两人一组，分组按表 3-3 和表 3-4 进行操作及验收。

表 3-3 手动储能、合闸操作验收表

手动合闸操作顺序	操作内容	操作情况评价
1	打开断路器分间门锁	
2	放下闭锁装置操作手柄	
3	推进断路器小车	
4	推上闭锁装置操作手柄，转至"闭锁"位	
5	手动储能	
6	按"合闸"按钮	
7	锁上断路器分间门锁	

表 3-4 手动储能、分闸操作验收表

手动分闸操作顺序	操作内容	操作情况评价
1	打开断路器分间门锁	
2	手动储能	
3	按"分闸"按钮	
4	放下闭锁装置操作手柄	
5	拉出断路器小车	
6	推上闭锁装置操作手柄，转至"闭锁"位	
7	锁上断路器分间门锁	

拓展阅读

南宁地铁"心脏"守护者：
用螺丝精神坚守岗位护大家
守小家

任务检测

一、简答题
1. 电弧是怎么产生的？它有哪些危害？
2. 断路器主要有哪些作用？
3. 断路器主要由哪几部分组成？

二、单项选择题
1. SW4-35/1000 表示 35kV 户外用少油断路器，其中 1000 表示_____。
   A. 额定电流　　　　B. 额定容量　　　　C. 额定开断电流　　D. 断流容量
2. 城市轨道交通供电系统中，35kV 高压断路器常采用_____断路器。
   A. 油浸式　　　　　B. 真空　　　　　　C. SF_6　　　　　　D. 压缩空气

任务 2　隔离开关、熔断器、负荷开关的认知与维护

任务描述

认识典型隔离开关、熔断器、负荷开关的结构并进行日常维护，分组完成隔离开关手动分合闸操作，再将隔离开关与断路器配合，进行停送电操作。

任务目标

知识目标	1. 熟悉隔离开关、熔断器、负荷开关的结构和功能 2. 明确隔离开关、熔断器、负荷开关的类型及应用 3. 掌握隔离开关、熔断器、负荷开关日常维护方法
能力目标	1. 能认识隔离开关、熔断器、负荷开关的结构 2. 能进行隔离开关、熔断器、负荷开关的日常维护
素质目标	1. 养成科学调控、严谨细致的职业素养 2. 增强职业认同感，践行灵活应变、安全规范的岗位核心能力

任务资讯

一、隔离开关概述

隔离开关是一种结构比较简单的开关电器，是电网中重要的开关电器之一。它由操动机构驱动本体闸刀做分、合动作，分闸后形成明显的电路断开点。一般隔离开关只能在电路断开的情况下进行分、合闸操作，或接通及断开符合规定的小电流电路。隔离开关没有专门的灭弧装置，不能用来开断负荷电流和短路电流，隔离开关通常与断路器配合使用。

1. 隔离开关的作用及基本要求

（1）作用　隔离开关主要用来隔离高压电源以保证其他设备的安全检修。它没有专

门的灭弧装置，因此不允许带负荷操作，但可以用来通断一定的小电流电路。其主要用途为隔离电源、倒闸操作和通断小电流电路。

（2）基本要求

1）隔离开关分开后应具有明显的断开点，易于鉴别设备是否与电网隔开。

2）断开点之间应有足够的绝缘距离，以保证在过电压及相间闪络的情况下，不致引起击穿而危及工作人员的安全。

3）有足够的动热稳定性、机械强度、绝缘强度。

4）分、合闸时的同期性要好，要有最佳的分、合闸速度，以尽可能降低操作过电压。

5）应结构简单、动作可靠。

6）带有接地闸刀的隔离开关必须装设联锁机构，以保证隔离开关的正确操作。

2. 隔离开关的结构

隔离开关的结构如图3-15所示。

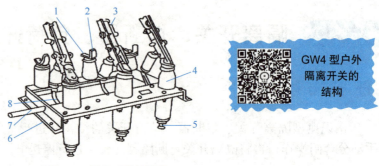

图3-15　隔离开关的结构

1—上接线端　2—静触头　3—闸刀　4—套管绝缘子　5—下接线端　6—柜架　7—传动轴　8—连杆

隔离开关由底座、操动机构、传动机构、绝缘部分、导电部分（含触头、闸刀、接线座）构成。操动机构通过传动轴带动连杆完成分、合闸操作。闸刀采用断面为矩形的铜条，并在闸刀上设有"磁锁"，用来防止外部短路时，闸刀受短路电动力的作用从静触头上脱离。

3. 高压隔离开关的型号

隔离开关的型号一般由文字符号和数字按以下方式组成：

[1] [2] [3] - [4] [5] / [6]

[1] 产品名称：G——隔离开关。

[2] 安装地点：N——户内型；W——户外型。

[3] 设计序号：以数字1、2、3、…表示。

[4] 额定电压：单位为kV。

[5] 补充特性：G——改进型；D——带接地闸刀；K——快分型；T——统一设计。

[6] 额定电流：单位为A。

例如：GN19-10/630，表示户内隔离开关，设计序号19，额定电压10kV，额定电流630A。

4. 隔离开关的主要技术参数

（1）额定电压　额定电压指隔离开关在长期运行时所能承受的工作电压，与安装点电网的额定电压等级一致，单位为kV。

（2）额定电流 额定电流指隔离开关在长期工作时允许通过的最大工作电流，主要由温升来确定。额定电流的大小决定了触头和导电部分截面积的大小，隔离开关长期通过额定电流时，各部分的温升不超过允许值，单位为 A。

（3）热稳定电流 热稳定电流指隔离开关处于闭合状态时，在规定的时间内允许通过的最大电流有效值，它表明了隔离开关承受短路电流时的热稳定能力，单位为 kA。

（4）动稳定电流 动稳定电流指隔离开关在闭合状态时，允许通过的最大瞬时电流冲击值，它表明了隔离开关承受短路电流时的动稳定能力，与隔离开关的机械强度有关，单位为 kA。

（5）最高工作电压 最高工作电压指隔离开关所能承受的超过额定电压的电压，它不仅决定了隔离开关的绝缘要求，还在相当大程度上决定了隔离开关的外部尺寸，单位为 kV。

5. 隔离开关的分类

1）按隔离开关绝缘支柱数分类：单柱式、双柱式、三柱式。
2）按隔离开关运动方式分类：水平旋转式、垂直旋转式、摆动式、插入式。
3）按是否带接地闸刀分类：无接地闸刀的隔离开关、带接地闸刀的隔离开关。
4）按操动机构分类：手动式、电动式、其他隔离开关（如气动式、液压式等）。
5）按隔离开关极数分类：单极式、三极式。
6）按安装地点分类：户内式、户外式。

二、隔离开关的操作

1. 隔离开关的操作方式

（1）电动操作

1）远方遥控操作：指在监控微机主接线图上用鼠标或键盘选定相应的隔离开关图标进行的操作。
2）就地电动操作：指在现场通过隔离开关操动机构箱内的分、合闸按钮来对隔离开关进行的操作。

（2）手动操作

1）手动操作的隔离开关必须通过人力对隔离开关进行分、合闸操作，操作时必须在现场才能进行。
2）电动操作的隔离开关由于电动机构失灵或其他原因不能进行电动操作时，必须通过人力并使用摇柄转动机构齿轮来带动隔离开关进行分、合闸操作。在操作前，必须将电动机构的电源断开后才能进行。

2. 隔离开关操作注意事项

隔离开关是一种没有灭弧装置的控制电器，因此严禁带负荷进行分、合闸操作。
1）一般与高压断路器配合使用，且要严格遵守操作顺序：
① 停电时，先断开断路器，再断开隔离开关。
② 送电时，先合上隔离开关，再合上断路器。
2）操作隔离开关前，应检查与隔离开关连接的断路器确实处于断开位置，以防带负荷拉、合隔离开关。
3）正常情况下，隔离开关操作方式应按远方遥控、就地电动的顺序优先采用，尽量避免手动操作方式。

4）装有电气闭锁装置的隔离开关，禁止随意解除闭锁进行操作。

5）隔离开关操作完毕，应检查其分、合位置，三相同期情况及触头接触深度均应正常，以免因传动机构或控制回路（指远方遥控操作隔离开关）有故障，出现隔离开关拒合或拒分。合闸后，工作触头应接触良好，分闸后，断口张开的角度或拉开的距离应符合要求。

6）在现场对隔离开关进行操作时，操作人员和监护人要选择正确的站位，防止瓷绝缘子断裂伤人。若发现瓷绝缘子断裂、倒塌或放电时，应迅速远离危险区域。

7）在电动操动机构失灵、操作电源失压等情况下进行手动操作时，应认真检查操作条件，严格核对设备，防止误操作，并注意以下事项：

① 手动合闸时，开始要缓慢，当闸刀接近静触头时，要迅速合上，以防产生弧光。在合到终了时，不得用力过猛，防止冲击力过大而损坏绝缘子。

② 手动分闸时，应按慢、快、慢的过程进行。

③ 单相隔离开关和跌落式熔断器的操作顺序：垂直排列时，停电分闸应先分中间相，后分两边相，送电合闸操作顺序与此相反；水平排列时，停电分闸应从上到下依次分开各相，送电合闸操作顺序与此相反。

8）在合闸时如发生弧光或误合，则应将隔离开关迅速合上。

三、隔离开关的维护

1. 隔离开关的运行规定

1）隔离开关允许在额定电流、额定电压下长期运行，最高工作电压不得超过额定电压的 1.15 倍，最大持续工作电流不得超过其额定电流。

2）一般情况下，隔离开关的运行温度不宜超过 70℃，隔离开关导电回路长期工作温度不宜超过 80℃。

3）隔离开关应有明显的断开点，这样易于鉴别电气设备是否与电源隔开，且隔离开关断开点间应有可靠的绝缘。

4）隔离开关应具有足够的短路稳定性。

5）隔离开关的操动机构均应装设防误闭锁装置。

6）隔离开关应具有开断一定的电容和电感电流的能力及开断环流的能力，且分、合闸时的同期性要好，有最佳的分、合闸速度，以尽可能降低操作时的过电压、燃弧次数和无线电干扰。

2. 隔离开关的巡视

隔离开关运行时，正常巡视内容为：

1）触头、触点的检查。

2）绝缘子的检查。

3）转轴、齿轮、框架、连杆、拐臂等零部件的检查。

4）引线的检查。

5）操动机构的检查。

6）闭锁装置的检查。

7）接地闸刀的检查。

8）隔离开关分、合闸状态的检查。

9)隔离开关短路后的检查。

四、熔断器概述

熔断器是最简单和最早使用的一种保护电器,主要用于线路及电力变压器等电气设备的短路及过载保护。它广泛使用在60kV及以下电压等级的小容量电气装置中,常用来保护电压互感器。在3～60kV系统中,还常与负荷开关、断路器等其他开关电器配合使用,用来保护电力线路、变压器以及电容器组。

1. 熔断器的基本结构及工作原理

(1)基本结构 熔断器主要由熔体、放置熔体的熔管、接线端子和绝缘底座等部分组成,如图3-16所示。

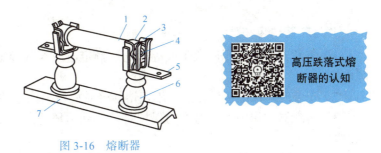

图 3-16 熔断器

1—熔管 2—金属端盖 3—弹性接触座 4—指示器 5—接线端子 6—瓷绝缘子 7—底座

1)熔体:正常工作时起导通电路的作用,在故障情况下熔体将首先熔化,从而切断电路实现对其他设备的保护。

2)熔管:用于放置熔体,限制熔体电弧的燃烧范围,并可灭弧。

3)充填物:一般采用固体石英砂,用于冷却和熄灭电弧。

4)底座:用于实现各导电部分的绝缘和固定。

5)指示器:用于反映熔体的状态,即完好或已熔断。

(2)工作原理 熔断器安装在被保护设备或线路的电源侧。

1)正常工作时,熔体通过电流小于其额定电流,熔断器长期可靠地运行,不应发生误熔断现象。

2)过载或短路时,熔体升温并导致熔化、汽化而断开。

3)熔体熔断汽化时产生的电弧,又会使熔体加速熔化和汽化,并将电弧拉长,若不加以限制,高温金属蒸气将向四周喷溅并发出爆炸声。

4)熔断器的工作过程分为以下4个阶段:

① 熔断器的熔体因过载或短路而加热到熔化温度。

② 熔体的熔化和汽化。

③ 触头之间的间隙击穿并产生电弧。

④ 电弧熄灭,电路被断开。

2. 熔断器的技术参数

熔断器的主要技术参数如下:

1)额定电压:指熔断器能够长期承受的正常工作电压,即安装处电网的额定电压。

2)额定电流:指熔断器壳体部分和载流部分允许通过的长期最大工作电流。

3）熔体额定电流：指熔体允许长期通过而不熔断的最大电流。熔体额定电流可以和熔断器的额定电流不同，同一熔断器可装入不同额定电流的熔体，但熔体最大额定电流不应超过熔断器额定电流。

4）极限断路电流：指熔断器所能断开的最大短路电流。若被断开的电流大于此电流，有可能使熔断器损坏，或由于电弧不能熄灭引起相间或接地短路。

3. 熔断器的分类

1）根据使用电压分类：可分为高压和低压熔断器。
2）根据安装地点分类：可分为户内和户外式熔断器。
3）根据限流特性分类：可分为限流式和非限流式熔断器。

五、熔断器维护

1. 熔断器使用和维护注意事项

1）熔断器额定电压应大于或等于电源额定电压，其额定开断能力应大于预期短路故障电流。
2）安装时应保证接触良好，不使熔体受到机械损伤，并防止其中个别相接触不良。
3）熔断器的周围环境温度与保护对象的周围环境温度尽可能一致，以免保护特性产生误差。
4）换上的新熔体，其规格应与原来熔体的规格一致，不得任意加大和缩小规格，并且必须在不带电的情况下更换熔体或熔管。
5）为确保更换熔断器时的安全，尤其在确实需要带电更换时，应戴绝缘手套，站在绝缘垫上，并戴上护目镜。
6）在有爆炸危险和火灾危险的环境中，不得使用产生的电弧可能与外界接触的熔断器。

2. 熔断器的巡视检查项目

1）检查熔断器外观有无损伤、变形，瓷绝缘部分有无闪络放电痕迹；母线连接有无断裂、脱漆现象；支架是否完好，有无锈蚀现象。
2）检查熔断器的接触是否良好，其接触应紧密；检查有无过热现象。
3）检查熔断器的接地是否良好。
4）检查熔断器和熔体的额定值与被保护设备是否相配合。
5）检查熔断器的指示器是否正常。

六、负荷开关概述

负荷开关是介于断路器和隔离开关之间的一种开关电器，具有简单的灭弧装置，能切断额定负荷电流和一定的过负荷电流，但不能切断短路电流。负荷开关通常与高压熔断器配合使用，短路电流由熔断器切断，高压装置中负荷电流由负荷开关切断。

1. 负荷开关的熄弧原理

如图 3-17 所示，负荷开关的闸刀中部装有灭弧管，灭弧管内有成套的灭弧装置。其灭弧方法是利用主轴带动活塞，进而压缩空气，使压缩空气从喷嘴中喷出，以吹灭电弧。还有一种是利用固体产气元件，在电弧高温的作用下产生大量的气体，沿喷嘴高速喷出，形成强烈的纵吹作用，使电弧迅速熄灭。

2. 负荷开关的结构

高压负荷开关如图 3-18 所示。

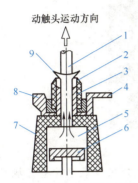
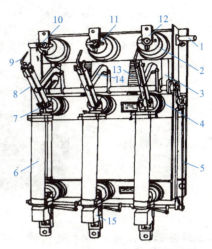

图 3-17 负荷开关的熄弧原理

1—弧动触头　2—绝缘喷嘴　3—弧静触头
4—接地端子　5—气缸　6—活塞　7—上绝缘子
8—主静触头　9—电弧

图 3-18　FN3-10RT 型高压负荷开关

1—主轴　2—上绝缘子兼气缸　3—连杆　4—下绝缘子
5—框架　6—高压熔断器　7—下触座　8—闸刀
9—弧动触头　10—绝缘喷嘴（内有弧静触头）　11—主静触头
12—上触座　13—断路弹簧　14—绝缘拉杆　15—热脱扣器

3. 负荷开关巡视检查项目

1）负荷开关的所有部件均应清洁，无灰尘、油污。
2）仔细检查各种绝缘件，应无损伤、裂纹、断裂、老化及放电痕迹。
3）检查触头烧伤情况，对烧伤表面可用细锉修整，然后涂导电膏，注油负荷开关要测接触电阻。
4）负荷开关的辅助切换触头应牢固，动作准确，接触良好。
5）检修完毕后，应进行速度试验，其刚分和刚合速度应符合产品的技术要求。
6）负荷开关的金属构架应防腐良好，接地可靠。

典型隔离开关操动机构识图、操作及与断路器的配合使用

1）读图 3-19，认识典型的隔离开关操动机构，在表 3-5 写出图中各数字指代的名称。

表 3-5　典型的隔离开关操动机构

数字	指代部分名称	数字	指代部分名称
1		7	
2		8	
3		9	
4		10	
5		11	
6			

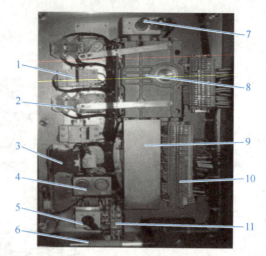

图 3-19　典型的隔离开关操动机构

2）教师示范隔离开关手动操作，结合图 3-20，学生分组按表 3-6 进行操作验收。

表 3-6　隔离开关手动操作验收

手动操作顺序	操作内容	操作情况评价
1	将控制面板上的转换开关转至"就地"位	
2	将手柄插入传动机构上方的手柄操作位	
3	确认隔离开关主回路无负荷	
4	取下手动操作曲柄，将曲柄插入机构箱外右侧的曲柄插孔，并确认已正确连接到传动轴上；按机构箱右侧板上的箭头指示方向操作手操杆对开关进行倒闸操作 注意："顺时针"为合闸方向，"逆时针"为分闸方向	
5	曲柄操作一般按方向旋转 8～9 圈到位，曲柄放回箱内	
6	手动操作完毕后，在当地确认闸刀分、合状态，确保隔离开关操作到位	

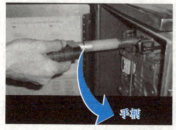 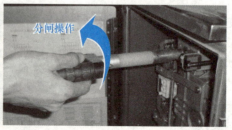

图 3-20　隔离开关手动操作

3）分析图 3-21 所示的电气主接线图，正确完成倒闸操作，将操作步骤填入表 3-7。

表 3-7 操作步骤

操作内容	操作步骤
给出线 L_1 送电	
给出线 L_1 断电	

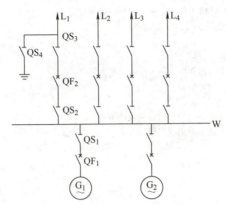

图 3-21 隔离开关与断路器配合使用的单母线电气主接线图

工匠故事：从普通检修工到"电网医生"张霁明

一、简答题
1. 隔离开关由哪几部分组成？与断路器有哪些区别？
2. 熔断器由哪几部分组成？
3. 负荷开关由哪几部分组成？
4. 在要求不高的场合，断路器一般可以用哪两种设备替代？

二、单项选择题
1. 隔离开关主要用于隔离_____，隔离开关_____通断小电流电路，原则上是_____带负荷操作。
   A. 电源；不能；可以　　　　　　B. 母线；不能；不可以
   C. 电源；能；不可以　　　　　　D. 母线；能；可以
2. 当隔离开关与断路器配合使用时，停电先分_____，送电先合_____，即当操作隔离开关时，断路器一定处于_____状态。
   A. 断路器；隔离开关；分闸　　　B. 隔离开关；断路器；分闸
   C. 断路器；隔离开关；合闸　　　D. 隔离开关；断路器；合闸
3. 从灭弧能力和开断能力来看，能力最强的是_____。
   A. 隔离开关　　B. 断路器　　C. 隔离开关　　D. 熔断器

任务 3 交流开关柜的认知、操作与维护

任务描述

认识 110kV、35kV、10kV 和 0.4kV 典型交流开关柜的结构，正确进行交流开关柜的操作与维护。

任务目标

知识目标	1. 明确成套配电装置的定义和分类 2. 掌握交流开关柜"五防"的含义 3. 熟悉 110kV、35kV、10kV 和 0.4kV 交流开关柜的结构和功能 4. 掌握交流开关柜的操作要点
能力目标	1. 认识交流开关柜的结构 2. 能够正确进行交流开关柜的操作 3. 能够正确进行交流开关柜的维护
素质目标	1. 提高安全责任意识,培养标准化作业的行为习惯 2. 养成严格遵守安全规程、敬畏现场的习惯

任务资讯

在城市轨道交通供电系统中,广泛采用了各种类型的成套配电装置。成套配电装置是指按一定的接线方案将有关一、二次设备和辅助设备组装在一起构成的接受、分配和控制电能的总体装置。

一、成套配电装置的认知

1. 分类

成套配电装置按安装地点分为户内式和户外式;按电压等级分为高压式和低压式:交流 1kV 以上的为高压式,交流 1kV 以下的为低压式;按结构形式分为固定式和移开式(手车式):固定式成套配电装置是指所有电气部件都固定在不能移动的台架上,而移开式成套配电装置通常是指断路器手车可以在柜内移动,它的特点是检修方便,可靠性高;按电流制式可分为交流成套配电装置和直流成套配电装置。成套配电装置设备具有体积小、安装容易、使用和检修方便等优点,尤其适用在城市轨道交通供电系统中。

2. 电气开关柜的"五防"功能

电气开关柜是常用的成套配电装置。城市轨道交通供电系统中交流开关柜根据电压等级的不同分为 110kV 高压开关柜、35kV 或 10kV 中压开关柜、0.4kV 低压开关柜。

常用的电气开关柜装设了防止电气误操作和保障人身安全的闭锁装置,防止五种错误的操作,简称"五防"。通过"五防"装置实现断路器、隔离开关、接地开关及柜门之间的强制性闭锁。

1)防止误分、误合断路器。
2)防止带负荷分、合隔离开关(或防止带负荷推拉小车)。
3)防止带电挂接地线(或防止带电合接地开关)。
4)防止带接地线(或防止接地开关闭合时)送电。
5)防止误入带电间隔。

二、110kV GIS 组合电器的认知、操作与维护

1. GIS 组合电器的认识

GIS(Gas Insulated Switchgear) 组合电器又称为气体绝缘全封闭组合电器，是将母线、断路器、隔离开关、接地开关、电压互感器、电流互感器、避雷器、电缆终端（或进出线套管）等主要电气元件，按照一次主接线的要求，依次连接组成的一个整体，高压带电部分均封闭于接地的金属壳体内，并充以一定压力的 SF_6 气体作为绝缘介质。图 3-22 所示为常用的 110kV GIS 组合电器的结构，图 3-22a 所示为一次主接线图，图 3-22b 所示为双母线 GIS 组合电器内部结构。GIS 的特点如下：

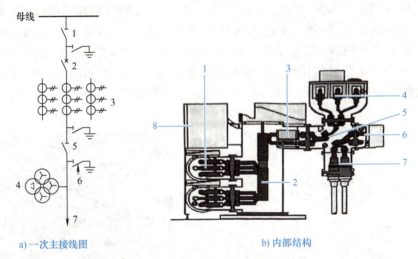

a) 一次主接线图　　　　　　　　　　　b) 内部结构

图 3-22　110kV GIS 组合电器内部结构

1—母线隔离/接地开关　2—断路器　3—电流互感器　4—电压互感器　5—馈线隔离/接地开关
6—快速接地开关　7—电缆终端　8—就地控制柜（LCP）

（1）小型化　GIS 组合电器的占地面积只有普通配电装置占地面积的 10%～20%，所占空间只有普通配电装置的 1%～10%，电压等级越高，效果越明显。

（2）运行可靠性高　由于带电部分全部密封于 SF_6 气体中，坚固的金属外壳（钢板或铝板）可靠接地，大大提高了设备运行的可靠性。此外 GIS 组合电器被牢固地安装在基础预埋件上，设备重心低，强度高，具有优良的耐振性能。

（3）安全性好　带电部分完全封闭，没有触电危险。SF_6 气体为不燃烧气体，无火灾危险。

（4）杜绝对外部的不利影响　由于是全封闭设备，所以噪声小，对电磁和静电实现屏蔽，对外不产生电磁干扰。

（5）安装周期短　可在工厂内进行整机装配并且试验合格后，以单元或间隔的形式运达现场，可缩短现场安装工期，提高可靠性，扩建非常方便。

（6）维护方便，检修周期长　可连续十几年不需要检修，平时维护工作主要是监视 SF_6 气体的压力和定期测定气体含水量，检修工作量及维护费用较小。

2. 主变电所典型 110kV GIS 组合电器的认知

下面以某地铁主变电所采用的 110kV GIS 组合电器为例讲解，实物如图 3-23 所示。

图 3-23 110kV GIS 组合电器实物

电气主接线图如图 3-24 所示，一次系统设备包含：断路器 QF（CB）、隔离开关 DS、接地开关（维修接地开关 ES、快速接地开关 FES）、电流互感器 TA（CT）、电压互感器 TV（PT）、避雷器 F（LA）及连接的导体等，VD 为带电显示装置。GIS 组合电器与主变压器一起构成线路变压器组接线，同时配备就地控制柜，即对 GIS 组合电器进行现场监视与控制的集中控制屏，用于监视、控制、测量一次主电路，如图 3-25 所示。

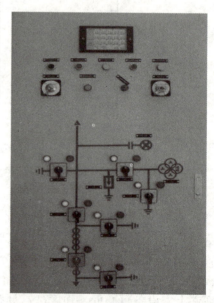

图 3-24 电气主接线图　　　　　图 3-25 就地控制柜

（1）断路器　110kV GIS 组合电器中常采用 SF_6 断路器，配弹簧操动机构，如图 3-26 所示，用于正常运行时通断负载电流，故障时与继电保护装置配合开断过载及短路电流。

（2）三工位隔离开关（隔离开关及接地开关）　GIS 组合电器中常采用三工位隔离开关，它有三个工作位置：隔离开关主断口接通的合闸位置、主断口分开的隔离位置、接地侧的接地位置，所以又称为三位置开关，如图 3-27 所示。

三工位隔离开关实质上是隔离开关和接地开关的功能组合，二者共用一个壳体，共用一个操动机构，可实现机械闭锁，防止误操作。因隔离开关和接地开关共用一把闸刀，在某一时刻其工作位置是唯一的，要么在合闸位置，要么在隔离位置，要么在接地位置，所以只有主回路停电时才能接通接地闸刀，只有接地闸刀断开时才能闭合主闸刀，从结构设计上有效避免了误操作的可能性。而传统的隔离开关,其主闸刀和接地闸刀是相互独立的,两把闸刀之间可能出现误操作,通常采用电气联锁方式进行控制。

图 3-26　GIS 组合电器中断路器外观示意图　　图 3-27　GIS 组合电器中三工位隔离开关外观示意图

GIS 组合电器中三工位隔离开关包含隔离开关 DS 和维修接地开关 ES,中间的移动触头只能停留在三个位置,如图 3-28 所示。图 3-28a 所示为主闸刀合闸位置,此时 DS 合闸、ES 分闸;图 3-28b 所示为隔离位置,此时 DS 和 ES 均为分闸状态;图 3-28c 所示为接地位置,此时 DS 分闸、ES 合闸。

a) DS 合闸、ES 分闸　　　　　b) DS 分闸、ES 分闸　　　　　c) DS 分闸、ES 合闸

图 3-28　三工位隔离开关的三个位置

此外,通常在变电所进线线路上安装快速接地开关 FES,当导体对外壳短路时,可用快速接地开关迅速接地,使断路器保护装置迅速动作,切断故障电流,使电弧熄灭。

（3）电流互感器　电流互感器将一次回路的大电流变换成二次回路的小电流,用于电流的测量和保护。GIS 组合电器配用的电流互感器为三相封闭穿心式结构,如图 3-29 所示,一次绕组为主回路导电杆;二次绕组缠绕在环形铁心上。导电杆与二次绕组间有屏蔽筒,二次绕组引出线通过环氧树脂浇注的密封端子板引到外部。

a) 电流互感器外观示意图　　　　　　　b) 电流互感器内部结构

图 3-29　GIS 组合电器配用的电流互感器

（4）电压互感器　电压互感器将一次回路的高电压变换成二次回路的低电压，用于电压的测量和保护，外观如图 3-30 所示。

图 3-30　GIS 组合电器配用的电压互感器

（5）避雷器　避雷器用于防止雷击引起的过电压，在 110kV GIS 组合电器中常采用氧化锌避雷器，如图 3-31 所示，其体积小、保护性能好。在避雷器附属箱上部安装有监测装置，可在运行中记录避雷器的动作次数和电流。

（6）套管　套管为分相式结构，三相共箱式的 GIS 组合电器本体从套管处变成三相，再与外部连接，作为 GIS 组合电器与进出线的连接元件，如图 3-32 所示。

  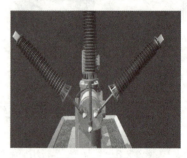

a) 避雷器在 GIS 组合电器中的示意图　　b) 避雷器外观图

图 3-31　GIS 组合电器配用的避雷器　　　　图 3-32　套管

3. 110kV GIS 组合电器的操作

110kV 系统可通过控制中心遥控（中央级）、通过变电所综合自动化系统监控计算机或线路测控柜控制（变电所级）、通过就地控制柜控制（就地级）。正常运营期间，供电系统运行以控制中心遥控为主。主变电所运行一般不采用就地控制，只有在检修或设备故障时，根据需要对设备进行就地控制。常见的倒闸操作如下：

操作前应准备绝缘工器具和倒闸操作票。根据倒闸操作任务，操作人填写倒闸操作票，待监护人、值班负责人审核无误后方可操作。通过"五防"系统进行计算机开票，并且模拟操作无误。

（1）通过变电所综合自动化系统监控计算机实施断路器由检修转运行操作

1）确认 GIS 组合电器中断路器处于检修状态。（确认方法：断路器和隔离开关处于分闸位置，接地开关处于合闸位置。）

2）确认就地控制柜、线路测控柜上的"远方/就地"转换开关处于"远方"位置。

3）通过综合自动化系统监控计算机断开接地开关，并确认分后位。（确认方法：操作后检查接地开关确已处在分闸位置，指示灯显示为绿色常亮，综合自动化系统监控计算机主接线图开关状态、就地控制柜、测控屏指示灯显示与机械位置指示一致。）

4）通过综合自动化系统监控计算机依次合上电源侧隔离开关、负荷侧隔离开关、断路器，并确认合后位。（确认方法：操作后检查隔离开关、断路器确已处在合闸位置，指示灯显示为红色常亮，综合自动化系统监控计算机主接线图开关状态、现场控制柜、测控屏指示灯显示与机械位置指示一致；检查综合自动化系统监控计算机及测控屏电压、电流等参数显示正确，检查保护、线路测控柜继电保护装置显示无报警，电源灯绿色常亮，合位灯红色常亮，其他状态灯熄灭。）

（2）通过就地电动控制方式实施断路器由检修转运行操作（仅限于设备停电检修时在就地控制柜上电动操作）

1）确认 GIS 组合电器中断路器处于检修状态。（确认方法：断路器和隔离开关处于分闸位置，接地开关处于合闸位置。）

2）将就地控制柜的"远方/就地"转换开关转至"就地"位置，并确认。

3）将就地控制柜的"联锁/解锁"钥匙开关转至"解锁"位置。（解锁前需要征得操作票签发人同意。）

4）把电解锁钥匙插入"五防"编码锁中进行短接。

5）在就地控制柜上断开接地开关，并确认分后位（确认方法同上）。

6）在就地控制柜上依次合上电源侧隔离开关、负荷侧隔离开关、断路器，并确认合后位（确认方法同上）。

7）将"联锁/解锁"钥匙开关转至"联锁"位置，"远方/就地"转换开关转至"远方"位置。

（3）通过变电所综合自动化系统监控计算机实施断路器由运行转检修操作

此操作与采用变电所综合自动化系统监控计算机控制断路器由检修转运行操作类似，不同的是操作时先断开断路器、负荷侧隔离开关、电源侧隔离开关、验电后再合上接地开关，并确认操作后位置。

（4）通过就地电动控制方式实施断路器由运行转检修操作

此操作同采用就地电动控制方式实施断路器由检修转运行操作类似，开关操作顺序同（3）。

4. 110kV GIS 组合电器的维护

1）断路器、隔离开关、接地开关（ES、FES）分合闸位置指示器及闭锁位置应正常。

2）断路器储能指示、分合闸计数器指示等应正确。

3）各间隔气室 SF_6 气压表应指示正确，无气压异常信息。

4）正常运行时，"就地/远方"转换开关应在"远方"位，"联锁"功能应投入。

5）GIS 组合电器应无漏气现象，SF_6 气体泄漏报警装置应工作正常。

6）二次端子应无发热现象，熔断器应正常。

7）在 GIS 组合电器附近应无异味、异声。

8）有关阀门开、闭位置应正常，金属支架应无锈蚀和发热现象。

9）可见的绝缘件应无老化、剥落、裂纹现象，接地端子应无发热现象。

10）所有照明、通风、灭火器具应完好；所有设备清洁，齐整，标志完善。

三、35kV 中压交流开关柜的认知、操作与维护

城市轨道交通 35kV 中压交流开关柜广泛采用了 8DA10 圆筒型和 ZX2-40.5 柜型全封闭式 GIS 开关柜,额定频率为 50Hz。

1. 8DA10 圆筒型 GIS 开关柜

(1) 8DA10 型 GIS 开关柜结构　8DA10 型 GIS 开关柜为圆筒型结构,其主回路高压电气元件均安装在密封的圆筒状金属外壳中,8DA 系列开关柜可扩展,开关柜额定电压高达 40.5kV,额定电流高达 3150A。

8DA10 型 GIS 开关柜为单母线三极开关柜,开关柜内集成了母线、真空断路器、三工位开关、电压互感器、电流互感器、避雷器、微机保护测控单元、电缆插头等设备,集成度高,柜内设备全封闭在 SF_6 气体中,不受外界环境影响,可靠性高。8DA10 型 GIS 开关柜内部结构如图 3-33 所示,上部圆筒中装有母线、三工位开关,下部圆筒中装有真空断路器、电流互感器,电缆由下部引出。

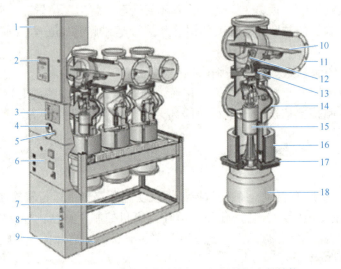

图 3-33　8DA10 自动化系统型 GIS 开关柜内部结构

1—低压室　2—微机保护装置　3—操动机构、三工位开关联锁机构　4—馈线气室气体压力指示器　5—气体灌充阀　6—真空断路器的控制与指示板　7—电缆隔室　8—插孔　9—框架　10—母线　11—母线外壳　12—三工位开关　13—上套管　14—断路器外壳　15—真空灭弧室　16—电流互感器　17—下套管　18—连接外壳

(2) GIS 开关柜的操作

1) 8DA10 型 GIS 开关柜面板。图 3-34 所示为 8DA10 型 GIS 开关柜面板。

2) GIS 开关柜三工位开关的工作状态。三工位开关的 4 种工作状态及对应的单线图如图 3-35 所示。

3) 应用三工位开关实现馈线接地的操作步骤:

① 断路器分闸。

② 三工位隔离开关分闸。

③ 三工位接地开关合闸。

④ 监测线路侧带电状态(通过电容电压显示器显示),确认回路已失电。

⑤ 断路器合闸,回路接地。

馈线接地操作步骤如图 3-36 所示。

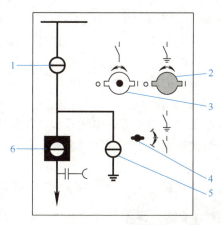

图 3-34 8DA10 型 GIS 开关柜面板

1—隔离开关"合/分"的开关位置指示 2—机械操作接地开关的孔 3—机械操作隔离开关的孔
4—选择钥匙的孔 5—"分/准备接地"的开关位置指示 6—断路器的开关位置指示

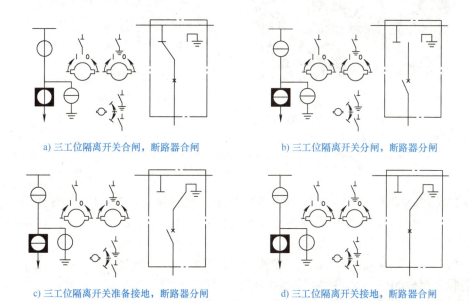

a) 三工位隔离开关合闸，断路器合闸　　b) 三工位隔离开关分闸，断路器分闸

c) 三工位隔离开关准备接地，断路器分闸　　d) 三工位隔离开关接地，断路器合闸

图 3-35 GIS 开关柜三工位开关的 4 种工作状态

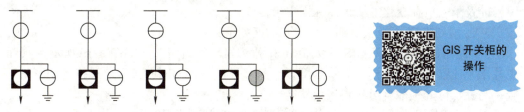

图 3-36 馈线接地操作步骤示意图

2. ZX2-40.5 柜型 GIS 开关柜的认知与维护

（1）ZX2-40.5 型 GIS 开关柜结构认知　这种开关柜最大特点是采用 SF_6 气体绝缘，绝缘性能好，使开关柜更为紧凑，体积小，更适合于在城市轨道交通变电所使用。

ZX2-40.5 型 GIS 开关柜内部结构如图 3-37 所示。主要参数如下：额定电压为

40.5kV；单母线柜主母线额定电流为 1250A。ZX2-40.5 型 GIS 开关柜采用全金属进行封闭，共分为母线室、断路器室、电缆室和二次接线及断路器操动机构室。GIS 开关柜主回路中的高压元件三相集中安装在柜形密封壳体内，柜内包含母线、三工位开关、真空断路器、传感器系统、智能型控制和保护单元、电缆插座等，采用 SF_6 气体绝缘。

母线室位于柜体上部，主要安装有母线、三工位开关；断路器室位于柜体中部，主要安装有真空断路器、传感器及电缆插座等；电缆室位于柜体下部。开关柜上装有泄压装置，用于保护气室。控制和保护单元用于实现测量监视、控制和保护等功能。

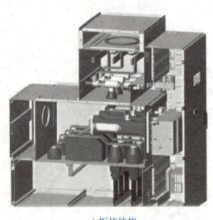
a）柜体结构

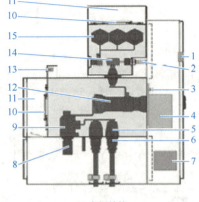
b）内部结构

图 3-37　ZX2-40.5 型 GIS 开关柜

1—REF542 Plus 人机界面　2—三工位开关操动机构　3—压力传感器　4—断路器操动机构　5—电缆插座　6—插接式电缆头　7—智能型控制和保护单元　8—电压传感器　9—电流传感器　10—压力释放盘　11—压力释放通道　12—真空断路器　13—电容分压装置测试接口　14—三工位开关　15—母线

ZX2 型 35kV 馈线柜的主接线如图 3-38 所示。它有如下特点：体积小；可靠性极高，因高压部分全封闭，完全避免外部环境及小动物等对开关柜可能造成的影响，同时防止运行人员误入带电间隔；维护量极少，高压部分免维护，断路器机构装在气室外，维护方便；安装简便，现场安装不需进行气体操作，SF_6 气体泄漏率极低；采用智能型控制和保护单元，集保护、控制、计量、监测、通信功能于一体，可以完全实现无人值守；采用先进的传感器技术，电流/电压传感器可以适用当前及未来负荷变化的要求而无需更换。

图 3-38　ZX2 型 35kV 馈线柜主接线图

ZX2 型 GIS 开关柜主要部件结构和功能如下：

1）断路器。ZX2 型 GIS 开关柜常采用 VD4X 型断路器，如图 3-39 所示，其断路器极柱水平放置，操动机构在气室外部，柜前部极柱与机构间的拉杆通过往复动密封套管连接，与三工位开关配合可实现接地功能。

2）三工位开关。三工位开关结构如图 3-40a 所示，它是由电动机驱动的棒式开关，具有三种功能：接通、隔离及接地。中间为隔离位置，两端为隔离开关合闸或接地开关合闸位置，其实物如图 3-40b 所示。三工位开关只能在无电流情况下进行操作，即在断路器分闸情况下进行。

a) VD4X型断路器　　　　　　　　b) 断路器室

图 3-39　断路器及断路器室

a) 三工位开关结构　　　　　　　　b) 三工位开关实物

图 3-40　三工位开关

3）插接式母线、插接式电缆和单根电缆。插接式母线、插接式电缆及单根电缆实物如图 3-41 所示。

a) 插接式母线实物　　　b) 插接式电缆实物　　　c) 单根电缆实物

图 3-41　插接式母线、插接式电缆和单根电缆实物

（2）35kV GIS 开关柜的操作　35kV GIS 开关柜可通过控制中心遥控（中央级）、变电所集中控制（变电所级）或设备本体控制（就地级）。正常运营期间，供电系统运行以控制中心遥控为主。35kV GIS 开关柜运行一般不采用就地控制，只有在需要检修或设备故障时，才会根据需要对设备进行就地控制。

（3）35kV GIS 开关柜的日常巡视检查

1）电气连接部分应连接牢固、接触良好，无过热、松动现象及异味。

2）开关应无不正常的放电声，灭弧室运行时应无异声。

3）设备外壳应无严重锈蚀且接地良好，支架基础应无严重破损和剥落。

4）开关的负荷电流一般应不超过其额定值。

5）仪表、指示灯应工作正常。

6）分合闸位置指示器应与运行相符合。

7）储能机构应在储能位置，三相电源指示应正常。

8)各控制继电器、电源开关应工作正常。

9)REF542 Plus 系列保护装置中的各类测量值、信号指示应正常,不应有故障报警信号。

四、10kV 中压交流开关柜的认知与操作

在城市轨道交通 10kV 中压网络中,常采用 KYN28-12 型户内金属铠装抽出式开关柜。KYN28-12 型开关柜是一种用于三相交流 50Hz、额定工作电流 4000A 及以下场合的成套配电装置。其额定工作电压为 12kV,可用于 10kV 系统的控制、保护和监测,能够实现"五防"闭锁功能。

1. 结构认知

KYN28-12 型开关柜整体由柜体和可移开部件(即手车)两大部分组成。柜体用金属隔板分成多个功能隔室,分别是母线室、断路器手车室、电缆室和仪表继电器室等。其内部结构如图 3-42a 所示,对应的电气主接线图如图 3-42b 所示。KYN28-12 型开关柜功能隔室布置如图 3-43 所示,内部主要设备实物如图 3-44 所示。

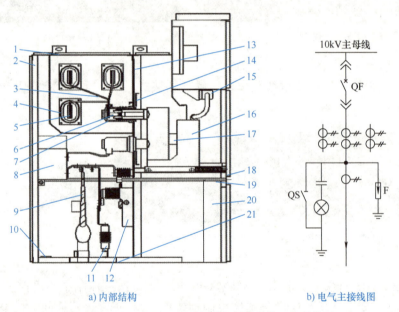

a)内部结构　　　　　　　　b)电气主接线图

图 3-42　KYN28-12 型开关柜内部结构及装置主接线图

1—泄压装置　2—外壳　3—分支母线　4—套管　5—主母线　6—静触头　7—静触头盒　8—电流互感器　9—电缆　10—接地主母线　11—避雷器　12—接地开关　13—装卸式隔板　14—隔板(活门)　15—二次插头　16—断路器手车　17—加热装置　18—可抽出式水平隔板　19—接地开关操动机构　20—控制小线槽　21—底板

(1)母线室　相邻柜体母线室之间采用金属隔板和绝缘套管隔离,能有效防止事故蔓延,主母线穿过套管,且通过套管固定、支撑;分支母线通过螺栓连接至主母线和静触头盒间,开关柜的下联络母线一般可以向左或向右联络。

(2)断路器手车室　断路器手车室内安装特定导轨,可轻巧地推进或抽出断路器手车。手车室内设计有自动锁扣和开启帘板,可满足手车与母线侧和电缆侧之间自动隔离的要求。断路器手车有 3 个位置,分别是工作位置、试验位置及隔离位置。通过手车在导轨上的滑动,断路器手车能够移动至不同位置。

项目 3　开关及开关柜的认知与维护

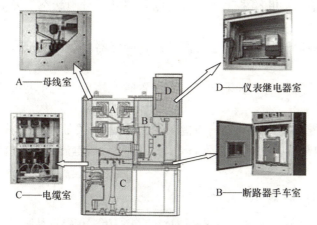

图 3-43　KYN28-12 型开关柜功能隔室布置

图 3-44　KYN28-12 型开关柜内部主要设备实物

1）工作位置：将断路器手车推入柜内，使断路器手车上的动触头与柜内的静触头构成电气连接，手车位置信号指示器红灯亮。

2）试验位置：将断路器手车从柜内移动至试验位置，使断路器手车动、静触头断开，手车位置信号指示器绿灯亮。

3）隔离位置：断路器手车在试验位置上，断开控制电源，拔开二次插件，将手车拉出柜外。

（3）电缆室　电缆室内有充裕的空间，可安装互感器、接地开关、避雷器等。施工人员能从正面或后面进入开关柜安装。电缆室与电缆沟之间配备了开缝可卸的不锈钢封板，后封板设有观察视窗，可通过观察视窗观察设备运行情况。

（4）仪表继电器室　仪表继电器室用于安装各类继电器、仪表和带电显示装置等，显示装置指示灯亮，则表示母线或馈线侧带电。

2. KYN28-12 型开关柜"五防"联锁操作要求

1）防止误分误合断路器：手车必须处于工作位置或试验位置时，断路器才能进行合、分闸操作。

2）防止带负荷移动断路器手车：断路器手车只有在断路器处于分闸状态下才能进行拉出或推入工作位置的操作。

3）防止带接地开关送电：接地开关必须处于分闸状态，断路器手车才能推入工作位置进行合闸操作。

4）防止带电合接地开关：断路器手车必须处于试验位置时，接地开关才能进行合闸操作。

5）防止误入带电间隔：断路器手车必须处于试验位置，接地开关处于合闸状态时，才能打开后门。没有接地开关的开关柜必须在高压停电后（打开后门电磁锁），才能打开后门。

3. KYN28-12型开关柜面板认识（见图3-45）

4. KYN28-12型开关柜的手车操作（前提：断路器已分闸）

（1）将手车放入开关柜内的操作步骤

1）打开手车室门。

2）通过旋转运载小车平台下的螺母调整运载小车平台至适当高度，用运载小车将手车推至开关柜前，将运载小车与开关柜锁定。

3）将手车驱进机构两侧的限位把手向手车中心拉动。

4）利用柜内导轨将手车推到试验位置，使限位把手与开关柜锁定。

5）解除运载小车与开关柜的锁定，移走运载小车。

（2）手车从试验位置移动至工作位置的操作步骤

1）插入二次插头，锁紧，关闭手车室门。

2）扭动柜门摇柄操作孔上方的旋钮，露出摇柄操作孔。

3）插入手车摇柄，以顺时针方向旋转手车摇柄，将手车摇入，直至丝杠闭锁，此时手车位于工作位置，取出手车摇柄。

（3）手车从工作位置移动至试验位置的操作步骤

1）扭动柜门摇柄操作孔上方的旋钮，露出摇柄操作孔。

2）插入手车摇柄，以逆时针方向旋转手车摇柄，将手车摇出，直至丝杠闭锁，此时手车位于试验位置，取出手车摇柄。

（4）将手车移出开关柜的操作步骤

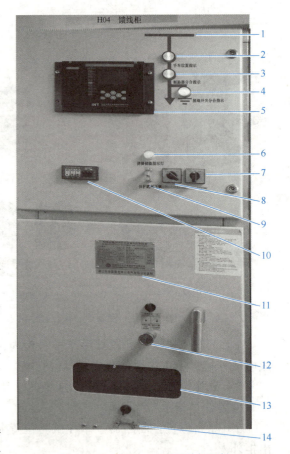

图3-45 KYN28-12型开关柜面板

1—母线 2—手车位置信号指示器 3—断路器位置指示器
4—接地开关位置指示器 5—微机保护测控装置
6—弹簧储能指示灯 7—断路器分、合闸控制开关
8—"远方/就地"转换开关 9—保护压板
10—带电显示器 11—开关柜铭牌 12—紧急分闸按钮
13—手车观察窗 14—手柄操作孔

1）将手车摇至试验位置，打开手车室门，将运载小车推至开关柜前。

2）通过旋转运载小车平台下的螺母调整运载小车平台至适当高度，将运载小车与开关柜锁定。

3）拔出二次插头，将手车驱动机构两侧的限位把手向手车中心拉动。

4）将手车拉出开关柜，移至运载小车上并锁定。

5）解除运载小车与开关柜联锁，移走运载小车。

五、0.4kV 低压交流开关柜的认知与操作

城市轨道交通降压变电所的功能是将三相交流 35kV 或 10kV 电压经动力变压器变换为三相交流 0.4kV 电压，为动力照明负荷供电。在三相交流 0.4kV 配电系统中广泛采用了 0.4kV 低压交流开关柜。

1. 低压交流开关柜分类

低压交流开关柜根据功能的不同，可分为进线开关柜、母联开关柜、馈线开关柜和有源滤波柜等。进线开关柜用于连接降压变电所的动力变压器 ST 与低压 0.4kV 交流母线。一般设置两台，如图 3-46 中的 401 和 402。进线开关柜的核心部件是低压断路器，一般采用框架式断路器，进线开关柜实物如图 3-47 所示。进线开关柜主要用于为 0.4kV 母线提供两路电源，实现动力变压器向 0.4kV 交流母线的电能传输、控制及故障保护。

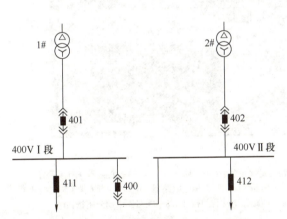

图 3-46　降压变电所低压侧电气主接线图

图 3-47　进线开关柜实物

母联开关柜用于连接两段低压 0.4kV 交流母线。一般设置一台，如图 3-46 中连接 I 段和 II 段的 400，母联开关柜中的低压断路器也采用框架式断路器。低压母联开关柜主要用于实现两段 0.4kV 交流母线的连接和母线故障保护，使两路中压进线和两台动力变压器可互为备用。

正常运行时，断路器 401 和 402 合闸，两路低压 0.4kV 交流母线分列运行，母联开关 400 分闸。当一路 0.4kV 进线（例如左边一路）失电时，由失电压保护带动 401 自动跳闸，备用电源自动投入装置带动 400 自动合闸，此时切除三级负荷，由 2# 变压器承担全部一、二级负荷的供电任务。

馈线开关柜用于连接低压 0.4kV 交流母线和动力照明负荷，如图 3-46 中 411 和 412。馈线开关柜主要用于实现低压 0.4kV 交流母线向动力照明负荷的电能传输、控制及故障保护。

有源滤波柜用于对谐波电流进行补偿或抵消，如图 3-48 所示，通常可实现系统的谐

波滤除及无功功率补偿功能,在低压0.4kV交流母线Ⅰ段和Ⅱ段上分别设置。

2. 低压进线开关柜的认知与操作

0.4kV低压交流进线开关柜的面板结构如图3-49所示。进线开关柜面板上方为线路测量保护装置,中间依次为弹簧储能指示灯(黄灯)、断路器分闸指示灯(绿灯)、断路器合闸指示灯(红灯)、断路器电动分闸按钮(绿色)、断路器电动合闸按钮(红色)、"远方/就地"转换开关,当采用开关柜本体控制时,转至"就地"位,可以通过面板上的电动分、合闸按钮进行分、合闸操作,也可以通过断路器本体上的机械分、合闸按钮进行手动分、合闸操作。当采用其他控制方式时,转至"远方"位。进线开关柜面板下方为低压断路器本体,通常采用框架式断路器。

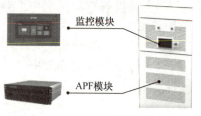

图3-48 SFR-APF系列有源滤波柜

框架式断路器常采用弹簧储能,可以采用电动或手动储能两种方式。正常情况下,当断路器分闸时,储能电机自动对分、合闸弹簧进行储能,储能完成时,面板上的黄色储能指示灯亮。当电动储能无法实现时,可进行手动储能操作。操作方法是用力向下扳动储能手柄,直到听到"咔"的声响,重复6~7次,直到断路器本体上的储能指示牌变为黄色,储能完成。此时,按下断路器本体上的机械分、合闸按钮可以进行分、合闸操作。

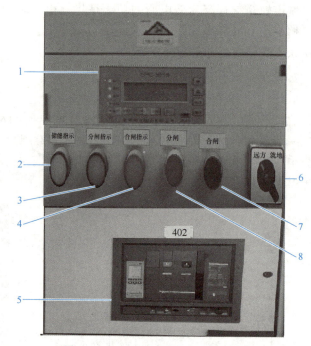

图3-49 0.4kV交流进线开关柜的面板

1—线路测量保护装置 2—储能指示灯 3—断路器分闸指示灯
4—断路器合闸指示灯 5—框架式断路器 6—"远方/就地"转换开关
7—断路器电动合闸按钮 8—断路器电动分闸按钮

3. 低压交流开关柜中的核心部件——低压断路器

低压交流开关柜中的核心部件是低压断路器,低压断路器按照结构不同分为框架式断路器和塑壳式断路器两种形式。框架式断路器适用于大容量配电装置。低压交流开关柜中进线开关柜、母联开关柜、三级负荷总开关、逆变回馈装置及大容量照明进线总开关通常采用框架式断路器,低压馈线开关柜抽屉单元中的断路器则采用塑壳式断路器。

(1)框架式断路器 框架式断路器也称为万能式断路器,结构如图3-50所示,其所有零件都装在一个绝缘的金属框架内,常为开启式结构,可装设多种附件,具有数量较多的辅助触头,具备RS-485标准通信接口,采用微处理和计算机技术,常采用弹簧储能,有多种操作方式,可以进行手动、电动和远动操作。框架式断路器适用于交流频率为50Hz,额定电压为380V或660V的配电网络中。框架式断路器主要用来分配电能,以及保护线路及设备免受过载、欠电压、短路等故障的危害。

1）框架式断路器面板认识。图3-51所示为MT框架式断路器的面板，上方红色按钮为故障跳闸指示/复位按钮，面板上包含智能控制器、分合闸信号指示灯、断路器本体弹簧储能指示灯，红色按钮为手动分闸按钮，绿色按钮为手动合闸按钮，面板中间为手动储能手柄。断路器本体下方有摇把插入孔、位置指示器、位置释放按钮、摇把手柄及其存放处、铭牌等。断路器具有连接、试验、分离三个位置，通过摇动手柄控制断路器本体移动至不同位置，通过位置指示器指示断路器当前所处的位置。

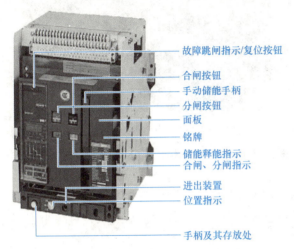

图3-50 框架式断路器的结构

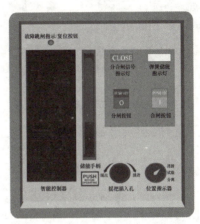

图3-51 MT框架式断路器的面板

2）框架式断路器的操作（前提：低压交流开关柜上的"远方/就地"控制方式转换开关已转至"就地"位）。断路器本体检修后送电（断路器由检修转运行）手动操作步骤如下：

低压框架式断路器认识与操作

① 将断路器本体推入抽屉座，按下位置释放按钮，顺时针摇动摇把，直到断路器移动至连接位置，位置指示器同步指示至连接位置。

② 确认弹簧已储能（断路器本体上的黄色弹簧储能指示灯亮）。

③ 按下绿色的手动合闸按钮，断路器合闸，红色指示灯亮，同时显示"CLOSE"。

断路器本体停电检修（断路器由运行转检修）手动操作步骤如下：

① 确认弹簧已储能，按下红色的手动分闸按钮，断路器分闸，绿色指示灯亮，同时显示"OPEN"。

② 按下位置释放按钮，逆时针摇动摇把，直到断路器移动至分离位置，位置指示器同步指示至分离位置。

③ 将断路器本体拉出抽屉座检修。

（2）塑壳式断路器 塑壳式断路器的特点是各部分电气元件均安装在塑料壳体内，它的辅助触点、欠电压脱扣器及分励脱扣器等多采用模块化形式，结构紧凑简单，常用于对支路的正常负载通断和过载短路保护。

4. 抽出式低压馈线开关柜结构

在城市轨道交通供电系统0.4kV侧，馈线开关柜常采用MNS3.0系列抽出式开关柜，如图3-52所示。其设计灵活，结构紧凑，常见的有8E、8E/2等类型，8E/2表示在

8E（E=25mm）高的空间布置 2 个抽屉单元。为便于维护和检修，所有开关均为抽出式，抽屉实物如图 3-53 所示，抽屉单元发生故障时，可用备用抽屉单元快速更换。MNS 开关柜主要由框架、母线小室、装置小室、抽屉单元、电缆小室、电容补偿单元等组成。

图 3-52　MNS3.0 系列抽出式开关柜

图 3-53　抽屉实物

框架：框架及金属结构件采用覆铝锌板，免维护且使用寿命长，其实物如图 3-54 所示。

母线小室：母线系统分为主母线、分支母线和 PE/N 排系统。其中主母线在柜后水平布置，又称为水平母线。分支母线在开关柜侧边垂直布置，又称为垂直母线，母线小室实物如图 3-55 所示。

装置小室：室内安装了各种设备模块。母线小室和装置小室之间采用高防护等级的多功能板进行分隔，实物如图 3-56 所示，可有效隔离故障电弧，防止手指误插入，确保柜体和人身安全。

图 3-54　框架实物

图 3-55　母线小室实物

抽屉单元：可单手柄操作，如图 3-57 所示。抽屉单元的一、二次元件安装时完全隔离，提高了安全性能，二次插件采用活动式自动导入，提高了二次插件连接的可靠性，故障电弧不会对操作人员造成伤害且无燃烧及爆炸的危险。抽屉单元带有导轨，具有 5 个位置，分别是合闸位置、分闸位置、试验位置、抽出/插入位置、隔离位置。通过抽屉单元操作手柄顺时针或逆时针旋转，抽屉单元在不同位置切换，可实现开关操作及功能单元的联锁，见表 3-8。

电缆小室：用来安装进出线电缆、组件间的连接线及附件，如图 3-58 所示，正面为抽屉单元，侧面为电缆小室。

项目3 开关及开关柜的认知与维护

 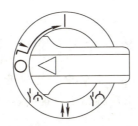 

图 3-56 多功能板实物　　图 3-57 抽屉单元操作手柄　　图 3-58 抽屉单元和电缆小室实物

电容补偿单元：用于补偿无功功率，提高功率因数。电容器正常运行时，由功率因数控制器根据实际电网的运行状态控制电容补偿柜自动投入和切除。当母线送电时，应先合上各馈线开关，母线带负荷后，再投入电容器补偿装置。

表 3-8　抽屉单元操作手柄位置及功能单元的联锁

手柄	符号	位置	功能
	I	合闸位置	主开关合闸，控制回路接通，抽屉锁定
	O	分闸位置	主开关断开，控制回路断开，抽屉锁定
	↑	试验位置	主开关分闸，控制回路接通，抽屉锁定
	↕	抽出/插入位置	主回路和控制回路均断开，抽屉可插拔
	↑	隔离位置	抽出 30mm 距离，主回路和控制回路均断开，完成隔离，抽屉锁定

5. 低压馈线开关柜的操作

（1）馈线开关柜 8E/2 抽屉单元检修后送电操作

1）顺时针旋转，将抽屉单元操作手柄由隔离位置旋至抽出/插入位置，将抽屉推入。

2）顺时针旋转抽屉单元操作手柄，由抽出/插入位置旋至分闸位置"O"。

3）将操作手柄向里推，顺时针旋转操作手柄，由分闸位置"O"旋至合闸位置"I"，即主开关合闸，红色指示灯亮。

（2）馈线开关柜 8E/2 抽屉单元停电检修操作

1）将抽屉单元操作手柄向里推，逆时针旋转操作手柄，从合闸位置"I"旋至分闸位置"O"，即主开关分闸，红色指示灯熄灭。

2）逆时针旋转操作手柄，由分闸位置"O"旋至抽出/插入位置。

3）双手向外拉抽屉单元，沿导轨抽出至规定值，逆时针旋转操作手柄，由抽出/插入位置旋至隔离位置，此时抽屉将不能推进柜内。

抽屉式低压开关柜认识与操作

任务实施

中压交流开关柜的认识与操作

1）读图 3-59，认识 8DA10 型 35kV 中压交流开关柜面板，在表 3-9 中写出图 3-59 中各数字指代的设备名称，并根据图标指示，说明各设备所处的状态。

表 3-9　8DA10 型 35kV 中压交流开关柜面板

数字	指代部分名称	设备所处的状态
1		
2		/
3		/
4		
5		/
6		

2）读图 3-60，认识 KYN28-12 型中压交流开关柜结构，在表 3-10 中写出图 3-60 中各数字指代的设备名称及功能，并在表 3-11 中写出图 3-60 中 A、B、C、D 所代表的隔室。

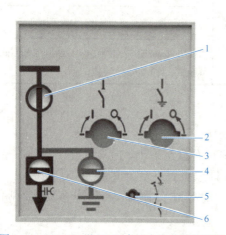

图 3-59　8DA10 型 35kV 中压交流开关柜面板

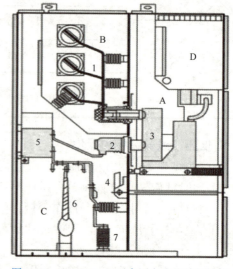

图 3-60　KYN28-12 型中压交流开关柜结构

表 3-10　KYN28-12 型中压交流开关柜结构

数字	指代部分设备名称	设备功能
1		
2		
3		
4		
5		
6		
7		

表 3-11　KYN28-12 型中压交流开关柜隔室

字母	代表的隔室
A	
B	
C	
D	

3）读图 3-61，认识柜型 35kV 中压交流开关柜中的 VD4X 真空断路器，在表 3-12 中写出图 3-61 中各数字指代的名称。

表 3-12 VD4X 真空断路器

数字	指代部分名称	数字	指代部分名称
1		5	
2		6	
3		7	
4			

4）某馈线侧 35kV 中压交流开关柜电气主接线如图 3-62 所示，教师示范开关柜的停送电操作，学生两人一组，分别作为值班员和助理值班员，通过就地控制方式进行馈线接地检修和检修后送电操作，按表 3-13 和表 3-14 进行操作练习并验收。

图 3-61 VD4X 真空断路器

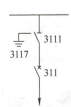

图 3-62 35kV 中压交流开关柜电气主接线

表 3-13 35kV 馈线接地检修操作

馈线接地检修操作顺序	操作内容	操作情况评价
1	将开关柜上的"远方/就地"转换开关转至"就地"位，并确认确已处于"就地"位	
2	断开断路器 311，并确认分后位	
3	断开三工位隔离开关 3111，并确认分后位	
4	合上接地开关 3117，并确认合后位	
5	监测线路侧带电状态，确认回路已失电	
6	合上断路器 311，并确认合后位	
7	将开关柜"远方/就地"转换开关转至"远方"位，并确认确已处于"远方"位	

表 3-14 35kV 馈线检修后送电操作

馈线检修后送电操作顺序	操作内容	操作情况评价
1	将开关柜上的"远方/就地"转换开关转至"就地"位，并确认确已处于"就地"位	
2	断开断路器 311，并确认分后位	
3	断开接地开关 3117，并确认分后位	
4	合上三工位隔离开关 3111，并确认合后位	
5	合上断路器 311，并确认合后位	
6	将开关柜上"远方/就地"转换开关转至"远方"位，并确认确已处于"远方"位	

拓展阅读

事故案例：擅自解锁、防误闭锁装置解锁钥匙不按规定使用

任务检测

一、不定项选择题

1. 城轨交流开关柜按电压等级分类，主要包括_____。
   A. 110kV 高压开关柜　　　　　　B. 10kV 中压开关柜
   C. 35kV 中压开关柜　　　　　　 D. 0.4kV 低压开关柜
2. 低压进线开关柜的核心部件是低压断路器，一般采用_____。
   A. 接触器　　　B. 框架式断路器　　C. 塑壳式断路器　　D. 闸刀
3. 低压抽屉式开关柜中，抽屉开关常采用_____。
   A. 接触器　　　B. 框架式断路器　　C. 塑壳式断路器　　D. 闸刀
4. 三工位隔离开关有三个位置，即_____。
   A. 主断口接通的合闸位置　　　　B. 主断口分开的隔离位置
   C. 接地侧的接地位置　　　　　　D. 检修位置

二、简答题

1. 什么是 GIS 组合电器？GIS 组合电器中主要包含哪些一次设备？
2. 简述圆筒型 35kV 中压开关柜馈线接地检修的操作步骤。
3. KYN28-12 型断路器手车有哪三个位置？分别代表什么含义？

任务 4　直流开关柜的认知、操作与维护

任务描述

认识典型直流开关柜结构，两人一组进行直流开关柜的操作与维护。

任务目标

知识目标	1. 明确直流开关柜的分类和各类直流开关柜的功能 2. 熟悉直流开关柜的结构 3. 熟悉直流快速断路器的结构与工作原理
能力目标	1. 能够正确认识直流开关柜的各个部件 2. 能够正确进行直流开关柜的操作 3. 能够正确进行直流开关柜的日常维护
素质目标	1. 增强对国产自主研发技术的自信，振兴我国自主技术品牌，提升民族自信 2. 培养科技自立自强的责任意识，力争成为新时代高技能创新人才，实现我国从制造大国向制造强国的转变

任务资讯

一、直流开关柜的类型

城市轨道交通直流牵引侧广泛采用直流开关柜。直流开关柜为金属封闭式户内成套设备，由一系列标准化单元组成。

按照电压等级不同,直流开关柜可分为 1500V 和 750V 直流开关柜;按照功能不同可分为进线柜、馈线柜、负极柜、端子柜和钢轨电位限制装置等类型。下面以 1500V 直流开关柜为例讲解。

1. 直流进线柜

直流进线柜也称为正极柜,实物如图 3-63a 中的 201 所示。进线柜有两个,对应着图 3-64 所示的电气主接线图中的 201 和 202。它是用于连接整流器正极与 1500V 直流正极母线间的开关设备,用于实现整流机组向 1500V 直流正极母线的电能传输、控制和保护。进线柜通常采用直流快速断路器作为开关设备,部分地铁线路采用电动隔离开关,其合/分闸操作与中压侧整流变压器的开关具有电气联锁。

a) 直流进线柜和馈线柜实物　　　　　b) 负极柜实物

图 3-63　直流开关柜实物图

2. 直流馈线柜

直流馈线柜安装于直流正极母线与接触网上网隔离开关之间,用于实现直流母线向接触网馈电的控制和保护。馈线柜有 4 个,对应着图 3-64 所示的电气主接线图中的 211、212、213 和 214。其外观示意图如图 3-63a 中的 211 和 213。其内部配置 1500V 正极母线、直流快速断路器、分流器以及微机综合保护控制装置。直流快速断路器装于可移动的手车上,手车能方便地拉出和推入,具有"工作""试验""隔离"3 个明显的位置。

3. 负极柜

负极柜是连接于整流器阀侧负极与回流钢轨之间的开关设备,柜内通常装设手动隔离开关,对应着图 3-64 所示的 2011 和 2021。

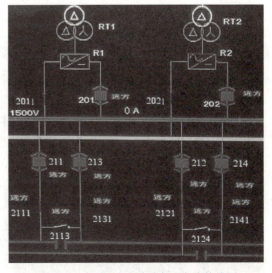

图 3-64　牵引变电所直流侧电气主接线图

负极柜中的手动隔离开关与对应的直流1500V进线柜开关和中压交流侧断路器遵循一定的联锁关系。实物如图3-63b所示。柜体分高压室和低压室两部分,前上方为低压控制小室,门上有负极柜一次模拟图及显示操作元件,柜下方内部为手动隔离开关室,二室之间有钢板屏蔽隔离,有效地抑制了对二次设备造成的电磁干扰。负极柜前部设有可锁住的金属门,在负极柜底部配有敷铝锌板封板和电缆连接装置。

4. 端子柜

端子柜的作用是汇集各开关柜的二次接线及通信线,以实现联跳、通信、闭锁等功能。

5. 钢轨电位限制装置

在钢轨与大地之间装设一套钢轨电位限制装置,通过限制钢轨的电位,避免超出安全许可的接触电压对人身和设备造成的危害。

二、直流开关柜结构认知

1500V直流开关柜为户内型开关柜,由固定的柜体和可移开部件组成,柜体为冷轧钢板,它是一种具有标准防护等级的金属封闭式开关柜,保障运行和维护的安全。1500V直流开关柜由一系列标准化单元组成,根据设计要求组合成不同的功能小室,通常分为母线室、直流断路器手车室、电缆室、低压室等,下面以直流馈线柜为例讲解,其内部结构如图3-65所示。

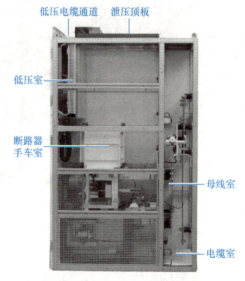

图3-65 直流馈线柜内部结构

1. 母线室

母线室位于开关柜后部,设有母排、与手车上部动触头相接触的静触头、避雷器等。母线室与断路器手车室之间用绝缘隔板隔开,为了方便维护人员进入母线室维护,绝缘隔板都配有手柄。

2. 断路器手车室

断路器手车室装有导轨,手车采用丝杠摇进式推进/退出方式,断路器能十分方便地推进和退出,具有工作、试验、隔离3个位置。工作位置是指将断路器手车推入柜内,手车上的动触头与柜内的静触头构成电气连接,此时一次和二次回路处于连接状态,断路器正常工作;试验位置是指将断路器手车动、静触头断开,并保持一定的距离,此时一次回路断开,二次回路仍然处于接通状态;隔离位置是指断路器手车被完全拉出,一次和二次回路均断开,断路器手车位置信号指示灯灭。

当断路器断开后,通过一个专用操作手柄的旋转,可以使断路器手车在工作位置和试验位置变换,其位置能够通过断路器手车室门上的观察窗看到,安装在断路器手车上的脉冲计数装置能记录断路器的合闸次数。当断路器手车位于试验位置时,开关柜主回路动、静触头断开,活门关闭并闭锁,由绝缘活门上的绝缘隔板将动、静触头及断路器手车室、母线室隔开。

当拔掉航空插头后,断路器手车不需要专用工具即可从柜体拉出至隔离位置,此时断路器手车室是可进入的,母线室被完全隔离以确保人员安全。注意:当断路器处于分闸状态且手车在试验位置时,才可将手车拉出至柜体外部。

3. 电缆室

电缆室位于开关柜后部,设有主回路的电缆连接排、与可抽出手车的下部触头相接触的固定触头和馈线电缆接地固定点。电缆小室通过绝缘板与断路器手车室隔开。

4. 低压室

低压室位于开关柜上部,室内设有微机保护装置、辅助继电器、转换开关、端子排等二次设备,具有控制、保护、信号显示和电流电压测量等功能,并与变电所综合自动化系统监控网络进行通信。低压室有一个单独的隔离门,测量电路后面装有绝缘板,可保护操作人员。

三、直流快速断路器结构认知与工作原理分析

在城市轨道交通供电系统的直流1500V或750V侧广泛采用了直流开关柜,而直流开关柜的核心部件是直流断路器,因其动作迅速,也称为直流快速断路器,主要用于在正常负荷下接通和断开直流电路,在过载和短路时切断故障电流。直流快速断路器和交流断路器构造相似,一般由导电部分、灭弧部分、操作和传动部分等组成。

1. 直流快速断路器结构认知

直流快速断路器的类型较多,主要有国产的DS系列和瑞士赛雪龙公司生产的UR系列与HPB系列。UR系列额定电流较小,通常在500~4000A范围内,实物如图3-66所示;HPB系列额定电流较大,通常在4500~6000A范围内,实物如图3-67所示。

图3-66　UR系列直流快速断路器实物

图3-67　HPB系列直流快速断路器实物

UR 系列断路器是一种直流快速断路器，自然冷却，它在监测到回路短路的情况下，能自由脱扣，快速分断一次回路，在整个分断过程中，通过产生一个持续的过电压来快速灭弧。由于该直流快速断路器设计紧凑、占用空间小、过载及短路反应速度快，灭弧时间短，抗振动、抗冲击性强，可以安装在机车上，所以广泛应用于牵引变电所、城市轨道交通车辆等领域。下面以 UR 系列直流快速断路器为例讲解。

UR 系列直流快速断路器主体结构如图 3-68 所示，由 8 个部分组成。固定绝缘框架用于不同部件之间的绝缘；主回路用于直流回路的通断和保护；过电流脱扣装置用于过载和短路保护；灭弧罩用于熄灭电弧；合闸装置用于驱动直流断路器合闸；辅助触头随着断路器主触头动作而同步动作；散热器用于冷却散热。其中核心部件是主回路。

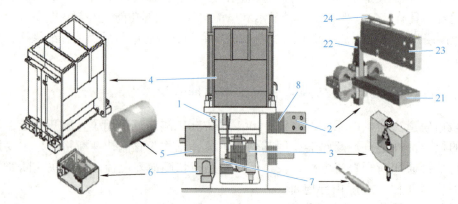

图 3-68　UR 系列直流快速断路器主体结构

1—断路器固定绝缘框架　2—主回路（由下部连接排 21、动触头 22、上部连接排 23 和一个静触头 24 组成）
3—过电流脱扣装置　4—灭弧罩　5—合闸装置及拨叉单元　6—辅助触头盒　7—推杆
8—散热器（仅安装在 UR40 上，UR36 上未安装）

2. 直流快速断路器工作原理

直流快速断路器工作原理如图 3-69 所示。

（1）直流快速断路器合闸操作　直流快速断路器在接收到合闸信号后，合闸装置中的合闸线圈得电，动铁心右移，通过叉杆，经叉杆下方的凹槽，推动固定在动触头块上的棘齿限位块，使动触头块顺时针转动，动触头压紧静触头，断路器闭合。同时动触头块的转动使推杆向左移动，并使辅助触头盒中触头变位。合闸时的振动力被缓冲器所吸收。一旦触头合上，合闸装置中的电保持机构或磁保持机构将保持断路器在合闸位置并提供触头压力。

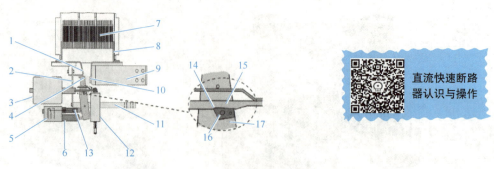

图 3-69　直流快速断路器工作原理

1—静触头条　2—连接条　3—合闸装置　4—动触头　5—辅助触头盒　6—缓冲器　7—灭弧栅　8—外角板　9—上部连接排
10—静触头　11—下部连接排　12—过电流脱扣装置　13—推杆　14—凹槽　15—叉杆　16—限位块　17—动触头块

（2）直流快速断路器分闸操作　直流快速断路器分闸可通过过电流脱扣自动分闸或常规分闸命令分闸两种方式实现。

1）过电流脱扣自动分闸。过电流脱扣自动分闸动作过程如下：当流过直流快速断路器的电流超过了过电流脱扣装置最大电流设定值时，脱扣装置可动衔铁释放杆迅速向上移动，举起叉杆的一端，使凹槽从棘齿限位块上脱扣，推杆在弹簧弹力的作用下推动动触头块，使其逆时针转动，动触头迅速离开静触头，动、静触头间产生的电弧在电动力的作用下通过静触头条、外角板进入灭弧栅，电弧被分割冷却并迅速熄灭，电路被断开。脱扣装置的可动衔铁在失去过电流引起的电磁力后，向下移动返回，为下一次分闸动作做准备。同时合闸装置中的保持机构被释放，叉杆缩回，为下一次合闸操作做准备。

2）常规分闸命令分闸。直流快速断路器接收到分闸命令后，控制电路切断合闸装置的保持电流（针对电保持）或施加一个逆向脉冲电流（针对磁保持），在弹簧弹力的作用下导致叉杆缩回，推杆在弹簧弹力的作用下推动动触头块，使其逆时针转动，动触头迅速离开静触头，分断电路。

四、直流馈线柜的面板认识与断路器手车操作

1. 直流馈线柜的面板认识

图 3-70a 所示为直流馈线柜的面板示意图，图 3-70b 所示为直流馈线柜的内部接线。解锁开关转至右侧为闭锁位置，转至左侧为解锁位置。

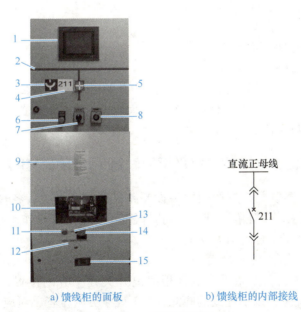

a) 馈线柜的面板　　b) 馈线柜的内部接线

图 3-70　直流馈线柜

1—微机保护测控装置　2—母线　3—断路器手车位置信号指示器　4—断路器代号　5—直流断路器位置指示器　6—故障总信号复位按钮　7—断路器分合闸控制开关（HSCB）　8—"远方/就地"转换开关　9—断路器手车操作说明书　10—断路器手车观察窗　11—紧急分闸按钮　12—部件使用说明（依次为紧急分闸、手车解锁、试验位置、工作位置）　13—解锁开关　14—操作孔　15—开关柜铭牌

2. 断路器手车的操作步骤

（1）进车

1）确认断路器处于分闸位置。
2）确认手车两侧的锁定机构在解锁位置。
3）将手车推进柜体到试验位置。
4）闭锁手车两侧的锁定机构。
5）插上断路器航空插头。
6）关闭断路器手车室柜门。
7）按下手动紧急分闸按钮，向左拉开操作孔。
8）将操作手柄插入操作孔。
9）逆时针旋转操作手柄，直至手车到工作位置。
10）通过观察窗确认手车处于工作位置。
11）取下操作手柄，关闭操作孔。

（2）退车

1）确认断路器处于分闸位置。
2）按下手动紧急分闸按钮，向左拉开操作孔。
3）将操作手柄插入操作孔。
4）顺时针旋转操作手柄，直至手车到试验位置。
5）通过观察窗确认手车处于试验位置。
6）取下操作手柄，关闭操作孔。
7）打开断路器手车室柜门。
8）拔下断路器航空插头。
9）解锁手车两侧的锁定机构。
10）将手车拉出柜体。

注意： 断路器处于分闸位置时，手车才能抽出或插入；手车在工作、试验位置时，断路器可以进行分、合闸；手车在工作位置时，二次插头不能拔出；在二次插头未拔出前，断路器手车不能从开关柜中拉出。

五、直流馈线柜、进线柜、负极柜的联锁（以中压 35kV 为例）

负极柜中装设隔离开关，进线柜中装设断路器或隔离开关。各种直流开关柜在操作时需要遵循各联锁关系，保证隔离开关任何时候都不能带负荷操作。

1）馈线柜操作时分/合闸均无联锁。
2）负极柜联锁。
① 负极柜隔离开关合闸条件：负极柜隔离开关处于分闸位置，对应的进线柜开关（装设断路器或隔离开关，以下提到的同此含义）处于分闸位置，对应 35kV GIS 组合电器（送往本整流机组，以下提到的同此含义）的断路器处于分闸位置。
② 负极柜隔离开关分闸条件：负极柜隔离开关处于合闸位置，对应的进线柜开关处于分闸位置，对应的 35kV GIS 组合电器的断路器处于分闸位置。
3）只装设隔离开关的进线柜联锁。
① 进线柜隔离开关分闸条件：进线柜隔离开关处于合闸位置，对应的负极柜隔离开

关处于合闸位置，所有馈线断路器均处于分闸位置，对应的35kV GIS 组合电器的断路器处于分闸位置。

② 进线柜隔离开关合闸条件：进线柜隔离开关处于分闸位置，对应的负极柜隔离开关处于合闸位置，所有馈线断路器均处于分闸位置，对应的35kV GIS 组合电器的断路器处于分闸位置。

六、直流馈线柜、负极柜、进线柜的操作（以中压35kV为例）

直流开关柜可采用控制中心遥控（中央级）、变电所集中控制（变电所）和设备本体控制（就地）3级控制。供电系统运行调度指挥以控制中心为主。正常运行时，变电所运行不采用就地控制，只有在需要检修或设备故障时，才会根据需要对设备进行就地控制。

直流开关柜上的"远方/就地"转换开关处在"远方"位置时，城市轨道交通运营控制中心可通过电力监控系统对相应的断路器进行操作；在变电所控制室内，可通过综合自动化系统监控计算机或控制屏对相应的断路器进行操作。

直流开关柜上的"远方/就地"转换开关处在"就地"位置时，通过直流开关柜面板的断路器分合闸旋钮或显示屏的人机界面，对相应的断路器进行操作。

无论转换开关处在何种位置，都可通过紧急分闸按钮进行手动快速分闸。

1. 馈线柜的就地操作

（1）分闸操作　先将"远方/就地"转换开关转至"就地"位，利用面板上分闸开关进行分闸，或在显示屏选择断路器后在弹出的菜单中单击分闸并确认，执行分闸操作。

（2）合闸操作　先将"远方/就地"转换开关转至"就地"位，利用面板上的合闸开关进行合闸，或在显示屏上选择断路器后在弹出的菜单中单击合闸并确认，执行合闸操作。

2. 负极柜的就地操作

（1）分闸操作

1）确认对应的35kV断路器在分闸位置。

2）确认对应进线柜开关在分闸位置。

3）确认该负极隔离开关操作允许信号，用专用操作杆对负极隔离开关进行分闸操作。

（2）合闸操作

1）确认对应的35kV断路器在分闸位置。

2）确认对应进线柜开关在分闸位置。

3）确认该负极隔离开关操作允许信号，用专用操作杆对负极隔离开关进行合闸操作。

3. 只装设隔离开关的进线柜的就地操作

（1）分闸操作

1）确认所有馈线柜的断路器已分闸。

2）确认对应35kV断路器已分闸。

3）将"远方/就地"转换开关转至"就地"位，转动分合闸转换开关至分闸位，执行分闸操作。

（2）合闸操作

1）确认所有馈线柜的断路器和对应的35kV断路器均在分闸位置。

2）确认对应负极柜隔离开关在合闸位置。

3）将"远方/就地"转换开关转至"就地"位，转动分合闸转换开关至合闸位，执行合闸操作。

七、直流开关柜的日常巡视检查

1）直流开关及断路器手车的位置指示应正常，且与实际运行方式相符。

2）各保护装置运行应正常，不应有故障指示。

3）各电流表、各指示灯指示应正常。

4）各控制继电器、电源开关应正常工作。

任务实施

直流开关柜的认知与操作

1）读图3-71，认识典型直流馈线柜的面板结构，将图3-71中各数字指代的名称填写在表3-15中。

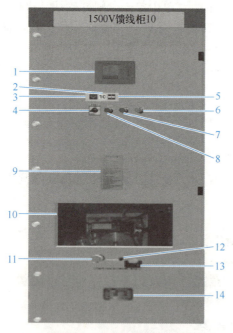

图3-71 典型馈线柜的面板

直流馈线柜面板认识

表3-15 直流馈线柜的面板

数字	指代部分名称	数字	指代部分名称
1		2	

（续）

数字	指代部分名称	数字	指代部分名称
3		9	
4		10	
5		11	
6		12	
7		13	
8		14	

2）教师示范直流1500V馈线柜的典型操作，学生两人一组分角色进行操作，按表3-16和表3-17进行练习并验收。

表3-16　直流1500V馈线柜就地控制断路器由运行转检修操作

操作顺序	操作内容	操作情况评价
1	将"远方/就地"转换开关转至"就地"位置并确认	
2	断开直流断路器10，并确认其处于分后位	
3	按下手动紧急分闸按钮，向左拉开操作孔；用手柄顺时针旋转，将断路器手车从工作位置摇至试验位置，并确认手车确已处于试验位置（确认方法：通过观察窗确认手车处于试验位置；直流开关柜上断路器手车信号指示灯红灯灭，绿灯亮，确已处于试验位置；综合自动化系统监控计算机主接线图上开关状态与相应直流开关柜一致）	
4	取下手柄，关闭操作孔；打开柜门，拔下航空插头，将断路器手车拉至隔离位置并确认	

表3-17　直流1500V馈线柜就地控制断路器由检修转运行操作

操作顺序	操作内容	操作情况评价
1	确认"远方/就地"转换开关已转至"就地"位置；确认断路器处于分闸位置	
2	将断路器手车推至试验位置，插上航空插头，关闭柜门	
3	按下手动紧急分闸按钮，向左拉开操作孔；用手柄逆时针旋转，将断路器手车摇至工作位置，并确认手车确已处于工作位置（确认方法：通过观察窗确认手车处于工作位置；断路器手车信号指示灯绿灯灭，红灯亮，确已处于工作位置；综合自动化系统监控计算机主接线图上开关状态与相应直流开关柜一致）；取下手柄，关闭操作孔	
4	合上直流断路器10，并确认合后位（确认方法：直流开关柜上断路器10信号指示灯绿灯灭，红灯亮；综合断路器监控计算机主接线图上开关状态与相应直流开关柜一致）	
5	将"远方/就地"转换开关转至"远方"位置并确认	

3）如图3-72为直流1500V进线柜面板，进线柜上装有隔离开关和直流快速断路器，教师示范进线柜典型操作，之后两人一组分角色进行操作，分组按表3-18和表3-19进行操作练习并验收。（前提：进线柜已具备分合闸条件，不受联锁关系制约）

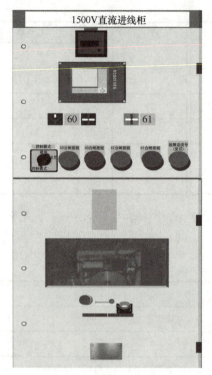

直流进线柜操作

图 3-72　直流 1500V 进线柜面板

表 3-18　直流 1500V 进线柜就地控制断路器由运行转检修操作

操作顺序	操作内容	操作情况评价
1	将"远方/就地"转换开关转至"就地"位置并确认	
2	断开断路器 60、隔离开关 61,并确认断路器 60、隔离开关 61 确已处在分闸位置	
3	按下手动紧急分闸按钮,向左拉开操作孔;用手柄顺时针旋转,将断路器手车从工作位置摇至试验位置,并确认手车确已处于试验位置	
4	取下手柄,关闭操作孔;打开柜门,拔下航空插头,将断路器手车拉至隔离位置并确认	

表 3-19　直流 1500V 进线柜就地控制断路器由检修转运行操作

操作顺序	操作内容	操作情况评价
1	确认"远方/就地"转换开关转至"就地"位置;确认断路器处于分闸位置	
2	将手车推至试验位置,插上航空插头,关闭柜门	
3	按下手动紧急分闸按钮,向左拉开操作孔;用手柄逆时针旋转,将手车摇至工作位置,并确认手车确已处于工作位;取下手柄,关闭操作孔	
4	合上隔离开关 61、断路器 60,并确认隔离开关 61、断路器 60 确已处在合闸位置	
5	将"远方/就地"转换开关转至"远方"位置并确认	

年产超 10000 台套，轻轨直流供电装备实现自主化

一、不定项选择题

1. 直流馈线柜断路器手车有 3 个位置，分别是_____。
A. 工作位置　　　　B. 试验位置
C. 分闸位置　　　　D. 隔离位置

2. 直流开关柜按照电压等级不同可分为_____直流开关柜。
A. 35kV　　　　B. 10kV　　　　C. 1500V　　　　D. 750V

3. 负极柜主要装设的设备是_____。
A. 接触器　　　　B. 断路器　　　　C. 熔断器　　　　D. 隔离开关

4. 现需要选择断路器用在额定电流为 5000A 的直流牵引侧，应选用_____。
A. 真空断路器　　　　　　　　　B. SF_6 断路器
C. UR 系列直流快速断路器　　　D. HPB 系列直流快速断路器

二、简答题

1. 直流馈线柜由哪几部分组成？简述各部分的功能。
2. 负极柜隔离开关的分闸条件是什么？
3. 简述直流快速断路器的功能。

项目 4　防雷接地与杂散电流防护装置的认知与维护

任务 1　防雷装置的认知与维护

任务描述

认识直击雷和感应雷防护装置，两人一组实施避雷器的认识与维护。

任务目标

知识目标	1. 掌握直击雷防护装置的组成 2. 熟悉避雷器的类型、结构和工作原理 3. 了解高压架空输电线路、变电所、配电装置的防雷要求和配置
能力目标	1. 认识直击雷和感应雷防护装置 2. 能够检查维护氧化锌避雷器
素质目标	1. 厚植爱国主义情怀，通过了解我国的防雷装置发展过程，增强民族自豪感 2. 增强防雷减灾意识

任务资讯

一、过电压分类

过电压是指电力系统在特定条件下出现的超过工作电压的异常电压现象。按照过电压产生的原因不同，可分为外部过电压和内部过电压两大类。

1. 内部过电压

电力系统内部运行方式发生改变而引起的过电压称为内部过电压。如停送电操作、系统短路跳闸等都可能引起内部过电压。

2. 外部过电压

外部过电压又称雷电过电压或大气过电压，是由大气中的雷云对地面放电而引起的，主要有直击雷过电压和感应雷过电压两种。直击雷过电压是指雷电直接对电气设备或线路放电，可引起电气设备或线路损毁。感应雷过电压是指雷电虽然没有直接击中电气设备或线路，但是由于大气中的雷云电荷作用，在电力系统的架空线路上感应出异性电荷。架空电力线路和输变电设备附近发生雷击时，强大的雷电流通过电磁感应在电力线路和电气设备上也感应产生一个很高的电压，使电力线路和电气设备击穿损坏。这种过电压称为感应雷过电压。

通常采用安装避雷针或避雷线的方式防止直击雷；安装避雷器的方式防止感应雷。雷电过电压保护必须要设置防雷装置。

二、防雷装置的认识

（一）直击雷防护装置

直击雷防护装置一般由接闪器、引下线和接地装置组成。

1. 接闪器

接闪器是专门用来接受雷电的金属物体。接闪的金属杆称为避雷针，接闪的金属线称为避雷线或架空地线，接闪的金属带、金属网称为避雷带或避雷网。所有的接闪器都必须经过引下线与接地装置相连。

避雷针、避雷线、避雷网和避雷带都属于接闪器，它们都是利用其高出被保护物的突出位置，把雷电引向自身，然后通过引下线和接地装置把雷电流泄入大地，以此保护被保护物免受雷击。

（1）避雷针　避雷针一般用镀锌圆钢或焊接钢管制成，头部呈尖状，由针头（接闪器）、引流体（接地引下线）和接地体（接地装置）3部分组成。图4-1a所示为避雷针外观，图4-1b所示为避雷针结构示意图。它通常安装在构架、支柱或建筑物上，其下端经引下线与接地装置连接。

其工作原理如下：由于避雷针的安装高度高于被保护物，又和大地直接相连，当雷电先导接近地面时，避雷针能使雷电场发生畸变，改变雷电先导的通道方向，将雷电的放电通道吸引到避雷针本身，并经引下线和接地装置将强大的雷电流安全地泄放到大地中去，使被保护物体免受直接雷击。所以，避雷针实际上是"引雷针"，可将周围的雷电引来并提前放电，将雷电流通过自身的接地导体传向地面，避免被保护对象直接遭雷击。

（2）避雷线　避雷线一般架设在架空线路的上方，用引下线与接地装置连接，可保护架空线路或其他物体（包括建筑物）免受直击雷，如图4-2所示。由于避雷线既架空又接地，所以又叫作架空地线。避雷线的原理和功能与避雷针基本相同，主要用于保护架空线路。

a）避雷针外观

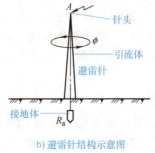

b）避雷针结构示意图

图4-1　避雷针

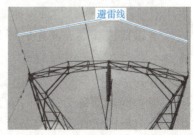

图4-2　避雷线

（3）避雷带和避雷网　避雷带和避雷网普遍用来保护较高的建筑物免受雷击。避雷带一般沿屋顶周围装设，高出屋面100～150mm，支持卡间距离为1～1.5m，如图4-3a所示。避雷网除沿屋顶周围装设外，需要时在屋顶上面还可用圆钢或扁钢纵横连接成网，如图4-3b所示。避雷带和避雷网必须经引下线与接地装置可靠地连接。

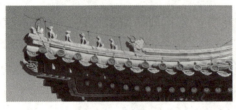 

a) 避雷带　　　　　　　　　　　　b) 避雷网

图4-3　避雷带和避雷网

2. 引下线

引下线是连接接闪器与接地装置的一段导线，其作用是将雷电流引入接地装置。一般可用圆钢或扁钢制成。防雷装置的引下线应满足机械强度、耐腐蚀和热稳定的要求。

3. 接地装置

接地装置用于将雷电流通过引下线引入大地后散流。接地装置由接地体和接地线组成。接地线是连接引下线和接地体的导线。接地体包含自然接地体和人工接地体。自然接地体包括埋入建筑物的钢结构和钢筋、行车的钢轨、埋地的金属管道、水管等，但可燃液体和可燃气体管道除外。在装设接地装置时，首先应充分利用自然接地体，不能满足规范要求时才考虑装设人工接地体作为补充。

（二）感应雷防护装置

感应雷常用的防护装置是避雷器。避雷器并联在被保护设备或设施上，图4-4所示为避雷器保护原理。正常时避雷器阻值很大，装置与地绝缘，当出现雷击过电压时，避雷器阻值变小，装置与地由绝缘变成导通，并击穿放电，将雷电流引入大地，起到保护作用。过电压终止后，避雷器迅速恢复为高阻状态。避雷器主要用来保护电力设备和电力线路，也用作防止高电压侵入室内的安全措施。

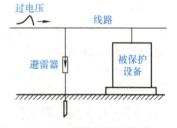

图4-4　避雷器保护原理

避雷器是一种过电压保护设备，用来防止雷电产生的大气过电压沿架空线路侵入变电所或其他建筑物内，避雷器也可以限制内部过电压。避雷器一般与被保护设备并联，且位于电源侧，其放电电压低于被保护设备的绝缘耐压值。当过电压沿线路侵入时，将首先使避雷器击穿并对地放电，从而使被保护设备免受雷击。

避雷器按其发展的先后可分为保护间隙、管式避雷器、阀式避雷器和金属氧化物避雷器。

1. 保护间隙

保护间隙又称为放电间隙，是由两个金属电极构成的一种简单的防雷保护装置。其中一个电极固定在绝缘子上，与带电导线相接，另一个电极通过辅助间隙与接地装置相接，两个电极之间保持规定的间隙距离，如图4-5a所示。

项目4 防雷接地与杂散电流防护装置的认知与维护

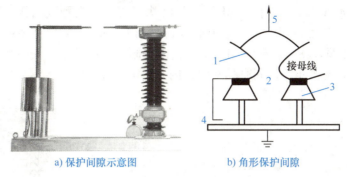

a) 保护间隙示意图   b) 角形保护间隙

图 4-5 保护间隙

1—角形电极 2—主间隙 3—支柱绝缘子 4—辅助间隙 5—电弧的运动方向

保护间隙按形状可分为角形、棒形、环形和球形等。常用的角形保护间隙如图 4-5b 所示。它由主间隙和辅助间隙两部分组成。主间隙做成角形，水平安装，以便灭弧。辅助间隙是为了防止主间隙被外来的物体短路引起误动作而设置的。主间隙的两个电极成角形，可以使工频续流电弧在自身动力和热气流作用下易于上升而自动熄灭。保护间隙的优点是结构简单，其主要缺点是灭弧能力弱，一般用于 10kV 以下的配电网中。

2. 管式避雷器

管式避雷器又叫排气式避雷器，它由产气管、内部间隙和外部间隙3部分组成，如图 4-6 所示。它的核心部件也是保护间隙，但能在放电后自行灭弧。

工作原理如下：当雷电引起过电压时，外部间隙和内部间隙都被击穿，将雷电流泄入大地。随之而来的工频续流（每当外部和内部间隙被雷电过电压击穿后，在工频电压作用下将有电流继续通过已电离的

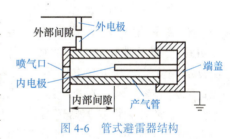

图 4-6 管式避雷器结构

外部和内部间隙，这个电流称为工频续流）也在管内产生电弧，使产气管内产生高压气体并从喷气口喷出，强烈吹弧，在电流第一次过零时即可灭弧。这时外部间隙的空气恢复了绝缘，使避雷器与电力系统隔离，恢复正常运行。管式避雷器具有残压小的突出优点，简单经济，但动作时有气体排出，所以一般用于户外线路。

3. 阀式避雷器

阀式避雷器由火花间隙和阀片串联组成，装在密封的瓷套管内。正常情况下，火花间隙可阻止线路上的工频电流通过，在雷电过电压作用下，火花间隙被击穿放电。由碳化硅（SiC）电阻构成的阀片具有非线性特性：正常电压时，阀片电阻很大，过电压时，阀片电阻很小，如图 4-7a 所示。因此，当线路上出现过电压时，火花间隙被击穿，阀片能使雷电流顺畅地向大地泄放。当过电压消失后，线路上恢复工频电压时，阀片则呈现很大的电阻，使火花间隙绝缘迅速恢复而切断工频续流，从而使线路恢复正常运行，如图 4-7b 所示。因此，阀片和火花间隙的密切配合使阀式避雷器像一个阀门，对于雷电流，"阀门"打开，对于工频电流，"阀门"关闭。阀式避雷器也因此得名。

阀式避雷器将单个放电间隙分成许多短的串联间隙，同时增加了非线性电阻，提高

了保护性能，图 4-7c 所示为阀式避雷器整体结构。阀式避雷器按结构不同分为普通阀式避雷器和磁吹阀式避雷器两大类。普通阀式避雷器有 FS 和 FZ 两种系列；磁吹阀式避雷器有 FCD 和 FCZ 两种系列。磁吹阀式避雷器内部附有磁吹装置，用以加速火花间隙中电弧的熄灭，提高了灭弧能力，同时具有限制内部过电压能力。

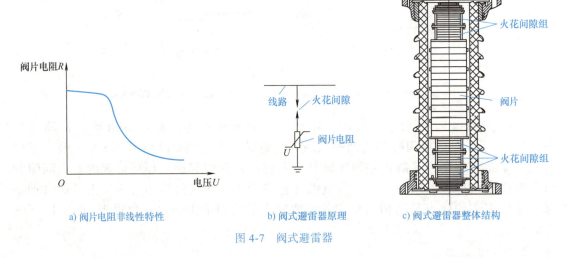

图 4-7 阀式避雷器

4. 金属氧化物避雷器（MOA）

金属氧化物避雷器没有火花间隙，阀片用氧化锌（ZnO）代替了碳化硅。它的核心部件是氧化锌阀片，具有优良的阀特性。在工频电压下可呈现极大的电阻，能迅速有效地阻断工频续流；在过电压下电阻很小，能很好地泄放雷电流。金属氧化物避雷器还有体积小、质量小、结构简单、残压低、响应快等优点，被广泛用于高低压电气设备的保护。图 4-8 所示为 Y5WZ-10 避雷器外观，它是额定放电电流 5kA、无火花间隙、电站用、额定电压为 10kV 的氧化锌避雷器。

图 4-8 Y5WZ-10 避雷器外观

三、高压架空输电线路的防雷保护

根据 GB/T 50064—2014《交流电气装置的过电压保护和绝缘配合设计规范》，高压架空输电线路的防雷保护应满足以下要求：

1）少雷区除外的其他地区的 220～750kV 线路应沿全线架设双地线。110kV 线路可沿全线架设地线，在山区和强雷区，宜架设双地线，在少雷区可不沿全线架设地线，但应装设自动重合闸装置。35kV 及以下线路，不宜全线架设地线。

2）除少雷区外，6kV 和 10kV 钢筋混凝土杆配电线路，宜采用瓷或其他绝缘材料的横担，并应以较短的时间切除故障，以减少雷击跳闸和断线事故。

四、变电所的防雷保护

（1）变电所直击雷过电压保护

1)变电所的直击雷过电压保护可采用避雷针或避雷线。在屋外配电装置(包括组合导线和母线廊道)、多雷区的牵引站等设施应设直击雷保护装置,图4-9所示为屋外配电装置装设避雷针示意图。

2)变电所控制室和配电装置室的直击雷过电压保护要求:强雷区的变电所控制室和配电装置室宜有直击雷保护。35kV及以下变电所的屋顶上装设直击雷保护装置时,应将屋顶金属部分接地。峡谷地区的变电所宜用避雷线保护。已在相邻建筑物保护范围内的建筑物或设备,可不装设直击雷保护装置。屋顶上的设备金属外壳、电缆金属外皮和建筑物金属构件均应接地。

变电所防雷

3)露天布置的GIS组合电器的外壳可不装设直击雷保护装置,外壳应接地。

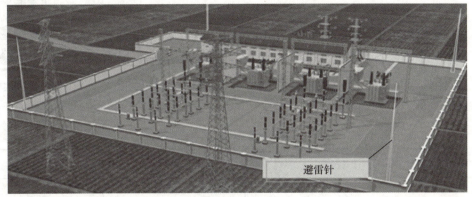

图4-9 屋外配电装置装设避雷针示意图

(2)变电所高压配电装置的雷电侵入波过电压保护

1)未沿全线架设地线的35~110kV架空输电线路,应在变电所1~2km的进线段架设地线,其变电所的进线段应采用图4-10所示的保护接线。

2)变电所的35kV及以上电缆进线段,电缆与架空线的连接处应装设金属氧化物避雷器(MOA),其接地端应与电缆金属外皮连接。

3)有效接地系统中的中性点不接地的变压器,中性点采用分级绝缘且未装设保护间隙时,应在中性点装设中性点MOA。中性点采用全绝缘,变电所为单进线且为单台变压器运行时,也应在中性点装设MOA。

五、配电系统的雷电过电压保护

1)10~35kV配电系统中,配电变压器的高压侧应靠近变压器装设金属氧化物避雷器(MOA),该MOA接地线应与变压器金属外壳连在一起接地。

2)10~35kV配电变压器的低压侧宜装设一组MOA,以防止反变换波和低压侧雷电侵入波击穿绝缘,该MOA接地线应与变压器金属外壳连在一起接地。图4-11所示为10kV配电变压器防雷保护示意图。避雷器主要用于保护变压器不受雷电波危害,其接地线应与变压器低压侧接地的中性点及金属外壳一起接地。

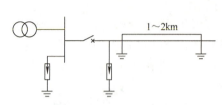

图 4-10 变电所的进线段保护接线

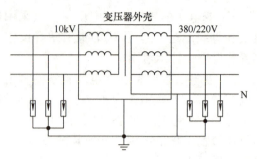

图 4-11 10kV 配电变压器防雷保护示意图

避雷器的认识与维护

1）阀式避雷器的认识与原理分析。认识阀式避雷器，在表 4-1 中写出图 4-12a 中阀式避雷器的主要部件名称，并分析其工作原理。

a) 阀式避雷器

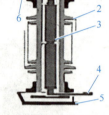

b) 氧化锌避雷器

图 4-12 避雷器的认识

表 4-1 阀式避雷器的认识与工作原理

序号	部件名称	工作原理
1		
2		

2）氧化锌避雷器的认识与原理分析。认识图 4-12b 所示的氧化锌避雷器，在表 4-2 中写出氧化锌避雷器主要部件名称，并分析其工作原理。

表 4-2 氧化锌避雷器的认识与工作原理

序号	部件名称	工作原理
1		
2		
3		
4		
5		
6		
7		

3）氧化锌避雷器的检查维护。教师示范氧化锌避雷器的检查维护项目，然后小组分组按表 4-3 进行检查维护及验收。

表 4-3　氧化锌避雷器的检查维护

顺序	检查内容	检查是否正常
1	检查瓷套、基座及法兰是否出现裂纹，瓷套表面是否有放电烧伤痕迹	
2	复合绝缘外套及瓷外套的 RTV 涂层憎水性是否良好	
3	水泥接合缝及其上的油漆是否完好	
4	密封结构金属件是否良好	
5	氧化锌避雷器、放电计数器的引线及接地端子上以及密封结构金属件上是否有不正常变色和熔孔	
6	与氧化锌避雷器连接的导线及接地引下线有无烧伤痕迹或断股现象，氧化锌避雷器接地端子是否牢固，是否可靠接地，接地引下线是否锈蚀	
7	各连接部位是否有松动现象，金具和螺钉是否锈蚀	
8	放电计数器连接线是否牢固，内部是否有积水现象	
9	充气并带压力表的氧化锌避雷器的气体压力值是否变化	
10	带串联间隙的金属氧化物避雷器放电间隙是否良好	

拓展阅读

任务检测

中国最早认识到避雷技术

一、填空题

1. 雷电过电压主要有_____过电压和_____过电压两种。
2. 直击雷防护装置一般由_____、_____和_____组成。
3. 常用的避雷器有_____、_____、_____和_____4 种类型。
4. MOA 是指_____。
5. 变电所的直击雷过电压保护常采用设置_____或_____的方式防护。
6. _____线路可沿全线架设地线，在山区和强雷区，宜架设_____。_____及以下线路，不宜全线架设地线。

二、简答题

1. 接闪器有哪些类型？
2. 简述避雷器的工作原理。

任务 2　接地装置的认知与维护

任务描述

认识接地装置，两人为一组，分组实施接地装置的维护和钢轨电位限制装置的操作维护。

任务目标

知识目标	1. 掌握接地与接地装置含义、接地的分类 2. 理解城市轨道交通综合接地系统含义 3. 理解交流供电系统的工作和保护接地 4. 了解直流供电系统的接地方式
能力目标	1. 认识并能够维护接地装置 2. 认识城市轨道交通综合接地系统 3. 能够巡视维护钢轨电位限制装置
素质目标	1. 增强"安全第一"的意识 2. 培养严格遵守安全工作规程的习惯,否则可能酿成触电的惨剧

任务资讯

一、接地概述

1. 接地

接地指在供电系统中将电气设备或电气装置的某些金属导电部分用导体(接地线)与埋设在土壤中的金属导体(接地体)相连,并与大地做可靠的电气连接。

接地的主要作用是防止人身遭受电击、线路和设备遭受损坏,预防电气火灾和雷击,防止静电损害,保障电力系统的正常运行。

2. 接地装置

埋入地中并直接与大地接触的金属导体称接地体或称接地极。专门为接地而人为装设的接地体称为人工接地体。兼作接地体用的直接与大地接触的各种金属构件、金属管道以及建筑物的钢筋混凝土基础等称为自然接地体。连接于接地体与电气设备接地部分之间的金属导线称为接地线。接地线和接地体合称为接地装置,如图4-13所示。由若干接地体在大地中相互用接地线连接起来的一个整体称为接地网。

3. 正常接地电流与故障接地电流

凡从接地体流入地下的电流称为接地电流。接地电流又分为正常接地电流与故障接地电流。正常工作时,由接地装置引入地下的电流属于正常接地电流;系统发生故障时,由接地装置引入地下的电流属于故障接地电流。

4. 对地电压、跨步电压和接触电压

接地电流流入地下之后,就通过接地体向大地呈半球状扩散,如图4-14所示,这一接地电流叫作流散电流。距接地体越远,地导体的横截面即半球面越大,故电阻就越小,一般认为距接地体20m处土壤电阻就小至可忽略不计了。也就是说在距接地体20m及以上处接地电流不会产生电压降,电位为零。因此规定:地电位等于零的地方,称为电气上的"地"或"大地"。

电气设备的接地部分,如接地体或接地的外壳,与"大地"零电位之间的电位差,称为接地部分的对地电压。

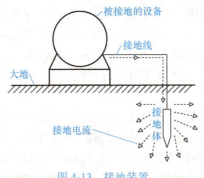
图4-13　接地装置

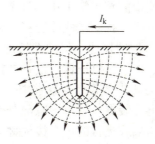
图4-14　流散电流

如图4-15所示，当接地短路电流流过接地装置时，大地表面形成分布电位。在接地电流流散区域内，大地表面水平距离相距0.8m的两点之间形成电位差，人体两脚接触该两点时承受的电压称为跨步电压（如图4-15中的U_{i1}、U_{i2}）。跨步电压在越接近接地体时越大，越远离接地体时越小，在离接地体20m外处可忽略不计。

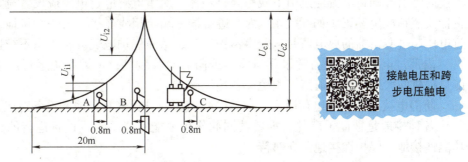
图4-15　跨步电压和接触电压

当接地短路电流流过接地装置时，地面上距设备水平距离0.8m处与沿设备外壳垂直距离1.8m处两点形成电位差，人体手脚接触这两点时所承受的电压称为接触电压（如图4-15中的U_{c1}、U_{c2}）。其中U_{c1}为电气设备在较近处接地时产生的接触电压，U_{c2}为电气设备在较远处接地时产生的接触电压。当电气设备越接近接地体时接地，接触电压越小；越远离接地体时接地，接触电压越大。

5. 接地的分类

接地按照供电系统的电流制式和频率可划分为交流供电系统的工频接地、直流牵引供电系统的接地和雷电及过电压的冲击接地。

接地按照供电系统电压等级可划分为高压系统的接地、中压系统的接地和低压系统的接地。

接地按照作用可分为功能性接地和保护性接地。

（1）功能性接地　功能性接地是为了系统正常运行的可靠性及异常情况下保障系统的稳定性而设置的，如工作接地、电磁兼容接地等。

为了保证电力系统及电气设备正常且可靠地运行，将电力系统中某点与地做金属性连接，称为工作接地。电力系统中变压器中性点接地或发电机中性点接地即为工作接地，如主变压器、配电变压器的中性点直接接地能在运行中维持三相系统的相线对地电压不变，也可在系统发生接地故障时产生较大的接地故障电流，使继电保护迅速动作，切除故障回路。

电磁兼容接地是指为满足电磁兼容要求进行的接地。电磁兼容是指电气设备或系统在电磁环境中能够正常工作，且不对该电磁环境中的任何器件、电路、设备或系统构成不能承受的电磁干扰。电磁兼容接地包括屏蔽接地、滤波器接地、噪声和干扰抑制等。

（2）保护性接地　保护性接地是以人身和设备安全为目的而设置的，分为保护接地、防雷接地、内部过电压保护设备的接地、防静电接地等。

为了防止电气设备绝缘损坏，或产生漏电时使正常运行不带电的电气设备外露可导电部分或电气装置外露可导电部分带电而出现电击危险，将电气设备的金属外壳、配电装置的金属构架等进行的可靠接地称为保护接地。保护接地能够在设备绝缘破坏时，降低电气设备外露可导电部分对地的电压，从而降低人体接触该可导电部分时对地的接触电压，保护人身安全。

防雷接地可将雷电导入大地，防止雷电流使建筑物、构筑物和电气设备等遭受雷电流的破坏，防止人身遭受雷击。防雷接地分为直击雷接地和雷电感应过电压保护装置的接地。直击雷通过防雷装置进行防护，由接闪器、引下线和接地体组成，直击雷的接地就是将接闪器引导的雷电流经过引下线引至接地体。对雷感应过电压应设置避雷器保护，避雷器安装在配电装置（如开关柜）内，避雷器一端与相线连接，另一端接地，当雷电感应过电压超过避雷器的放电值时，避雷器被击穿，从而保护电气设备绝缘不被损坏。

内部过电压保护设备常采用避雷器或阻容吸收装置，可为系统运行产生的异常电磁能量提供向大地释放的通路，避免设备绝缘破坏。

防静电接地是将静电荷引入大地，防止由于静电积聚对人体和设备造成危害。

各种接地是彼此关联的，需要共同起作用才能完成系统或设备运行的要求，不应将功能性接地、保护性接地独立对待。

二、城市轨道交通接地系统的认知

1. 城市轨道交通供电系统的接地要求

根据 GB 50157—2013《地铁设计规范》，城市轨道交通供电系统的接地有以下要求：

1）供电系统中电气装置与设施的外露可导电部分除有特殊规定外均应接地。

2）当供电系统与其他系统共用接地装置时，其接地电阻不应大于接入设备中要求的最小值。

3）变电所接地装置应能降低接触电压和跨步电压，并应符合现行行业标准，即《交流电气装置的接地设计规范》的有关规定。

4）变电所应利用车站结构钢筋或变电所结构基础钢筋等自然接地体作为接地装置，并宜敷设以水平接地体为主的人工接地网。自然接地体和人工接地网间应采用不少于两根导体在不同地点相连接。自然接地体与人工接地网的接地电阻值应能分别测量。

5）接地装置至变电所接地线的截面积，不应小于系统中保护地线截面积的最大值。

6）配电变压器低压侧中性点应直接接地。

7）直流牵引供电系统应为不接地系统，牵引变电所中的直流牵引供电设备必须绝缘安装。

8）正常双边供电运行时，站台处走行轨对地电压不应大于120V，车辆基地库线走行轨对地电压不应大于60V。当走行轨对地电压超标时，应采取短时接地措施。

2. 城市轨道交通系统接地的基本原则

1）全线接地按综合接地系统的概念进行设计，使全线形成统一的高低压兼容、强弱电统一的接地系统,满足全线各类设备的工作接地、安全接地与防雷接地要求。

2)满足沿线接触网和馈电线断线可能搭触到设备的安全接地要求。

3)满足各类通信、信号、计算机等弱电设备的工作接地与安全接地要求。

4)满足其他车站设备工作接地与安全接地要求。

5)满足接触网系统工作接地与防雷接地要求。

6)当杂散电流防护设计与安全接地发生矛盾时,优先考虑安全接地。

3. 城市轨道交通接地系统的构成

1)每个车站单独设置一个接地网,供车站各种设备的工作接地、安全接地用。接地电阻满足弱电设备共用接地网时接地电阻要求。

2)沿线电缆支架上敷设一条贯通的金属接地体,供沿线区间电气、通信、信号等机电设备安全接地用。

3)架设架空地线,供接触网系统设备工作接地、安全接地和防雷接地用。

4)牵引回流系统采用浮空不接地方式,钢轨、负回流线、直流开关柜、整流器、负极柜采用绝缘法安装。

5)全线各车站、车辆段和停车场设置钢轨电位限制装置。

4. 城市轨道交通综合接地系统的认知

城市轨道交通接地系统包括:电气设备的工作接地、保护接地、电子信息设备信号电路接地、防雷接地等。从接地装置的要求上,可以共用接地装置,也可以分设接地装置,但分设接地装置时强电和弱电接地装置需要相距20m以上。在分设接地装置时,若距离不能满足要求,将会由于接地装置电位不同带来不安全因素,不同接地导体之间的耦合影响也难以避免,会引起相互干扰,因此,目前城市轨道交通工程多采用综合接地系统。

综合接地系统是指供电系统和需要接地的其他设备系统的工作接地、保护接地、电磁兼容接地和防雷接地等采用共同的接地装置,并实施等电位联结措施。各类接地可以采用单独的接地线,但接地极和"等电位面"是共用的,不存在不同接地系统接地导体之间的耦合问题,也避免了采用不同接地导体时产生的电位不同问题。

如图4-16所示,城市轨道交通综合接地系统一般由共用接地极引出两个接地母线,即一个强电接地母线,一个弱电接地母线,分别用于供电系统和通信信号等弱电系统的各类接地。

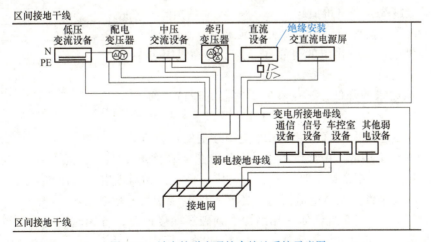

图4-16 城市轨道交通综合接地系统示意图

三、交流供电系统的接地

交流接地系统包括高压、中压和低压配电系统的工作接地、保护接地、防雷及过电压接地等。

城市轨道交通交流供电系统的电压等级有 110kV、35kV、10kV 和 0.4kV 等，其接地内容包括工作接地、电磁兼容接地等功能性接地和电气装置接地、防雷接地、过电压设备接地等保护性接地。

（一）工作接地

交流供电系统的工作接地包括电源中性点、中性线、保护中性线、电流互感器、电压互感器、三工位开关、接地开关等接地。

按接地方式不同，交流供电系统的工作接地分为两种。一种是电源中性点直接接地或小电阻接地方式，因发生单相对地短路时，接地电流较大，也称为大电流接地方式。另一种是电源中性点非直接接地方式，因发生单相对地短路时，接地电流较小，也称为小电流接地方式，包括中性点不接地、中性点经消弧线圈或高电阻接地。

电源中性点、中性线、保护中性线的接地是指主变压器、配电变压器中性点的接地方式，与变电所接地母线是直接连接的关系。

电流互感器、电压互感器、三工位开关、接地开关等设备或电气元件均设在成套开关设备中，这些接地不直接与变电所接地母线单独连接，而是先与开关设备中的接地线相连，然后通过设备的保护接地线与变电所接地母线相连。

1. 中压及以上交流系统的工作接地

（1）中性点直接接地或小电阻接地　中性点直接接地系统如图 4-17 所示，中性点与大地可靠连接，中性点电位在任何状态下均保持为零。当发生单相（例如 L_3 相）接地时，故障相直接经过接地点和接地的中性点短路，故障相接地短路电流的数值较大，继电保护装置立即动作，断路器跳闸，将故障部分切除，因此不会产生间歇性电弧。其特点如下：

1）发生单相接地故障时，故障相电压变为零，非故障相对地电压不变，因而各相对地绝缘只需按相电压考虑即可，无需按线电压考虑。电网的电压等级越高，经济价值越大。

2）发生单相接地故障时，短路电流较大，断路器跳闸，中断供电，影响供电的可靠性。为了提高供电可靠性，广泛采用自动重合闸装置。

电器绝缘要求的降低，不仅降低了电器的造价，而且改善了电器的性能。因此，我国 110kV 及以上高压系统的电源中性点通常采取直接接地或小电阻接地的运行方式。

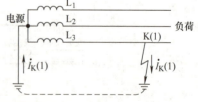

图 4-17　中性点直接接地系统

（2）中性点不接地　中性点不接地系统如图 4-18 所示，其中性点不与大地相连。

1）正常运行。正常运行时，三个相电压对称，三相对地电容电流也是对称的，其相量和为零，所以中性点没有电流流过，各相对地电压就是其相电压。

2）故障运行。当系统任何一相绝缘受到破坏而接地时，各相对地电压、对地电容电流都要发生改变。发生单相（例如 L_3 相）接地时，其特点如下：

① 故障相对地电压降为零，中性点对地电压升高为相电压，非故障相对地电压升高

为线电压。因此，电器绝缘要按线电压设计，且电压等级越高绝缘投资越大。

② 线电压与正常时相同。三相之间的线电压仍然对称，用户的三相用电设备仍能照常运行，但允许继续运行的时间不能超过 2h。

③ 发生单相接地故障时，短路电流较小，不会马上中断供电。接地电流在故障处可能产生稳定的或间歇性的电弧。当接地电流较大时，将形成稳定电弧，成为持续性电弧接地，导致烧毁电气设备或引起相间短路。

当 35kV、66kV 系统的接地电容电流不超过 10A 时，可以采用中性点不接地方式；当 10kV 电缆线路构成的系统接地电容电流不超过 30A 时，可以采用中性点不接地方式；当 10kV 系统为架空线路时，若接地电容电流分别为 10A 或 20A，前者可使用钢筋混凝土、金属杆塔，后者可使用非钢筋混凝土、非金属杆塔。

（3）中性点经消弧线圈或高电阻接地　在中性点不接地系统中，单相接地电流超过规定的数值时，电弧将不能自行熄灭。为了减小接地电流，满足故障点自行灭弧条件，一般采用中性点经消弧线圈接地的措施。消弧线圈是一个具有铁心的可调电感线圈，装设于变压器或发电机的中性点与大地之间，如图 4-19 所示。当发生单相接地故障时，可形成一个与接地电流大小接近相等，但方向相反的电感电流，对接地电流起补偿作用，使接地点的电流减小或接近于零，从而消除了接地点的电弧及由它所产生的危害，确保设备安全可靠运行。类似的中性点经高电阻接地的措施则多用于大型发电机的中性点。

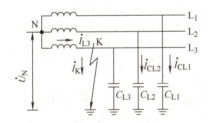

图 4-18　中性点不接地系统

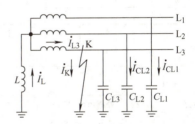

图 4-19　中性点经消弧线圈接地系统

交流高压系统的接地方式由当地城市电力部门确定。目前，城市轨道交通供电系统中，交流 110kV 系统多采用中性点直接接地或经小电阻接地方式；交流中压系统的中性点接地方式既有消弧线圈接地，也有小电阻接地。交流 10～66kV 电压等级采用中性点不接地方式时，接地电容电流不能超过允许值；当接地电容电流超过不接地方式允许值时，则采用中性点经消弧线圈接地方式，但其消弧线圈的容量较大。

2. 低压交流系统的工作接地

低压交流系统的工作接地，分为中性点直接接地和不接地两种方式。在具体形式上，我国采用国际电工委员会（IEC）标准，将工作接地和低压电气设备接地进行组合，形成了 TN、TT、IT 三种接地形式。

TN、TT、IT 中的第一个字母表示电源端与地的关系，含义如下：

T——电源端有一点直接接地，即中性点直接接地。

I——电源端所有带电部分不接地或有一点通过阻抗接地，即中性点不接地。

TN、TT、IT 中的第二个字母表示电气装置的外露可导电部分与地的关系，含义如下：

T——电气装置的外露可导电部分直接接地，此接地点在电气上独立于电源端的接地点。

N——电气装置的外露可导电部分与电源接地点有直接电气连接。

配电系统导线代号及标注如图 4-20 所示。

电源的中性导体（代号 N）有 3 个功能：用来接额定电压为相电压的单相用电设备、用来传导三相系统中的不平衡电流和单相电流、用来减小负荷中性点的电位偏移。

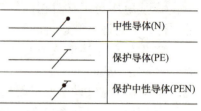

图 4-20　配电系统导线代号及标注

保护导体（代号 PE）：用来保障人身安全、防止发生触电事故用的接地线。

保护中性导体（代号 PEN）：兼有中性导体（N）和保护导体（PE）的功能。保护中性导体在我国通称为"零线"，俗称"地线"。

（1）TN 系统　该系统电源端有一点直接接地，电气装置的外露可导电部分通过中性导体或保护导体连接到此接地点。根据中性导体和保护导体的组合情况，TN 系统有以下 3 种形式：

1）TN-S 系统：整个系统的中性导体和保护导体是分开的，如图 4-21 所示。

2）TN-C 系统：整个系统的中性导体和保护导体是合一的，如图 4-22 所示。

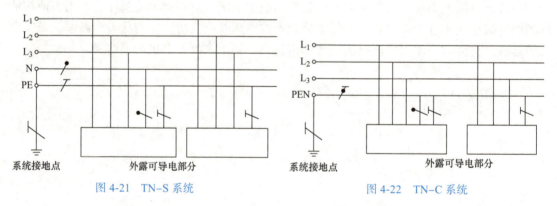

图 4-21　TN-S 系统　　　　　　图 4-22　TN-C 系统

3）TN-C-S 系统：系统中一部分线路的中性导体和保护导体是合一的，如图 4-23 所示。

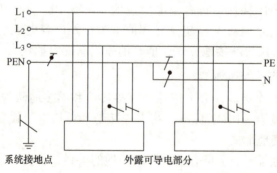

图 4-23　TN-C-S 系统

（2）TT 系统　电源端有一点直接接地，电气装置的外露可导电部分直接接地，此接地点在电气上独立于电源端的接地点，如图 4-24 所示。

（3）IT 系统　电源端的带电部分不接地或有一点通过高阻抗接地，电气装置的外露可导电部分直接接地，如图 4-25 所示。

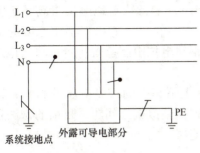
图 4-24 TT 系统

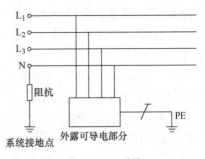
图 4-25 IT 系统

城市轨道交通工程车站低压配电系统的接地形式一般采用 TN-S 系统，在车辆段、停车场可采用 TN-C-S 或 TN-S 系统，也可根据工程实际情况，同时采用局部 TT 系统。

（二）保护接地

交流设备的保护接地就是处理电气装置或电气设备的外露可导电部分，即金属外壳与地的关系。无论系统接地采用什么形式，交流系统电气装置的外露可导电部分均要接地。实施保护接地可以降低预期接触电压，提供接地故障电流回路，为过电压保护装置接地提供条件，实施等电位联结。

对于变电所内的电气设备，接地做法为外露可导电部分直接通过接地线与接地母线进行电气连接。

交流电气设备的接地范围如下：

1）主变压器、牵引变压器、配电变压器的底座和外壳。
2）交流高压封闭式组合电器（GIS）和箱式变电所的金属箱体。
3）中压、低压开关设备的金属外壳。
4）交、直流电源屏的金属外壳。
5）电气用各类金属构架、支架。
6）电缆桥架和金属线槽。
7）电力电缆、控制电缆穿线金属管。
8）电力电缆、控制电缆的金属护套和外铠装等。

四、直流供电系统的接地

城市轨道交通直流接地系统由直流牵引供电系统工作接地、保护接地、防雷及过电压接地组成。

城市轨道交通牵引供电制式采用直流 750V 或直流 1500V，直流牵引供电系统的主要设备有牵引整流器、直流开关设备、上网开关设备、钢轨电位限制装置、接触网、回流轨等。

1. 系统接地方式

城市轨道交通直流牵引供电系统的负极相当于交流系统的中性点，直流牵引供电的工作接地问题就是负极对地关系问题。为减小直流杂散电流对金属结构的腐蚀，直流牵引供电的工作接地采用不接地系统，即正常情况下系统设备的所有正极和负极均与地绝缘。这里的"地"既包括大地也包括结构地。

采用走行轨回流，在直流大双边越区供电情况下，走行轨对地电位将高于正常双边供电，有时会超过允许值。另外，在运行过程中，走行轨也可能出现不明原因的电位升高，此时，为保护乘客及运行人员的安全，可通过钢轨电位限制装置将走行轨与地进行短时电气连接，以钳制走行轨对地电位。

走行轨对地电位超过允许限值时，为避免乘客上下车受到跨步电压的影响，钢轨电位限制装置本应将走行轨与结构地短时连接，但考虑到杂散电流问题，目前的做法是将走行轨与电位同结构地基本相当的外引接地装置短时连接。

2. 牵引变电所内直流牵引供电设备的接地

牵引整流器、直流开关设备，包括进线柜、馈线柜、负极柜和钢轨电位限制装置，都安装于牵引变电所内，其外露可导电部分即金属外壳不与地直接电气连接，而是通过直流框架泄漏保护装置与地形成单点电气连接。

金属外壳与基础槽钢之间设有硬质绝缘板，设备固定采用绝缘安装方法。当系统额定电压为750V时，绝缘电阻一般不小于50kΩ；当额定电压为1500V时，绝缘电阻一般不小于100kΩ。各设备金属外壳之间采用电缆实现电气连接，一般在负极柜接地端子单点通过电缆与直流框架泄漏保护装置连接后，接至变电所接地母线，实现变电所内直流牵引供电设备单点接地。

3. 区间直流上网开关设备的接地

区间直流上网开关（包括区间检修线隔离开关）设备的接地可以有以下4种方式：

1）当上网开关设备设在站台的独立设备房间或牵引变电所内时，纳入直流开关柜的框架泄漏保护中，在发生设备外壳漏电时框架泄漏保护联跳直流馈出断路器。上网开关设备的安装要求与牵引变电所内直流牵引供电设备相同，金属外壳与基础槽钢之间设置硬质绝缘板。这种方式需增加接地电缆。

2）采用非金属绝缘外壳，当柜内发生直流漏电时，设备外壳不会带直流异常电位，也没有杂散电流泄漏问题。这种方式设备投资较高。

3）设备外壳与基础槽钢之间设置硬质绝缘板，设备外壳与附近走行轨电气连接，发生直流漏电时会产生系统正负短路，直流馈线保护装置动作并切除故障，这种方式要求设备操作维护只能在直流停电后进行，所以应用受到限制。

4）设备金属外壳直接与附近的结构钢筋电气连接，相当于交流低压IT系统的接地方式。这种方式需要保证并保持正极对外壳的绝缘，使正常泄漏的直流电流不能对结构钢筋产生腐蚀，并需要在正极碰壳发生时能迅速切除故障或进行报警。

4. 车辆段、停车场直流上网开关设备的接地

车辆段、停车场范围大，直流上网开关设备与检修设备的数量多，分布广，内部金属管线较多。直流上网开关等设备的接地问题可通过在柜内设置绝缘护板、绝缘电缆支架或采用非金属绝缘外壳等措施解决。

任务实施

接地装置和钢轨电位限制装置的维护

1）接地装置的维护。接地装置的维护检查周期一般是每年在雷雨季前检查一次，测

项目4　防雷接地与杂散电流防护装置的认知与维护

量接地电阻值（工频接地电阻应不大于10Ω），看是否合乎要求，并结合上次的测量值分析其变化。每年进行一次全面性维护检查。

教师示范接地装置的检查维护项目，两人为一组，分组按表4-4进行检查维护及验收。

表4-4　接地装置的检查维护

顺序	检查内容	检查是否正常
1	接地体（包括接地线、接地电缆或接地排等）是否有折断、损伤或严重腐蚀	
2	检查电气设备与接地线的连接、接地线与接地网的连接、接地支线与接地干线的连接是否牢固	
3	检查接地点墙面（或土壤）是否受外力影响而有松动	
4	检查接地线的接头与接地线是否完好，其连接是否可靠	
5	检查全部连接点的螺栓是否有松动，并应逐一加以紧固	
6	检查接地线的连接线卡及跨接线等接线是否完好	
7	检查接地点的接地标志是否有脱落或模糊现象，如有脱落或模糊现象应尽快恢复原样以使标志鲜明	
8	做好接地装置的变更、检修、测量等项目内容的记录	

2）钢轨电位限制装置的日常巡视检查。教师示范钢轨电位限制装置的日常巡视检查项目，小组分组按表4-5进行巡视检查及验收。

表4-5　钢轨电位限制装置的日常巡视检查

顺序	日常巡视检查内容	操作情况评价
1	记录NK11动作计数值	
2	检查指示灯显示是否正常，有无故障报警情况	
3	检查车辆通过时，钢轨电位限制装置上的电压表数值是否有变动	

3）钢轨电位限制装置的操作。教师示范不同情况下钢轨电位限制装置操作方法，小组分组按表4-6进行操作及验收。

表4-6　钢轨电位限制装置的操作

操作前提	操作方法	操作情况评价
正常情况	钢轨电位限制装置为自动检测装置，正常情况下，短路器的分合操作由装置自动完成	
装置发生故障	装置发生故障后的应急操作和复位操作，应在生产值班室的指挥下进行	
半月测试	每半月用测试开关分别测试"U>"和"U>>"动作是否正常，如不正常立即报生产值班室要求检修	

事故案例：不按安规要求规范装设接地线

一、简答题

1. 什么是接地？什么是接地装置？
2. 什么是功能性接地？功能性接地包含哪几种类型？

3. 什么是综合接地系统？
4. 名词解释：对地电压、跨步电压、接触电压。

二、不定项选择题

1. 在110kV及以上高压系统的电源中性点广泛采取_____的运行方式。
   A. 直接接地或小电阻接地　　　　B. 不接地
   C. 经消弧线圈接地　　　　　　　D. 经高电阻接地
2. 在35kV系统的接地电容电流不超过10A时，电源中性点常采取_____运行方式。
   A. 直接接地　　　　　　　　　　B. 不接地
   C. 经消弧线圈接地　　　　　　　D. 经高电阻接地
3. 以下属于保护性接地的是_____。
   A. 保护接地　　B. 防雷接地　　C. 工作接地　　D. 电磁兼容接地
4. 城市轨道交通工程车站低压配电系统的接地一般采用_____系统。
   A. TN-C　　　B. TN-S　　　C. TT　　　D. IT

任务 3　杂散电流防护装置的认知与维护

任务描述

认识杂散电流的产生过程，掌握杂散电流的防护原则与方法，分组认识并维护智能排流柜。

任务目标

知识目标	1. 熟悉杂散电流的产生过程 2. 了解杂散电流的危害 3. 掌握杂散电流的防护原则与方法
能力目标	1. 能够认识并维护智能排流柜 2. 能够认识并维护杂散电流监测系统
素质目标	1. 对我国先进技术研发充满自信，创新思维，大胆进行技术改革和创新 2. 学习新设备、新技术，锤炼自主学习探究能力 3. 增强绿色环保节能意识

任务资讯

一、杂散电流的产生

在城市轨道交通供电系统中，电动列车采用直流牵引供电。在理想情况下，牵引电流由牵引变电所的正极出发，经由接触网（接触轨）、电动列车、钢轨（走行轨）、回流线返回牵引变电所负极。由于钢轨与大地之间难以做到完全绝缘，势必造成牵引电流不能全部经由钢轨返回牵引变电所的负极，有一部分牵引电流会泄漏到隧道、道床或埋地金属管线等金属结构上，然后沿着金属结构或土壤回流到牵引变电所（有些泄漏电流甚至不回流而散入大地），这一部分泄漏电流就是杂散电流，也称为迷流。图4-26所示为直流牵引地下杂散电流示意图。

项目4 防雷接地与杂散电流防护装置的认知与维护

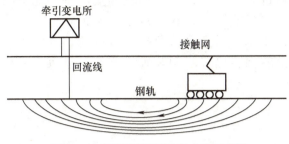

图 4-26 直流牵引地下杂散电流示意图

二、杂散电流的危害

城市轨道交通中的杂散电流是一种有害的电流，其具体的危害体现在以下 4 个方面：

1）引起城市轨道交通附近隧道、道床、建筑物结构钢筋和埋地金属管线等被腐蚀，缩短使用寿命。隧道、道床、建筑物结构钢筋和金属管线等埋于地下，当这些金属体中流过杂散电流时，就会发生电化学腐蚀，杂散电流腐蚀原理如图 4-27 所示。

由图 4-27 可知，杂散电流所经过的路径可等效地看成两个串联的电池。

电池 1：钢轨 A（阳极区）→道床、土壤 B→金属管线 C（阴极区）。

电池 2：金属管线 D（阳极区）→土壤、道床 E→钢轨 F（阴极区）。

当杂散电流由图 4-27 中的两个阳极区钢轨 A 和金属管线 D 流出时，该部位的金属（Fe）便与其周围的物质发生失掉电子的电解反应，这个部位的金属（Fe）就会遭到腐蚀。如果城市轨道交通附近的隧道、道床或其他建筑物的结构钢筋及埋地金属管线长期受到杂散电流的腐蚀，就会被严重损坏，结构钢强度也被破坏，使用寿命缩短。

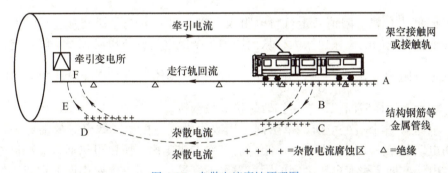

图 4-27 杂散电流腐蚀原理图

2）引起钢轨及其附件的腐蚀。因杂散电流的存在，钢轨及钢轨的一些附件会存在严重腐蚀，尤其是钉入道床的道钉。

3）引起框架泄漏保护装置误动作，影响城市轨道交通的正常运营。若钢轨局部或整体对地的绝缘变差，则钢轨对大地的泄漏电流增大，地下杂散电流增大，此时可能引起牵引变电所的框架保护动作。而框架保护动作会引起牵引变电所的断路器跳闸，导致全所失电，同时还会引起相邻牵引变电所对应的馈线断路器联跳，从而造成较大范围的停电事故，影响城市轨道交通的正常运营。

4）引起钢轨电位限制装置误动作，使用寿命缩短。为了降低城市轨道交通车体与地之间的接触电压和跨步电压，一般在设有牵引变电所的车站和车场会设置钢轨电位限制装置。在钢轨对地电位超过规定值时,可将钢轨和变电所接地母线连接起来,防止钢轨电位过高对人身安全造成威胁。杂散电流会引起钢轨电位升高,导致钢轨电位限制装置会经常误动作,使得牵引变电所负极直接接地,并因此使得原本设置在车站附近作为保护人身安全的钢轨电位限制装置经常作为排流柜使用,缩短了其使用寿命。

三、杂散电流的防护

在工程实际中,杂散电流防护通常采取"以防为主,以排为辅,防排结合,加强监测"的原则。

1. 以防为主

以防为主就是隔离和控制所有可能的杂散电流泄漏途径,减少杂散电流进入城市轨道交通的主体结构、设备及相关设施。通过对杂散电流产生的原因及腐蚀过程的分析,可以得知提高走行轨对地绝缘电阻值及降低走行轨电阻值是治理杂散电流泄漏的两种直接方法。根据杂散电流的估算公式,杂散电流与电动列车到牵引变电所距离的二次方成正比,与回流走行轨的纵向电阻成正比,与电动列车牵引电流成正比,与走行轨对地的过渡电阻成反比。常用的杂散电流防护措施如下:

(1)提高走行轨对地绝缘电阻值 走行轨绝缘性能的好坏是决定杂散电流大小的最主要因素。提高走行轨对地绝缘电阻值,目的就是让牵引电流尽可能多地沿走行轨流回牵引变电所的负极,这样就可以尽量减少牵引电流向外泄漏。走行轨与地之间的绝缘电阻越大,产生的杂散电流越小。提高走行轨对地绝缘电阻值主要有4种方法:在走行轨下设置绝缘垫、让走行轨对地保持一定间隙、合理设置道床排水沟、合理设置道床混凝土。

(2)降低走行轨电阻值 走行轨电阻较大时,回流电流在其上流过时产生的电压降也大,使钢轨对地的电位差也增大,从而增加了杂散电流,所以必须设法降低走行轨的电阻值。根据电阻的公式 $R = \dfrac{\rho L}{S}$,降低走行轨电阻值具体措施有:在设计中选用电阻率低的材料、增大钢轨横截面积、将短钢轨焊接成长钢轨。

(3)合理设置牵引变电所,牵引网采用双边供电 根据杂散电流的估算公式,杂散电流值与电动列车到牵引供电变电所距离的二次方成正比,所以可以通过减小供电距离来降低杂散电流,即牵引变电所之间的距离设置不宜过长。另外,牵引网采用双边供电比单边供电方式杂散电流小,所以供电区间内应尽量采用双边供电模式。

(4)提高牵引网电压 目前我国城市轨道交通牵引供电系统采用的直流供电电压有直流750V和1500V两种,实践证明采用1500V电压比采用750V电压牵引供电产生的杂散电流小。根据功率公式 $P=UI$,直流牵引电压越高,牵引回路电流越小。由于杂散电流与牵引回路电流成正比,增加直流牵引电压可有效降低杂散电流。

2. 以排为辅——设置排流柜

以排为辅就是通过杂散电流的收集及排流系统,提供杂散电流返回至牵引变电所负极母线的通路,防止其继续向本系统外泄漏,以减少腐蚀。因此,在工程建设时适当设置合理的杂散电流收集网及排流装置,在必要时将杂散电流引回牵引变电所的负极。通常设置杂散电流的收集系统,作用是收集由走行轨泄漏出的杂散电流,并通过收集网将杂散电流引导至牵引变电所的负极,防止杂散电流过多地流向主体结构钢筋和其他金属导体。具体方法是在走行轨下的混凝土整体道床内敷设网状钢筋,纵向连通,形成杂散电流的收集网,以建立一条低阻抗的杂散电流收集、排放通路,如图 4-28a 所示。将隧道内区间及车站每个结构段的内表层结构钢筋通过焊接形成杂散电流收集网。

(1) 排流柜作用　一般在正线牵引变电所内设置杂散电流排流柜,常见的排流柜外观如图 4-28b 所示。排流柜的一端与收集网的排流端子连接,另一端通过电缆与牵引变电所负极柜(如图 4-28c 所示)相连接,连接示意图如图 4-28 所示。

图 4-28　排流柜连接示意图

智能排流柜是为减少城市轨道交通杂散电流造成的金属结构电化学腐蚀而设计的专用设备。当排流网中的杂散电流过大时,可通过排流柜直接排入负极母线。排流柜的核心器件为硅二极管。利用硅二极管正向导通反向截止的特性,实现杂散电流的极性排流。极性排流是指只有当需排流的金属结构相对于钢轨的负极母线电位为正时,二极管正向导通,才有电流通过,把走行轨泄漏到金属结构上的杂散电流直接排到负母线上,从而减少杂散电流的腐蚀。除了主回路外,排流柜另配有保护和检测电路。检测回路由一个单片机控制系统来控制,可以采集排流柜的工作电压、工作电流以及主回路的故障状态,通过 RS-485 接口远传到杂散电流自动监测系统的上位机中,在控制室可实时观察排流柜的工作情况。排流柜可与杂散电流监测系统配套使用,也可以独立使用。

(2) KDPL 系列智能排流柜工作原理　KDPL 系列智能排流柜工作原理如图 4-29 所示,排流柜由主回路和检测控制用的单片机控制系统两部分组成。主回路的核心由硅二极管 VD 组成,在主回路中串联了 1 个电阻 R 用于调节排流电流大小。开关 S 可以人工或通过单片机自动控制实现排流。主回路串联了一个带辅助触点的快速熔断器 FU 和一个分流器 FL,它们与 RC 回路共同组成了保护系统。其中短路保护采用熔断器保护和反向电压保护,当出现短路时,快速熔断器 FU 首先熔断,保护二极管不受损坏,同时通过熔断器本身所带的触点发出信号。另外,在每个二极管另一端设有分流器 FL,当二极管击穿而快速熔断器未熔断时,依靠逆向电流通过分流器测得的数据可知二极管故障,此保护与快速熔断器形成可靠的保护系统,以确保在二极管发生故障时能可靠地发出信号。

单片机控制系统由电流变送电路和开关量变送电路构成输入检测电路,把排流电流转换为数字量送入存储器存储,并实时检测快速熔断器 FU 的状态,单片机控制系统自身带有数码管和发光二极管,可显示被测电压、电流及工作状态。

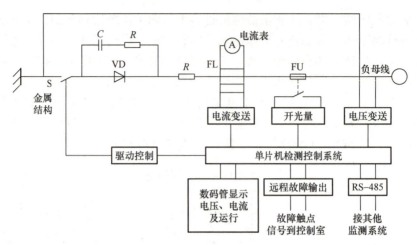

图 4-29 KDPL 系列智能排流柜工作原理

（3）KDPL 系列智能排流柜面板认识　如图 4-30a 所示，智能排流柜面板上排分别为报警指示灯、电源指示灯、电压表。

报警指示灯——当排流柜连续排流时间超过 30s 时，该指示灯亮，发出报警信号。

电源指示灯——当排流柜所需工作电源 DC 220V 供电时，电源指示灯亮。

电压表——主要完成排流母排与地之间的电压测量。

左门上装有控制器，其外观如图 4-30b 所示，它是 KDPL 智能排流柜的重要组成部分，主要用于对智能排流柜主回路工作状态的检测，排流电流大小的检测，接收杂散电流监测系统的排流命令，并把排流电流值和排流柜的工作状态、故障信息远程传到杂散电流监测系统。排流柜智能控制器的核心为一个单片机控制系统，可以实时检测 5 路排流回路的排流电流、各排流回路控制接触器的状态和各保护回路中快速熔断器的状态。控制器面板上共有 12 个发光二极管，用于表示系统的工作状态及故障信息，各个发光二极管表示的含义如下：

POW 为控制板的 5V 电源指示。

RUN 为控制器运行指示，正常工作时一明一暗闪烁。

D1、D2、D3、D4、D5 分别表示排流 1、排流 2、排流 3、排流 4、地排流对应的二极管故障指示，灯亮表示故障。

FU1、FU2、FU3、FU4、FU5 分别表示排流 1、排流 2、排流 3、排流 4、地排流对应的保险故障指示，灯亮表示故障。

右门上共 5 个指示灯和 10 个按钮，排成 3 行 5 列，分别代表排流 1、排流 2、排流 3、排流 4、地排流的指示灯、启动按钮和停止按钮。例如当按下排流 1 的启动按钮时，排流 1 的状态指示灯亮，启动排流，当按下停止按钮时，排流 1 的状态指示灯灭，停止排流。

3. 防排结合，加强监测

防排结合，加强监测就是要有完备的杂散电流监测系统，实时监视、测量杂散电流的大小，一旦发现杂散电流过高则采取一定的对策来减轻其危害。

下面以某地铁杂散电流监测系统为例，介绍其组成及各部分功能，杂散电流监测系统示意图如图 4-31 所示。杂散电流防护采取正线走行轨绝缘安装，利用道床设置杂散电流收集网，变电所设置排流柜的综合防护措施。设置杂散电流监测系统，通过监测道床和地下结构杂散电流收集网极化电位等数据，实现对地铁杂散电流分布的综合监测，为运营维护部门判断杂散电流防护系统状况提供依据。

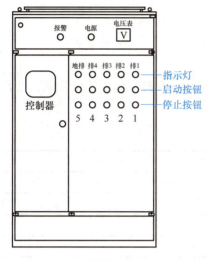

a) 智能排流柜面板

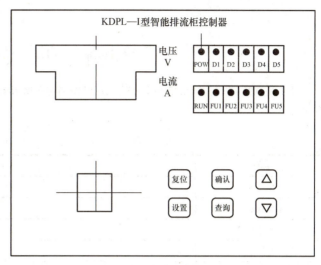

b) 智能排流柜控制器

图 4-30　KDPL 系列智能排流柜面板及控制器

系统的构成如下：杂散电流监测系统采用变电所监测和控制中心集中监测二级监测系统。杂散电流防护系统主要由参比电极、整体道床测防端子、地下结构测防端子、测量线、传感器、通信电缆、信号转接器和监测装置等组成。

全线在各车站混合变电所内分别设置 1 台杂散电流监测装置，该装置经过通信电缆与转接器相连。转接器下连传感器，各监测

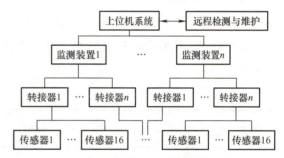

图 4-31　某地铁杂散电流监测系统示意图

点传感器经由测量线与该点结构钢和整体道床测防端子（地下结构测防端子）对应的参比电极相连，实现对该分区结构和整体道床结构钢筋的极化电位数据采集、数据统计并上传至转接器，再由转接器将数据整合后上传至监测装置处理。杂散电流监测装置通过变电所内通信网络与电力监控系统接口，将处理和统计后的数据传至监控中心。

（1）传感器　传感器主要完成参比电极、道床及隧道侧壁结构钢筋电压信号的监测。参比电极是指测量各种电极电势作为参照比较的电极。

（2）信号转接器　信号转接器主要用于传感器与监测装置间信号的传输转换，以保证信号远距离传输，每个转接器可以连接 16 个传感器。该装置每隔 0.5h 将各传感器传输的数据存储于存储器中，并送入监测装置，保证系统的实时测量。监测装置可通过该信号转接器向所连接的传感器发布校正本体电位命令。信号转接器安装后应不影响行车安全。

（3）监测装置　监测装置输入端与信号转接器的通信电缆相连，输出端与 SCADA 进行通信。每个监测装置和本供电区间的信号转接器、传感器组成监测网络，收集传感器的监测数据，完成相应参数的计算，同时可向上位计算机传输数据。

（4）上位机系统　上位机系统具有查询、统计功能，可实时查询杂散电流，并能够

与远方的杂散电流监控主机通信，实现远程的检测与维护。

任务实施

智能排流柜的认识与维护

1）KDPL 系列排流柜的认识。认识图 4-30 所示的 KDPL 系列智能排流柜面板，完成表 4-7。

表 4-7 智能排流柜面板部件和功能

部件	功能
电压表	
电源指示灯	
报警指示灯	
控制器	
第一行：5 个指示灯	
第二行：5 个按钮	
第三行：5 个按钮	

2）KDPL 系列排流柜的维护。教师示范排流柜的维护项目，小组分组按表 4-8 进行维护及验收。

表 4-8 排流柜的维护

顺序	检查内容	检查结果 是否正常
1	检查智能仪表指示的状态是否正常	
2	检查所有连接紧固零件有无松动现象	
3	检查所有二次回路连接是否完好	
4	检查控制接触器是否正常吸合	

拓展阅读

任务检测

宁波轨道交通开启"全自动运行"时代

一、填空题

1. 排流柜的核心部件是_____。
2. 排流柜的一端与_____连接，另一端通过电缆与_____。
3. 典型的杂散电流监测系统结构通常包含_____、_____、_____、_____4 个部分。

二、简答题

1. 杂散电流是怎么产生的？
2. 杂散电流有哪些危害？
3. 简述杂散电流的防护原则。

项目 5　城市轨道交通变电所电气主接线的识图分析与设备认知

任务 1　电气主接线的识图与分析

任务描述

认识并能绘制常用一次设备的图形和文字符号，认识并分析典型的 35kV 变电所电气主接线图。

任务目标

知识目标	1. 熟悉电气主接线的含义和基本要求 2. 掌握常用一次设备的功能、图形符号和文字符号 3. 熟悉电气主接线的类型和适用场合
能力目标	1. 认识并能绘制常用一次设备图形和文字符号 2. 能够认识并分析线路变压器组接线和桥形接线 3. 能够认识并分析单母线接线 4. 能够识读与分析典型变电所的电气主接线图
素质目标	1. 弘扬劳模吃苦耐劳、不断创新的精神 2. 培养不畏困难、刻苦钻研的习惯

任务资讯

一、电气主接线概述

将一次设备（包括断路器、隔离开关、互感器、避雷器、变压器、母线和电缆等）按一定顺序连接起来用于表示接受和分配电能的电路，称为电气主接线。

1. 电气主接线基本要求

（1）安全性　符合国家标准和有关设计规范的要求，能充分保证在进行各种操作和维护检修时工作人员的人身安全和设备安全。

（2）可靠性　满足不同负荷对供电可靠性的要求。

（3）灵活性　电气主接线中任一电气元件检修、试验时，该电气元件可以很容易地退出运行，并且不影响其他电气元件正常工作。

（4）经济性　在满足上述要求的前提下，电气主接线应力求简单，使投资最省、运行费用最低，并且节约电能和金属材料，尽量减少占地面积，且便于以后的扩建。

2. 电气主接线的作用

电气主接线反映了变配电所的基本结构和性能，在运行中表明电能的输送、分配关系和一次设备的运行方式，成为实际运行操作的依据。

3. 电气主接线图

电气主接线图是按国家规定的图形符号和文字符号画出的电气接线图，又称为一次接线图。电气主接线因为三相对称，一般用单线图表示。单线图是表示三相交流电气装置中一相连接顺序的图。局部图如互感器，由于三相不完全对称，则用三线图表示。

4. 电气主接线图中常用电气设备的文字与图形符号

常用电气设备的文字符号与图形符号见表 5-1。

表 5-1　常用电气设备的文字符号与图形符号

设备名称	文字符号	图形符号	设备名称	文字符号	图形符号
刀开关	QK		母线（汇流排）	W 或 WB	
熔断器式刀开关	QKF		导线、线路	W 或 WL	
断路器	QF		电缆及其终端头		
隔离开关	QS		交流发电机	G	
负荷开关	QL		交流电动机	M	
熔断器	FU		单相变压器	T	
熔断器式隔离开关	FD		电压互感器	TV	
熔断器式负荷开关	FDL		三绕组变压器	T	
避雷器	F		三绕组电压互感器	TV	
三相变压器	T		电抗器	L	
电流互感器（具有一个二次绕组）	TA		电容器	C	

(续)

设备名称	文字符号	图形符号	设备名称	文字符号	图形符号
电流互感器（具有两个铁心和两个二次绕组）	TA		三相导线		

二、电气主接线的分类

变电所电气主接线的基本环节包含电源（进线）、变压器和馈出线，它们之间的连接是电气主接线的主体。当同一电压等级配电装置中的进出线数目较多时，需设置母线作为中间环节。母线是接收和分配电能的装置，也是电气主接线和配电装置的重要环节。电气主接线一般按有无母线分类，分为无母线和有母线两大类。

无母线型电气主接线形式主要有单元接线、桥形接线和角形接线等。

有母线型电气主接线形式包括单母线接线和双母线接线。单母线又分为单母线不分段、单母线分段、单母线带旁路母线等接线形式；双母线分为普通双母线、双母线分段、3/2 断路器双母线及带旁路母线双母线等接线形式。

三、无母线型电气主接线常见形式

1. 单元接线

（1）结构　单元接线又称为线路–变压器组接线。电源线路（或发电机）与变压器直接连接成一个单元，组成线路–变压器组，如图 5-1 所示。图 5-2 所示为变电所单元接线实物图。电源进线装有断路器和隔离开关，断路器用于正常工作时投切该回路及故障时切除该回路，隔离开关用于在切断电路时建立明显可见的断开点，将电源与停运设备可靠隔离，以保证检修安全。

（2）特点　单元接线的优点是接线简单清晰、设备少、占地少且经济性好；缺点是运行可靠性和灵活性较差。

（3）适用范围　一个线路–变压器组接线一般用于可靠性要求不高的三级负荷。

图 5-1　单元接线

图 5-2　变电所单元接线实物图

2. 桥形接线

（1）结构　桥形接线如图 5-3 所示，两条电源引入线分别经断路器接入两台主变压器，在两条电源引入线间用带断路器的桥臂将它们连接起来，即构成桥式接线。带断路器的桥臂通常称为连接桥。由断路器 QF_3 及其两侧的隔离开关组成，QF_3 称为联络断路器，正常运行时可以处于接通或断开状态（由系统运行方式决定）。根据连接桥安装位置的不同可分为内桥接线和外桥接线。

（2）内桥接线　内桥接线如图5-3a所示，连接桥置于线路断路器QF_1、QF_2的内侧，靠近主变压器T_1、T_2。连接桥与主变压器之间设置隔离开关，方便变压器故障或检修时进行故障隔离。为了提高内桥接线的可靠性和运行的灵活性，一般在进线断路器外侧再设置一条带隔离开关的桥臂，称为跨条（如图5-3a中虚线QS_2和QS_3所示）。内桥接线具有如下特点：

1）当一条线路发生故障时，只有该线路侧的断路器跳闸，其余3条支路仍然能正常工作。例如WL_1发生故障时，仅故障线路的断路器QF_1跳闸。

2）需要切除或投入一条线路时，只要将该线路侧的断路器断开或接通即可，其余3条支路仍然能正常工作。例如WL_1需要切除时，直接切除断路器QF_1即可。

3）当一台变压器如T_1发生故障时，连接桥断路器QF_3及与故障变压器同侧的线路断路器QF_1均自动跳闸，导致未故障线路WL_1受到影响。要先将故障变压器对应的隔离开关QS_1断开，再接通故障变压器对应的断路器QF_1和连接桥断路器QF_3，然后才能恢复该线路的供电。

4）需要切除一台变压器如T_1时，要先断开该线路的断路器QF_1和连接桥断路器QF_3，然后再断开变压器对应的隔离开关QS_1，最后再接通该回路断路器QF_1和连接桥断路器QF_3，才能恢复WL_1的供电。

显然，内桥接线在线路故障或切除投入时，不影响其余支路运行且操作简单，但在变压器故障或切换时，要使相应回路停电且操作复杂。所以内桥接线适用于输电线路较长、线路故障率较高和变压器不需要经常切换的场合。

（3）外桥接线　外桥接线如图5-3b所示，连接桥置于线路断路器QF_1、QF_2的外侧，靠近电源进线侧。连接桥与电源进线之间设置隔离开关，方便电源进线故障或检修时进行故障隔离。外桥接线在运行中的特点与内桥接线相反：在线路故障或切除投入时，要使相应变压器短时停电且操作复杂，但在变压器故障或切换时不影响其余支路供电且操作简单。所以这种接线适用于线路较短、线路故障率较低和变压器需要经常切换的场合。

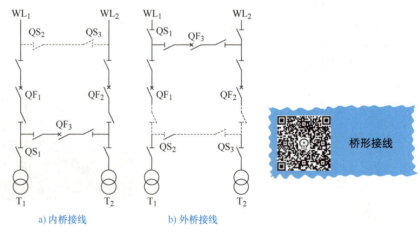

a) 内桥接线　　　b) 外桥接线

图5-3　桥形接线

四、有母线型电气主接线常见形式

1. 单母线接线

（1）单母线不分段接线

图5-4所示为单母线不分段接线形式，有2路电源进线、4路馈出线。

1）结构特征：只有一组母线 W，所有电源和出线回路都经过开关电器连接在该母线上并列运行。

2）主要优点：接线简单清晰，设备少，操作方便，造价便宜，只要配电装置留有余地，母线可以向两端延伸，扩展性好。

3）主要缺点：可靠性和灵活性都较差。

① 母线或母线隔离开关检修时，全部回路均需停运。

② 母线或母线隔离开关故障时，全部回路均需停运。

③ 任一断路器检修时，其所在回路将会停运。

4）适用范围：单母线不分段接线只能用于对供电可靠性要求不高的小容量发电厂和变电所中。

（2）单母线分段接线

1）结构特征：用断路器、隔离开关将母线分成两段或两个以上区段的单母线接线称为单母线分段接线，如图5-5所示，QF_d 称为分段断路器，又称为母线联络断路器，它将母线 W 分成两段单母线，当可靠性要求不高时，也可利用分段隔离开关 QS_d 进行分段。

2）运行方式：

① QF_d 及两侧隔离开关均闭合，任一段母线发生故障时，分段断路器 QF_d 在继电保护装置作用下自动跳闸，将故障段与非故障段母线分开，保障非故障段母线继续运行，缩小了母线故障的停电范围。

② QF_d 两侧隔离开关闭合，而 QF_d 断开，左右两段母线相互独立而同时并列运行。

3）主要优点：

① 任一段母线检修时，另一段母线可照常运行。

② 任一段母线故障时，继电保护装置可使分段断路器分闸，保障非故障段母线继续运行，减小了母线故障影响范围，其可靠性比单母线不分段接线有了较大提高。

③ 接线简单清晰，经济性较好。

4）主要缺点：

① 任一段母线或母线隔离开关故障或者检修时，该段母线上的所有回路均需停电。

② 任一断路器检修时，该断路器所在回路将停电。

5）适用范围：中、小容量发电厂和进出线回路数较多的 6～220kV 变电所中。

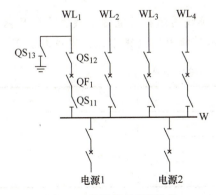

图 5-4 单母线不分段接线

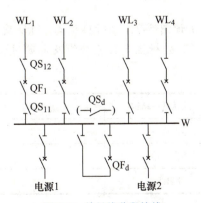

图 5-5 单母线分段接线

2. 双母线接线

（1）结构特征　双母线接线如图5-6所示。

1）设置两组母线 W_1、W_2，两组母线间通过母线联络断路器 QF_c 相连。

2）每个回路的进出线均经一台断路器和两组母线隔离开关分别接至两组母线。

（2）运行方式

1）一组母线工作，另一组母线备用。所有电源和出线接于工作母线上，母线联络断路器 QF_c 断开，按单母线方式运行，此时只闭合与工作母线相连的隔离开关，而与备用母线相连的隔离开关断开，当工作母线检修或故障时切换至备用母线供电。

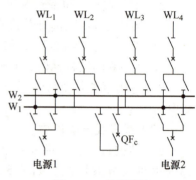

图 5-6　双母线接线

2）两组母线同时工作。将母线联络断路器两侧的隔离开关及 QF_c 合闸，进出线均衡地分配在两组母线上，相当于单母线分段的运行方式。当一组母线故障时，在继电保护装置作用下，母线联络断路器断开，仅停与故障母线相连的负荷。

（3）特点

优点：由于每个回路均可以换接至两组母线的任一组上运行，使得双母线接线的可靠性和灵活性大大提高，任一组母线检修或故障时可切换至备用母线供电。

缺点：

1）检修任一回路断路器时，该回路仍需停电。

2）变更运行方式时，操作步骤较为复杂，容易出现误操作。

3）增加了大量的母线隔离开关和母线长度，双母线配电装置结构较复杂，占地面积大，投资大。

（4）适用范围　双母线接线用于对可靠性要求较高、进出线回路数较多的 35～220kV 变电所中。

任务实施

典型的 35kV 变电所电气主接线识图与分析

1）读图5-7，分析典型的35kV变电所电气主接线图结构（电源进线、主变压器、馈出线），并分析主变压器功能及电源进线、主变压器、馈出线接线方式，完成表5-2。

表 5-2　典型的 35kV 变电所电气主接线图分析

电气主接线图结构	接线方式	主变压器功能
电源进线		
主变压器		
馈出线		

2）读图5-7，简要说明断路器、隔离开关、避雷器、熔断器和电容器的功能，完成表5-3。

项目 5　城市轨道交通变电所电气主接线的识图分析与设备认知

表 5-3　常用一次设备符号和功能

设备	文字符号	图形符号	功能
断路器			
隔离开关			
避雷器			
熔断器			
电容器			

3）读图 5-7，认识常用电流互感器（设有两个二次侧绕组）和电压互感器的接线方式并画出对应的简化符号，说明其适用场合，完成表 5-4 和表 5-5。

表 5-4　电流互感器常用接线方式和适用场合

电流互感器常用接线方式	简化符号	适用场合
单相联结		
两相 V 联结		
三相完全星形联结		

表 5-5　电压互感器常用接线方式和适用场合

电压互感器常用接线方式	简化符号	适用场合
单相联结		
V/V 联结		
Y_0/Y_0 联结		
三相五柱式联结		

4）读图 5-7，分析该电气主接线图中电压互感器 TV_1、TV_3、TV_4、TV_6 接线方式和功能，分析电流互感器 TA_{11}、TA_{32} 接线方式和功能，完成表 5-6。

表 5-6　互感器接线方式和功能

互感器	接线方式	功能
TV_1		
TV_3		
TV_4		
TV_6		
TA_{11}		
TA_{32}		

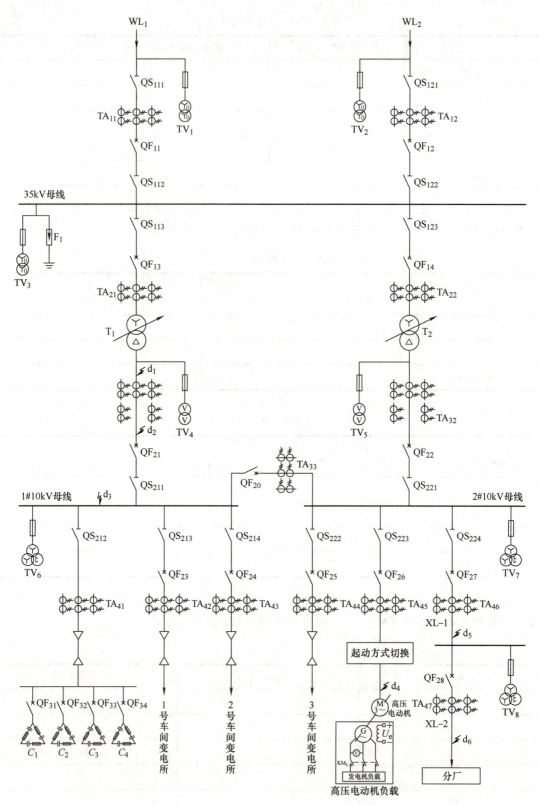

图 5-7 典型的 35kV 变电所电气主接线图

项目 5 城市轨道交通变电所电气主接线的识图分析与设备认知

道德模范曾光——身边的电力守护者

一、不定项选择题

1. 电气主接线的基本要求是_____。
   A. 安全　　　　　B. 可靠　　　　　C. 灵活　　　　　D. 经济
2. 内桥接线是指连接桥靠近_____侧。
   A. 主变压器　　　B. 电源进线　　　C. 馈出线　　　　D. 以上都不对
3. _____接线适用于线路较短、线路故障率较低和变压器需要经常切换的场合。
   A. 内桥　　　　　B. 外桥　　　　　C. 单母线　　　　D. 双母线
4. _____接线最复杂，但可靠性和灵活性高。
   A. 内桥　　　　　B. 外桥　　　　　C. 单母线　　　　D. 双母线

二、简答题

1. 什么是电气主接线？它有什么作用？
2. 什么是母线？电气主接线按有无母线分为哪几类？
3. 单母线分段接线有哪些优缺点？适合于什么样的场合？

任务 2　城市轨道交通主变电所电气主接线的识图分析与设备认知

任务描述

两人一组，分组识读典型的主变电所电气主接线图，分析主变电所正常和非正常运行方式，对照电气主接线图，认识主变电所主要的一次设备。

任务目标

知识目标	1. 掌握主变电所功能 2. 熟悉主变电所高压侧、中压侧常见电气主接线形式 3. 明确主变电所常用一次设备及功能
能力目标	1. 能够识读典型的主变电所电气主接线图 2. 能够正确分析主变电所正常和非正常运行方式 3. 能够认识主变电所常用一次设备
素质目标	1. 积极学习新设备、新技术，培养自主学习探究习惯，练就过硬的本领，适应社会的需求 2. 培养节能和绿色环保意识

任务资讯

一、主变电所总体认识

主变电所的功能是将从城市电网获取的三相交流 110kV 高压降为三相交流 35kV 或

10kV 中压，供给沿线的牵引变电所和降压变电所。

城市轨道交通的主变电所一般沿线路布置，便于电缆线路的引入引出和设备运输。一般根据线路末端的电压损失要求来确定主变电所的数量。城市轨道交通供电系统按一级负荷设计，为保证供电的可靠性，通常设置两座或两座以上主变电所。当一座主变电所发生故障解列时，剩余主变电所应能承担全线牵引负荷及动力照明一、二级负荷。

每个主变电所要求必须有两路互为备用的独立进线电源以保证不间断供电。对于进线电源的容量，要满足正常和故障要求。正常时，两路进线电源分列运行，互为备用；当一路电源故障时，另一路电源不应同时受到损坏，其容量应满足该主变电所全部一、二级负荷供电要求。

主变电所设置两台主变压器，互为备用。正常时，两台主变压器同时并列运行，各负担 50% 的用电负荷；当一台主变压器发生故障时，另一台主变压器应能满足其供电范围内高峰小时牵引负荷和动力照明、二级负荷的供电要求。

二、主变电所电气主接线

1. 110kV 高压侧常见电气主接线形式

主变电所高压侧设置两路 110kV 电源进线，可以都是专线，也可以是一路专线、另一路"T"接，并设置两台主变压器，常采用 Yd 联结。正常时，两路高压 110kV 电源进线及两台主变压器同时供电，并列运行。

（1）线路-变压器组接线　城市轨道交通主变电所为提高供电的可靠性，一般采用两个线路-变压器组接线，即两路电源进线 WL_1、WL_2 分别和两台主变压器 T_1、T_2 直接相连，如图 5-8 所示。正常运行时，两路电源进线同时供电，两台主变压器同时并列运行。即进线电源 WL_1 通过一组开关电器供给主变压器 T_1；进线电源 WL_2 供给主变压器 T_2。线路-变压器组接线只配置两个设备单元，这种接线的优点是运行可靠，接线简单，高压设备少，占地少，所以经济性好。不足之处是当电源线路故障检修时，主变压器也会被迫停运，影响负荷供电的可靠性。

主变电所电气主接线运行方式

线路-变压器组接线适用范围：主变电所不设高压配电装置，一台主变压器退出运行时，其他主变压器能承担主变电所供电范围内的全部一、二级负荷。这种接线形式被广泛应用于城市轨道交通主变电所中。

（2）内桥接线　图 5-9 所示为高压侧采用内桥接线形式，即 110kV 进线电源 WL_1 通过一组开关电器连接主变压器 T_1，进线电源 WL_2 通过一组开关电器连接主变压器 T_2。在 WL_1 和 WL_2 之间通过连接桥相互联络，因连接桥靠近变压器侧，所以构成了内桥接线。连接桥与主变压器之间设置隔离开关，方便变压器故障或检修时进行故障隔离。正常运行时，连接桥断路器断开，类似于单元接线，两路进线电源各带一台主变压器。

因内桥接线的线路侧装有断路器，线路的投入和切除非常方便。当一条电源进线发生故障时，只有该线路侧的断路器跳闸，不影响另一条回路正常工作。需要时可以合上连接桥断路器，由一路电源进线带两台主变压器。但主变压器故障时，则与该故障主变压器同侧的线路断路器和连接桥断路器均自动跳闸，从而影响了未故障线路的正常运行。

内桥接线适用于电源线路较长、线路故障率较高和变压器不需要经常切换的场合。在城市轨道交通供电中，因主变压器故障概率比线路低，且不需要经常切换，所以内桥接线也经常应用于城市轨道交通主变电所中。

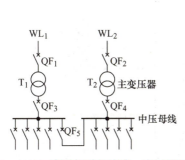
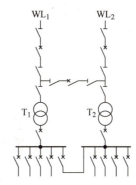

图 5-8　110kV 高压侧采用线路 – 变压器组接线　　　图 5-9　110kV 高压侧采用内桥接线

2. 中压侧电气主接线

城市轨道交通主变电所中压侧广泛采用单母线断路器分段接线方式,如图 5-8 所示。

(1) 正常运行方式　在正常情况下,两路进线 WL_1 和 WL_2、两台主变压器 T_1 和 T_2 分列运行,分别给中压侧左右两段母线供电,此时 QF_1 和 QF_3 闭合、QF_2 和 QF_4 闭合,而母线联络断路器 QF_5 断开,两段中压母线分列运行,通过馈线侧断路器将中压电源馈出至牵引变电所和降压变电所。

(2) 一路高压进线或一台主变压器故障　当一路高压进线 WL_1 或一台主变压器 T_1 故障时,由继电保护装置带动故障所在回路断路器 QF_1 和 QF_3 自动跳闸,由母联备自投装置带动母线联络断路器 QF_5 自动合闸,此时由另一路进线 WL_2 经主变压器 T_2 给左右两侧的中压母线供电,保障本主变电所范围内的全部一、二级负荷的供电。

三、典型的主变电所电气主接线识图及运行方式分析

1. 主变电所的电气主接线结构

某地铁 110kV 主变电所电气主接线如图 5-10 所示。

(1) 110kV 高压侧　该主变电所 110kV 高压侧采用了两个线路 – 变压器组接线,两路电源进线分别供给两台主变压器,两台主变压器并列运行。

(2) 主变压器　两台主变压器采用 Yd 联结,功能是将外部电源供给的三相交流 110kV 电压变换为三相交流 35kV 电压。110kV 高压侧星形联结绕组中性点采用避雷器加保护间隙,同时经隔离开关接地的方式。

(3) 中压侧　中压侧采用了单母线断路器分段接线。中压侧有 10 路馈出线,分别对称地接在左右两段 35kV 母线上,供给城市轨道交通沿线的牵引变电所和降压变电所。另外,有 2 路馈出线经过断路器 341 和 342 接 1# 和 2# 所用变压器,所用变压器将三相交流 35kV 电压变换为三相交流 0.4kV 电压,用于满足主变电所自身的交、直流负荷用电;2 路馈出线经过断路器 343 和 344 接 1# 和 2# 接地变压器;2 路馈出线经过断路器 331 和 332 接 1# 和 2#SVG 装置,用于动态无功补偿,提高功率因数。

2. 运行方式

(1) 主变电所正常运行方式　正常运行时,110kV 系统两路电源同时供电,两台主变压器同时运行,两路电源进线和主变压器分列运行。1# 电源经过开关电器 1013、101、1011 连接 #1 主变压器,经过开关电器 301、3011 供给 35kV 系统Ⅰ段母线;2# 电源经过开关电器 1023、102、1021 连接 #2 主变压器,经过开关电器 302、3021 供给 35kV 系统Ⅱ段母线。

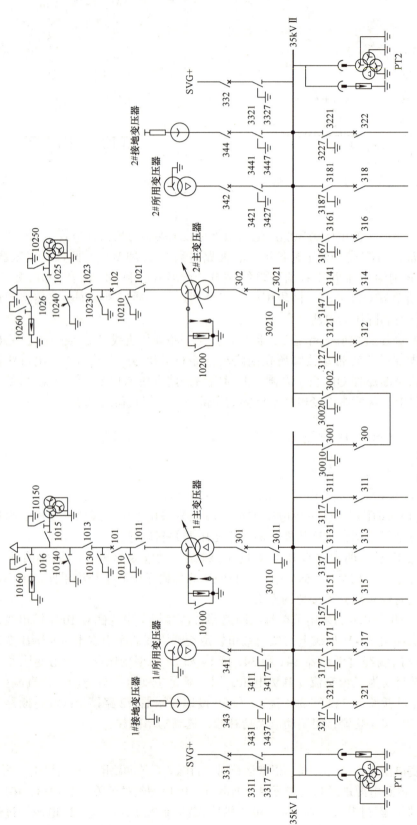

图 5-10 某地铁 110kV 主变电所电气主接线

35kV 系统Ⅰ、Ⅱ段母线分列运行，分段断路器 300 断开。35kV 分段断路器装有母联备自投装置，正常时应将方式选择开关置于自动位置。通过馈线侧断路器 311、313、315、317、321 和 312、314、316、318、322 将 35kV Ⅰ、Ⅱ段母线的电能输送至城市轨道交通沿线的牵引变电所和降压变电所。

（2）主变电所非正常运行方式　当一路 110kV 进线电源或者一台主变压器故障退出运行时，35kV 分段断路器 300 的母联备自投装置自动投入（即断路器 300 自动闭合），由另一路进线电源和主变压器同时供 35kV Ⅰ、Ⅱ段母线运行，承担本变电所范围内的全部Ⅰ、Ⅱ级负荷供电任务。

四、主变电所典型一次设备认知

主变电所一次设备主要包含 110kV GIS 组合电器、主变压器、中压交流开关柜和所用变压器，部分主变电所还装有接地变压器、SVG 装置。

1. 110kV GIS 组合电器

110kV 侧配电装置常采用户内安装的 GIS 组合电器，即 SF_6 全封闭组合电器，如图 5-11 所示，其中图 5-11a 所示为 110kV GIS 组合电器整体示意图，图 5-11b 所示为 GIS 组合电器外形，图 5-11c 所示为 GIS 组合电器就地控制柜。GIS 组合电器中主要包含断路器、隔离开关、接地开关、互感器和避雷器等，对应着图 5-10 所示主变电所电气主接线图中主变压器之前的所有一次设备。110kV GIS 组合电器常采用 SF_6 气体断路器，配弹簧操动机构。采用 GIS 组合电器，不仅运行安全、可靠性高，而且结构紧凑、外形美观、设备占用空间小。

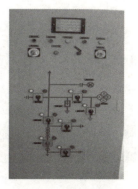

a) 110kV GIS 组合电器整体示意图　　b) GIS 组合电器外形　　c) GIS 组合电器就地控制柜

图 5-11　110kV GIS 组合电器

2. 主变压器

主变压器是城市轨道交通主变电所最重要的电气设备，常采用三相油浸式有载调压变压器，采用 Yd 联结。110kV 侧绕组中性点常采用避雷器加保护间隙同时经隔离开关接地的方式，如图 5-12 所示，左侧为保护间隙，中间为避雷器，右侧为隔离开关，同时变压器还带有载调压开关和自动调压装置；主变压器 35kV 或 10kV 中压侧采用三角形联结。

图 5-12　110kV 侧中性点接地方式

3. 中压 35kV 或 10kV 交流开关柜

中压侧电压为 35kV 时，配电装置常采用 GIS 开关柜，且均为三相分箱式，如图 5-13 所示。35kV 断路器采用真空断路器，操动机构为弹簧储能式或弹簧液压式，隔离开关一般采用三工位隔离开关。

中压侧电压为 10kV 时，中压交流开关柜常为空气绝缘的金属铠装开关柜，且被隔板分成母线室、断路器手车室、电缆室和继电器仪表室等不同的功能隔室。交流开关柜根据断路器手车的放置位置又可以分为落地式和中置式两种。

4. 所用变压器

所用变压器容量较小，一般采用干式变压器，单独放置在户内，如图 5-14 所示，用于满足主变电所自身的交、直流负荷用电。

图 5-13　中压交流开关柜

图 5-14　所用变压器

5. 接地变压器（部分主变电所装设）

接地变压器的作用是为中性点不接地的一侧系统提供一个人为的中性点，便于采用消弧线圈或小电阻的接地方式，满足系统在该侧的接地要求。目前常采用 Z 型（曲折型）接地变压器经消弧线圈或小电阻接地，如图 5-10 所示电气主接线中，馈出线经过断路器 343 和 344 接 1# 和 2# 接地变压器。

6. SVG 装置（部分主变电所装设）

静止无功发生器 SVG 是指采用全控型电力电子器件组成的桥式变流器进行动态无功补偿的装置。它能够迅速吸收或者发出所需无功功率，实现快速动态调节无功功率的目的。SVG 不仅可以补偿基波无功电流，而且可对谐波电流进行跟踪补偿，在中、低压动态无功补偿与谐波治理领域得到了广泛应用。

项目 5　城市轨道交通变电所电气主接线的识图分析与设备认知

任务实施

典型的主变电所电气主接线识图及设备认知

1）读图 5-10，分析主变电所电气主接线的结构，完成表 5-7。

表 5-7　主变电所电气主接线的结构

电气主接线	数量	接线方式	主变压器功能
110kV 进线侧			
主变压器			
35kV 馈出线			

2）读图 5-10，图中的 3011、30110 代表什么设备？简述其功能。

3）读图 5-10，简述 35kV 母线上电压互感器的接线方式和功能。

4）读图 5-10，简述主变电所正常时和一台主变压器故障时的运行方式。

5）读图 5-10，在表 5-8 中填写该主变电所包含的主要一次设备及功能。

表 5-8　主变电所包含的主要一次设备及功能

主要一次设备	功能

6）两人一组，分组识读典型主变电所的电气主接线图，对照电气主接线图，认识主变电所的主要一次设备。

拓展阅读

太原地铁 2 号线：龙城大街主变电所具备供电能力

任务检测

一、不定项选择题

1. 主变电所高压 110kV 侧常采用_____接线。

A. 内桥　　　　　B. 外桥　　　　　C. 单母线　　　　　D. 线路－变压器组

2. 城市轨道交通主变电所中压侧广泛采用＿＿＿＿＿接线。

A. 内桥　　　　　B. 外桥　　　　　C. 单母线分段　　　D. 线路－变压器组

3. 主变电所110kV侧GIS组合电器常采用＿＿＿＿＿断路器。

A. 真空　　　　　B. SF₆　　　　　C. 少油　　　　　　D. 空气

4. 主变电所中压35kV侧常采用＿＿＿＿＿断路器。

A. 真空　　　　　B. SF₆　　　　　C. 少油　　　　　　D. 空气

5. 主变压器常采用三相＿＿＿＿＿变压器。

A. 油浸式　　　　B. SF₆式　　　　C. 干式　　　　　　D. 空气绝缘式

二、简答题

1. 简述主变电所的功能。

2. 根据图5-10，主变电所正常时是怎么运行的？当一路110kV进线电源或者一台主变压器故障退出运行时又是如何运行的？

3. 简述主变电所主要的一次设备和各自的功能。

任务3　城市轨道交通牵引变电所电气主接线的识图分析与设备认知

任务描述

两人一组，分组识读典型的牵引变电所电气主接线图，分析牵引变电所正常和非正常运行方式，对照电气主接线图，认识牵引变电所主要的一次设备。

任务目标

知识目标	1. 掌握牵引变电所的功能 2. 熟悉牵引变电所中压网络、直流馈线侧常用的电气主接线形式 3. 掌握牵引变电所常用的一次设备及功能
能力目标	1. 能够识读典型的牵引变电所电气主接线图 2. 能够正确分析牵引变电所的正常和非正常运行方式 3. 能够认识牵引变电所常用的一次设备
素质目标	1. 对接企业转型升级，学习新设备、新技术 2. 面对新问题积极思索、创新思维，大胆进行技术改革和创新 3. 增强节能环保意识

任务资讯

一、牵引变电所总体认识

城市轨道交通牵引变电所的功能是将城市电网区域变电所或城市轨道交通主变电所送来的三相交流35kV或10kV电压经过降压整流变换成直流1500V或750V电压供给电动列车。因此，其主接线包括中压侧交流35kV或10kV接线、整流机组接线、直流侧1500V或750V接线三部分。牵引变电所的核心部件是整流机组。

牵引变电所的数量、容量和距离的设置以牵引供电计算的结果为基础，经过经济技术比较后确定，一般设置在沿线若干车站及车辆段附近。牵引变电所按其所需容量设置两组整流机组并列运行，沿线任一牵引变电所发生故障，由两侧相邻的牵引变电所承担其供电任务。

二、中压侧交流 35kV 或 10kV 接线形式

1. 中压网络

通过中压电缆，纵向把上级主变电所和下级牵引变电所、降压变电所连接起来，横向把全线各个牵引变电所、降压变电所连接起来，便形成了中压网络，它具有类似于输电线路的功能。

中压网络根据功能的不同分为两类：一类是为牵引变电所供电的中压网络，称为牵引网络；另一类是为降压变电所供电的中压网络，称为动力照明网络。

根据牵引网络和动力照明网络是否共用同一个中压供电网络，中压网络又分为两种：一种是独立的牵引网络与独立的动力照明网络，指的是牵引和动力照明网络相对独立，不共用同一个中压网络，可采用不同的或相同的中压电压等级，如图 5-15 所示；另一种是牵引动力照明混合网络，指的是牵引网络和动力照明网络共用同一个中压网络，采用同一个中压电压等级，如图 5-16 所示。

对于集中式供电方式，可以采用独立的牵引网络与独立的动力照明网络，也可以采用牵引动力照明混合网络。对于分散式供电方式，通常采用牵引动力照明混合网络。

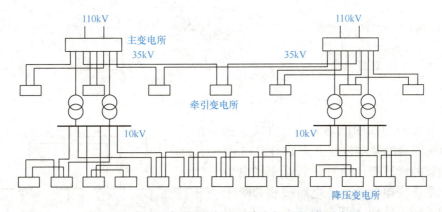

图 5-15 独立的牵引网络与独立的动力照明网络示意图

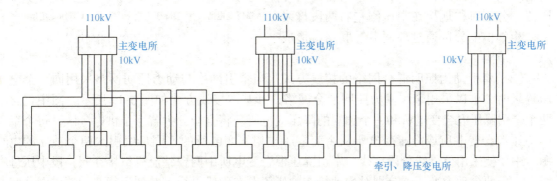

图 5-16 牵引动力照明混合网络示意图

2. 中压网络接线形式

（1）独立牵引网络的接线方式　当中压网络为两个独立的网络时，牵引网络常用接线方式如图 5-17 所示。

对于图 5-17a 所示中压网络，电气主接线采用了单母线接线，两个独立进线电源来自于主变电所，互为备用，牵引变电所母线的进线和出线均采用了断路器，用于控制电流的通断和故障保护。正常工作时，一路电源工作，另一路备用。当工作电源（如 QF_1 所在回路）故障时，由继电保护装置带动 QF_1 自动跳闸切除故障，备用电源回路断路器 QF_2 由备用电源自动投入装置带动自动合闸，保障该牵引变电所正常供电。

对于图 5-17b 所示中压网络，两个相邻的牵引变电所构成一组，每个牵引变电所的电气主接线均采用了单母线接线，这一组牵引变电所的两个独立电源来自于主变电所，每一个牵引变电所均从主变电所接入一路主电源，两个牵引变电所通过联络电缆实现电源互为备用，联络电缆上装有断路器 QF_3 和 QF_4。正常工作时，QF_1、QF_2 闭合，分别供给两个牵引变电所；联络电缆上的 QF_3、QF_4 为备用电源断路器，二者有一个闭合（设 QF_3 闭合）。当 QF_1 因进线电源失压由继电保护装置带动自动跳闸时，QF_4 自动合闸，由另一路电源进线经 QF_2、QF_4、QF_3 供给两个牵引变电所。

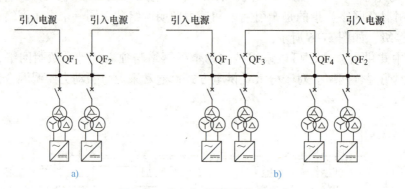

图 5-17　独立牵引网络的接线方式

（2）独立动力照明网络的接线方式　独立动力照明网络的基本接线方式如图 5-18 所示，将全线的降压变电所分为若干个供电分区，每个降压变电所从主变电所或相邻降压变电所的不同母线引入两个独立的电源，中压侧采用单母线分段接线，设置两台动力变压器，分别对称地接在中压侧左右两段母线上，相邻供电分区通过环网电缆联络，形成双环网结构。

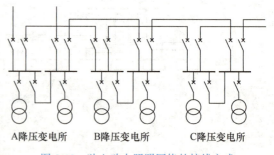

图 5-18　独立动力照明网络的接线方式

（3）牵引动力照明混合网络的接线方式　当牵引网络与动力照明网络采用同一个电压等级时，可以采用牵引动力照明混合网络，其基本接线方式如图 5-19 所示，图中包含两个牵引降压混合变电所和一个独立的降压变电所。将全线分为若干个供电分区，每个牵引降压混合变电所或降压变电所从主变电所或相邻变电所的不同母线引入两个独立的电源，中压侧采用单母线分段接线，牵引降压混合变电所中两台整流机组接在同一段中压母线上，而两台动力变压器分别对称地接在中压侧左右两段母线上并列运行。相邻供电分区通过环网电缆联络，形成双环网结构。

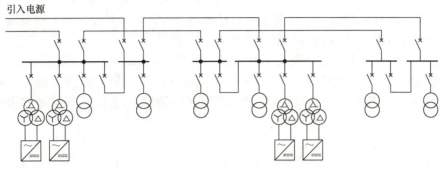

图 5-19　牵引动力照明混合网络电气主接线方式

三、整流机组常用接线方式

整流机组是城市轨道交通牵引变电所最重要的设备。城市轨道交通供电系统中的整流机组通常采用等效 24 脉波整流电路，它是由两个 12 脉波整流电路并联运行构成，所以需要两套牵引整流机组，每一套整流机组包含整流变压器和整流器。

1. 单母线不分段接线

对于独立的牵引变电所，中压侧常采用单母线不分段接线方式，两套整流机组接在母线上，如图 5-17a 所示。该接线方式接线简单，经济性好，但可靠性较低。

2. 单母线分段接线

对于牵引降压混合变电所，中压侧常采用单母线分段接线方式，并将两套牵引整流机组接在同一段母线上，如图 5-20 所示。这样，两套整流机组的中压母线电压相同，能够平衡两套整流机组的输出负荷，有利于谐波治理。若两套整流机组分别接至左右两侧的中压母线上，则当两侧的中压母线因电网波动而电压不相同时，两套整流机组输出负荷不均衡，效果不理想。正常运行时，两套 12 脉波整流机组同时并联运行，构成等效 24 脉波整流。当一套整流机组因故障退出时，另一套整流机组在过负荷和谐波允许的情况下，可以继续运行。

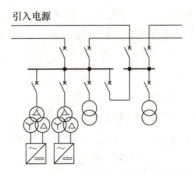

图 5-20　牵引降压混合变电所的单母线分段接线

四、直流侧常用电气主接线形式

直流馈出侧 1500V 或 750V 常采用单母线接线方式，如图 5-21 所示。在图 5-21a 中，直流侧采用了单母线接线，设置一条正母线，一条负母线，其结构特点如下：

1）两路进线采用直流快速断路器，用于控制正母线直流电流的通断和故障保护。

2）设置4路直流馈出线，分别馈出至接触网（轨）的上下行，每一路直流馈出线上采用了一组开关电器，由断路器和电动隔离开关构成。

3）整流机组负极采用电动隔离开关，便于实现综合自动化。

4）直流侧没有备用断路器，在上下行同一馈电区的电分段处分别设置纵向电动隔离开关，使馈出线断路器可互为备用，当牵引变电所因故障退出运行时能够实现大双边供电。

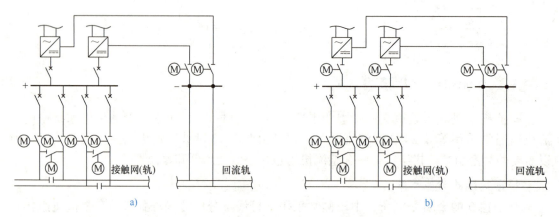

图 5-21　直流侧常用电气主接线形式

这种接线方式运行可靠性高，经济性好，因此在城市轨道交通供电系统中广泛采用。图 5-21b 所示的电气主接线方式在图 5-21a 基础上，将直流进线侧断路器改为电动隔离开关，其他完全相同。由于进线侧采用电动隔离开关，设备价格变低，经济性好，但直流母线故障时，只能由中压侧交流断路器进行故障保护，由此导致跳闸时间较长，系统性能变差。

五、典型的牵引变电所电气主接线识图及运行方式分析

1. 牵引变电所电气主接线结构

（1）中压35kV交流进线侧　图 5-22 所示为某地铁独立牵引变电所电气主接线图。显然，中压35kV电源进线侧采用了单母线接线方式，1# 和 2# 整流机组通过手车式断路器 121 和 123 接于母线并联运行。整流机组进线上装有电流互感器和避雷器，避雷器用于防止雷击引起的过电压。

（2）整流机组　该牵引变电所整流机组的功能是将三相交流35kV电压变换为直流1500V电压，为电动列车供电，由两套12脉波整流机组同时并联运行，构成等效24脉波整流。

（3）直流馈线侧　牵引变电所直流馈线侧采用了单母线接线方式。两组直流进线柜中的手车式断路器 201 和 202 将电能输送至直流 1500V 正母线；两组负极柜连接于整流机组负极与负母线之间，柜内装设隔离开关 2011、2021。牵引变电所直流侧有4路馈出线，每路馈出线装设直流快速断路器和电动隔离开关，由4组直流馈线柜 211、212、213、214 和 4 组隔离开关柜 2111、2121、2131、2141 分别送至上下行线的接触网。设置纵向电动隔离开关 2113 和 2124，使馈出线 211 和 213 可互为备用，馈出线 212 和 214 可

互为备用，同时能够实现大双边供电。

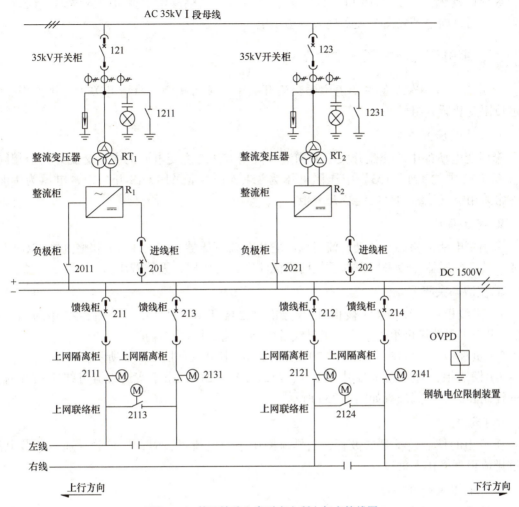

图 5-22 某地铁独立牵引变电所电气主接线图

2. 运行方式

（1）牵引变电所正常运行方式　牵引变电所正常运行时，中压 35kV 交流侧两路断路器 121 和 123 同时闭合，两套整流机组并联运行同时供电。在牵引变电所直流侧，负极柜隔离开关 2011、2021 闭合，进线柜断路器 201 和 202 闭合，直流侧 4 路馈出线同时并列运行，开关电器 2111、211、2121、212、2131、213、2141、214 闭合，纵向电动隔离开关 2113 和 2124 断开。

因负极柜中的隔离开关 2011、2021 与直流进线柜断路器 201、202 及中压交流开关柜断路器 121、123 存在闭锁关系，只有当中压交流开关柜断路器分闸且直流进线断路器处于分闸状态，直流牵引系统无故障，自检通过时，对应的负极柜隔离开关才允许操作。

（2）牵引变电所非正常运行方式　当其中一套整流机组发生故障退出运行时，由另一套整流机组独立向负荷供电，此时为 12 脉波整流。直流馈线侧其中一路馈出线故障时纵向电动隔离开关合闸。例如断路器 211 故障检修时，由断路器 213、隔离开关 2131 经

2113 向左右两侧的接触网供电。当两台馈出线断路器例如 211 和 213 同时故障或检修时，闭合纵向电动隔离开关 2113 可以构成大双边供电。当整座牵引变电所故障退出运行时，也可以利用纵向电动隔离开关实现大双边供电。

六、牵引变电所主要一次设备认知

牵引变电所一次设备主要由中压交流开关柜、整流机组、直流开关柜、排流柜、钢轨电位限制装置等组成。

1. 中压交流开关柜

牵引变电所的中压交流开关柜的构造和使用方法与主变电所的中压交流开关柜相同，对应图 5-22 中的 121、123。中压侧电压为 35kV 时，常采用 GIS 开关柜；电压为 10kV 时，常采用空气绝缘的金属铠装开关柜。

2. 整流机组

牵引变电所的核心部件是整流机组，它由整流变压器（RT_1、RT_2）和整流器（R_1、R_2）组成。整流变压器一般采用户内环氧树脂浇注干式变压器，无载调压。

3. 直流开关柜

1）进线柜：进线柜（正极柜）外观如图 5-23a 所示。进线柜对应图 5-22 中的 201 和 202，用于实现整流机组向直流正极母线的电能传输、控制和保护。

2）负极柜：对应图 5-22 中的 2011 和 2021，其外观如图 5-23b 所示。

3）馈线柜：对应图 5-22 中的 211、212、213、214，用于实现直流母线向接触网馈电的控制和保护，其外观如图 5-23a 所示。

4. 排流柜

排流柜的核心设备是二极管，当排流网中杂散电流过大时，二极管导通，杂散电流通过排流柜直接排入负极。

5. 钢轨电位限制装置

钢轨电位限制装置可将钢轨的电位限制在预定的人身安全范围内，对应图 5-22 中的 OVPD。在钢轨对地电位超过规定值时，该装置可将钢轨和变电所接地母线连接起来，防止人身安全遭受威胁。

6. 逆变回馈型再生制动能量吸收装置（部分牵引变电所装设）

城市轨道交通的电动列车广泛使用了电制动技术。电制动技术中一种是将制动时的动能转化为电能后再将电能送回电网，称为再生制动；另一种是将制动时的能量变成热能消耗掉，称为电阻制动。传统的电动列车电阻制动做法是将再生能量通过车辆上的制动电阻发热或机械制动消耗，这浪费了大量电能。为了将这些电能应用于其他交流负荷，实现最大限度的节能，在一些牵引变电所还出现了新型的逆变回馈型再生制动能量吸收装置，其外观如图 5-24 所示。逆变回馈型再生制动能量吸收装置的主要作用是将再生制动能量回馈到交流电网。其工作原理为：当检测到电动列车处于再生制动状态且直流母线电压大于设定值时，立即启动能量吸收装置，把电动列车制动时的能量回馈到交流电网，这样既稳定了直流母线电压，又节约了能量。当检测到直流母线电压小于设定值时，则立即关闭能量吸收装置。

项目5 城市轨道交通变电所电气主接线的识图分析与设备认知

a) 进线柜和馈线柜

b) 负极柜

图 5-23 直流开关柜外观示意图

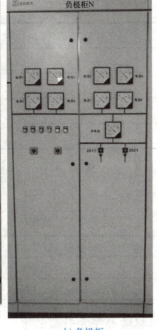

图 5-24 逆变回馈型再生制动能量吸收装置

任务实施

典型牵引变电所电气主接线的识图与设备认知

1）读图 5-22，分析电气主接线结构，完成表 5-9。

表 5-9 牵引变电所电气主接线的结构

名称	数量	接线方式	整流机组功能
35kV 中压侧			
整流机组			
直流 1500V 馈线侧			

2）读图 5-22，在表 5-10 中填写该牵引变电所包含的主要一次设备编号及功能。

表 5-10 牵引变电所一次设备及功能

主要一次设备名称	对应主接线中的设备编号	功能
中压交流开关柜		
整流机组		
直流进线柜		
直流负极柜		

（续）

主要一次设备名称	对应主接线中的设备编号	功能
直流馈线柜		
上网隔离开关柜		
纵向电动隔离开关柜		
钢轨电位限制装置		

3）读图 5-22，在表 5-11 中填写该牵引变电所正常时和断路器 211 故障检修时的运行方式。

表 5-11　牵引变电所运行方式

运行方式	处于合闸状态的所有开关电器编号
牵引变电所正常时	
断路器 211 故障检修时	

4）两人一组，分组识读典型牵引变电所电气主接线图，对照电气主接线图，认识牵引变电所的主要一次设备。

拓展阅读

任务检测

郑州地铁飞轮储能能量回馈装置挂网成功

一、判断题
1. 牵引变电所广泛采用两套整流机组同接一段母线的方式。　　　　　　　（　）
2. 牵引变电所正常运行时，两套整流机组并列运行供电，当其中一套整流机组发生故障退出运行时，无法再向馈出线供电。　　　　　　　　　　　　　　　　　　　　　　　　　　（　）
3. 牵引变电所直流馈线侧在上下行同一馈电区的电分段处设置纵向电动隔离开关，使馈出线可互为备用。　　　　　　　　　　　　　　　　　　　　　　　　　　　　　　　　　（　）
4. 整流变压器常采用油浸式变压器。　　　　　　　　　　　　　　　　　（　）

二、简答题
1. 简述牵引变电所的功能。
2. 牵引变电所的核心设备是什么？由哪几部分组成？
3. 简述牵引变电所的主要一次设备。

任务 4　降压变电所和牵引降压混合变电所电气主接线的识图分析与设备认知

任务描述

识读典型的降压变电所和牵引降压混合变电所电气主接线图，分析其正常和非正常运行方式，对照电气主接线图，分组认识降压变电所和牵引降压混合变电所的主要一次设备。

项目 5　城市轨道交通变电所电气主接线的识图分析与设备认知

任务目标

知识目标	1. 掌握降压变电所、牵引降压混合变电所的功能 2. 熟悉降压变电所中压侧、低压侧常用的电气主接线形式 3. 掌握牵引降压混合变电所常用电气主接线形式 4. 掌握降压变电所、牵引降压混合变电所常用一次设备及功能
能力目标	1. 能够识读典型的降压变电所、牵引降压混合变电所电气主接线图 2. 能够正确分析降压变电所和牵引降压混合变电所的正常及非正常运行方式 3. 能够认识降压变电所的主要一次设备 4. 能够认识牵引降压混合变电所的主要一次设备
素质目标	1. 对接岗位需求，积极学习新技术和新设备 2. 创新思维，大胆进行技术改革和创新，力求发展成为创新型和应用型的复合型人才

任务资讯

一、降压变电所功能及要求

城市轨道交通降压变电所的功能是将三相交流 35kV 或 10kV 中压经动力变压器变换为三相交流 0.4kV 低压，为动力照明负荷供电。降压变电所的供电对象是车站与线路区间的动力、照明负荷和通信信号设备等。降压变电所可以与牵引变电所合并设置，形成牵引降压混合变电所。但当某车站无牵引变电所，或者是降压变电所与牵引变电所进线电压等级不同时，则应设置独立的降压变电所，大多数降压变电所是单独设置的。

城市轨道交通每个车站都应设降压变电所，位置应尽量靠近负荷中心以降低能耗。降压变电所的设置方式通常有以下几种：

1）对于一般的车站，在低压负荷较为集中的位置设置 1 座降压变电所。

2）在有换乘或折返的车站及动力照明负荷较大的车站，除了在车站一侧设置 1 座降压变电所 A 外，在车站另一侧还可设置 1 座降压变电所 B，负责该侧电气设备的供电，但 B 所三相交流 35kV 或 10kV 进线电源引自 A 所，B 所又称为跟随式降压变电所。

3）当车站规模较大，在车站两侧的负荷都比较集中时，可以分别在车站的两侧建立降压变电所 A 所和 B 所。

降压变电所的供电对象包含一级、二级和三级负荷，通常要求降压变电所从中压环网引入两路电源，设置两台动力变压器，每台变压器应满足一、二级负荷所需的容量。正常情况下，由两台变压器并列运行，同时给负荷供电。当一台变压器故障时，另一台变压器供重要的一、二级负荷。低压侧的动力、照明负荷配电系统电压为交流 380V 或 220V，常采用 TN-S 系统。

二、降压变电所电气主接线的识图分析与设备认知

1. 设置 1 座降压变电所的电气主接线

设置 1 座降压变电所的典型电气主接线如图 5-25 所示。

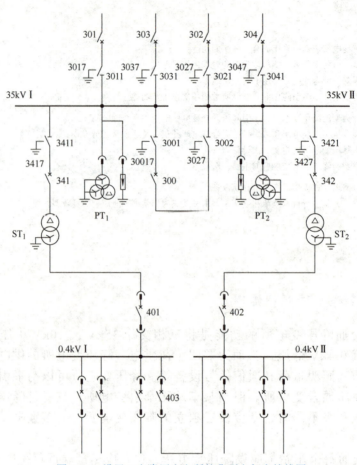

图 5-25 设置 1 座降压变电所的典型电气主接线图

（1）35kV 中压侧接线及设备

1）35kV 中压侧接线方式。降压所 35kV 中压侧有 4 路，分别为断路器 301、302、303、304 所在线路，其中断路器 301 和 302 所在的线路为该降压变电所的电源进线，两路互为备用，断路器 303 和 304 所在线路馈出至相邻变电所。显然，中压 35kV 侧采用了单母线分段接线，利用断路器 300 分段。

正常运行时，两路进线断路器 301 和 302 同时闭合，断路器 303 和 304 向相邻变电所供电时闭合，母线联络断路器 300 断开。中压 35kV 的 Ⅰ 段和 Ⅱ 段母线上分别安装电压互感器和避雷器，电压互感器用于监测 35kV 母线电压，避雷器用于防止雷击引起的过电压。

2）35kV 中压侧设备。35kV 中压侧有 7 个中压交流开关柜，主要设备均为断路器和三工位开关。其中断路器 301、302、303、304 所在的中压侧进出线开关柜是负责与主变电所及相邻牵引变电所、降压变电所联系的开关柜；断路器 341、342 所在的中压侧馈线开关柜是将变电所中压母线连接至动力变压器的开关柜；断路器 300 所在的母联开关柜是连接变电所 35kV Ⅰ 段和 Ⅱ 段母线的开关柜。

（2）动力变压器　降压变电所的核心部件是动力变压器，设置两台，如图5-25中ST_1和ST_2，功能是将三相交流35kV电压变换为三相交流0.4kV电压，为动力照明负荷供电。动力变压器绕组联结组标号常采用D/yn11，一次侧采用三角形联结，二次侧采用星形联结且中性点接地，选用干式变压器。

（3）0.4kV低压侧接线及设备

1）0.4kV低压侧接线方式。0.4kV低压侧采用了单母线分段接线，利用断路器403分段。正常运行时，中压侧隔离开关3411、断路器341经ST_1和手车式断路器401向0.4kV Ⅰ段母线供电，隔离开关3421、断路器342经ST_2和402向0.4kV Ⅱ段母线供电，分段断路器403断开，两台动力变压器和两段母线同时并列运行，通过低压馈线断路器向动力照明负荷供电。当动力变压器ST_1故障退出运行时，0.4kV分段断路器403由母联备自投装置自动投入，由另一路进线电源通过342、ST_2和402向0.4kV Ⅱ段母线供电，再经403给0.4kV Ⅰ段母线供电，ST_2承担本降压所范围内的全部一、二级负荷供电任务。

2）0.4kV低压侧设备。0.4kV低压侧设备主要是低压交流开关柜，对应图5-25中的401、402、403及6路低压馈线开关柜。其中401和402为低压进线开关柜，用于连接动力变压器与低压0.4kV交流母线，其外观如图5-26所示（中间为进线开关柜、两侧为馈线开关柜）。403为低压母联柜，用于连接低压0.4kV Ⅰ段和Ⅱ段交流母线。低压进线开关柜和母联开关柜核心部件是低压断路器，一般采用框架式断路器，如图5-27所示。低压馈线开关柜用于连接低压0.4kV交流母线和动力照明负荷，馈线开关柜一般采用抽屉式开关柜，抽屉单元中常采用塑壳式断路器。

图5-26　低压交流开关柜外观

图5-27　框架式断路器外观

2. 跟随式降压变电所电气主接线

跟随式降压变电所电气主接线图如图5-28所示，其三相交流35kV进线电源引自同一车站另一个降压变电所的不同母线。跟随式降压变电所中压侧采用了线路–变压器组接线，低压侧采用了单母线分段接线，设有母线分段开关。

3. 设置2座降压变电所的典型电气主接线

在车站的两侧设置2座降压变电所的典型电气主接线如图5-29所示。左侧为A所，右侧为B所，两段35kV中压母线分别引至A所和B所。为提高供电的可靠性，A所和B所分别设置两台动力变压器并实施交叉供电，即A所通过本所35kV Ⅰ段母线的馈线开关柜341和B所35kV Ⅱ段母线的馈线开关柜342向两台动力变压器ST_1、ST_2供电，而 B 所通过 A 所 35kV Ⅰ 段母线的馈线开关柜 343 和本所 35kV Ⅱ 段母线的馈线开关柜 344 向两台动力变压器 ST₃、ST₄ 供电。对于每个降压变电所而言，其结构和运行方式与只设置 1 个降压变电所类似。

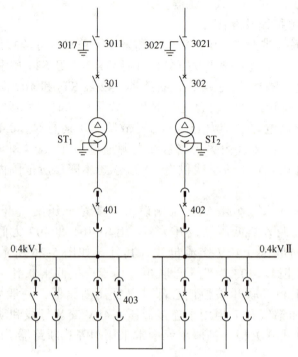

图 5-28　跟随式降压变电所电气主接线图

三、牵引降压混合变电所电气主接线的识图与设备认知

当某车站既有牵引变电所又有降压变电所且二者进线电压等级相同时，一般合建为牵引降压混合变电所，其典型的电气主接线如图 5-30 所示。

1. 电气主接线识图

（1）中压 35kV 交流进线侧　中压 35kV 交流侧采用了单母线分段接线，正常运行时，母线联络断路器 300 断开。

（2）整流机组　整流机组的功能是将三相交流 35kV 电压变换为直流 1500V 为电动列车供电。1# 和 2# 整流机组通过断路器 321 和 323 同接于 35kV Ⅰ 段母线并联运行，构成等效 24 脉波整流。

（3）动力变压器　动力变压器的功能是将三相交流 35kV 电压变换为三相交流 0.4kV 电压为动力照明负荷供电。两台动力变压器 ST_1 和 ST_2 分别对称地接于 35kV Ⅰ 段和 Ⅱ 段母线上并列运行。

（4）直流牵引侧　直流牵引侧结构和运行方式同独立的牵引变电所，采用了单母线接线，直流侧有 4 路馈出线，分别送至上、下行线的接触网，并设置纵向电动隔离开关 2113 和 2124，使馈出线可互为备用，同时能够实现大双边供电。

（5）0.4kV 低压侧　结构和运行方式同独立的降压变电所。

项目 5　城市轨道交通变电所电气主接线的识图分析与设备认知

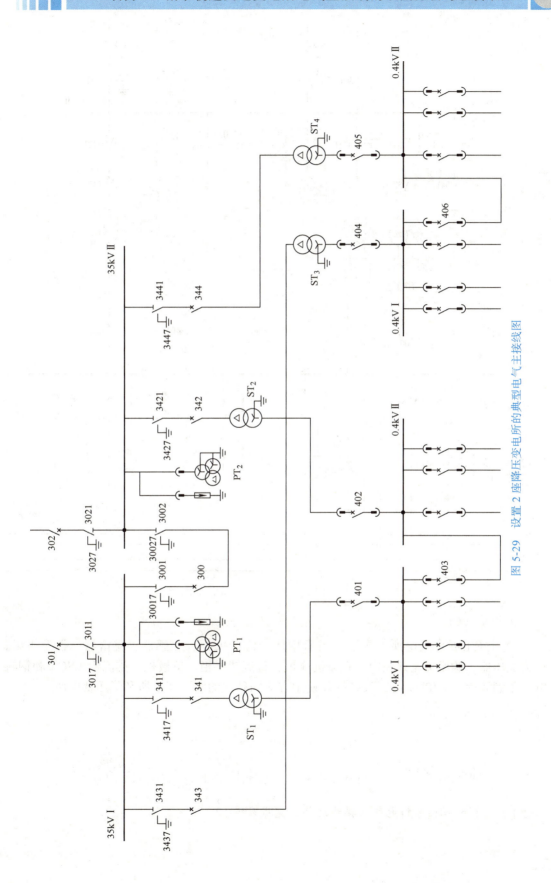

图 5-29　设置 2 座降压变电所的典型电气主接线图

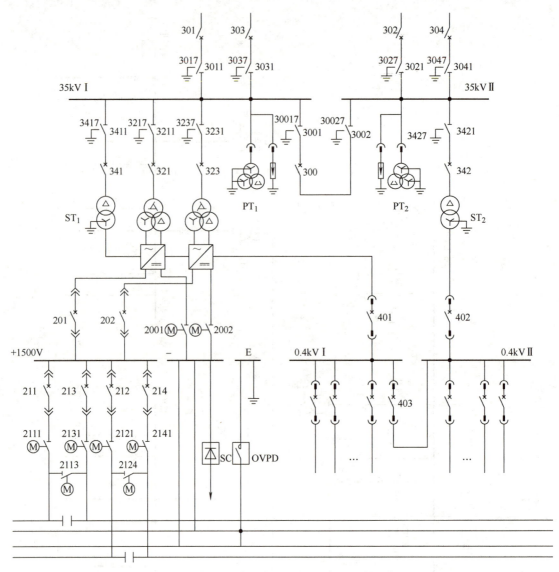

图 5-30 典型的牵引降压混合变电所电气主接线图

2. 设备认知

牵引降压混合变电所的主要设备有中压交流开关柜、互感器、避雷器、整流机组、动力变压器、低压交流开关柜、直流进线柜、直流馈线柜、负极柜、排流柜（SC）和钢轨电位限制装置（OVPD）等，其结构和使用方法同独立的牵引变电所和降压变电所。

任务实施

典型牵引降压混合变电所电气主接线的识图与设备认知

1）读图 5-30，分析电气主接线结构，完成表 5-12。

项目 5　城市轨道交通变电所电气主接线的识图分析与设备认知

表 5-12　牵引降压混合变电所电气主接线结构

名称	线路或设备数量	接线方式
35kV 中压侧		
整流机组		
直流 1500V 馈线侧		
动力变压器		
0.4kV 低压侧		

2）读图 5-30，分析整流机组和动力变压器功能，完成表 5-13。

表 5-13　整流机组和动力变压器功能

设备名称	功能
整流机组	
动力变压器	

3）读图 5-30，在表 5-14 中填写牵引降压混合变电所正常和故障时的运行方式。

表 5-14　牵引降压混合变电所运行方式

运行方式	处于合闸状态的所有开关电器
牵引降压混合变电所正常时	
断路器 321 后面的一套整流机组故障时	
断路器 212 故障检修时	
动力变压器 ST_1 故障时	

4）两人一组，分组识读典型的牵引降压混合变电所电气主接线图，对照电气主接线图，认识牵引降压混合变电所的主要一次设备。

24 小时无休，京港地铁上线变电所"智能巡检机器人"

一、判断题

1. 城市轨道交通降压变电所供电对象是车站与线路区间的动力、照明负荷和通信信号设备等。（　　）
2. 动力变压器一般采用油浸式变压器。（　　）
3. 跟随式降压变电所是指 B 所三相交流 35kV 或 10kV 进线电源引自同一车站另一个降压变电所 A 所。（　　）
4. 当降压变电所与牵引变电所进线电压等级不同时，也可设置牵引降压混合变电所。（　　）

二、简答题

1. 简述降压变电所的功能。
2. 简述牵引降压混合变电所的功能。
3. 简述降压变电所的主要一次设备。

项目 6　变电所二次回路的识图与分析

任务 1　二次回路的认识

任务描述

认识二次设备常用的图形符号及文字符号，识读和分析典型的二次接线图。

任务目标

知识目标	1. 掌握二次设备、二次回路的概念 2. 掌握二次回路的分类和各类二次回路的功能 3. 熟悉归总式原理接线图特点
能力目标	1. 认识常用的二次设备图形符号及文字符号 2. 能够识读与分析典型的二次原理接线图
素质目标	1. 弘扬大国工匠爱岗就业、攻坚克难、勇于实践的精神 2. 培养创新精神，在增长知识、见识上下功夫，在学习和工作中勤于思考

任务资讯

一、二次回路的概念与功能

电气设备根据功能的不同可以分为一次设备和二次设备两大类。一次设备是城市轨道交通供电系统的主体，是指用来接收、变换和分配电能的设备和载流导体，如变压器、整流器、断路器、隔离开关和避雷器等。

二次设备是城市轨道交通供电系统安全可靠运行的保障。二次设备是指对一次设备进行控制、保护、监视和测量的系列低压、弱电设备，又称为辅助设备，包括测量仪表、控制信号装置、继电保护装置、自动装置、操作电源、控制电缆和熔断器等。变电所中的二次设备按一定顺序相互连接而成的电路称为二次电路，也称为二次接线、二次回路。

二次回路是供电系统电气接线的重要组成部分，它附属于一定的一次回路或一次设备。二次回路的基本任务是反映一次设备的工作状况并控制一次设备，当一次设备发生故障时，能使故障部分迅速退出工作，以保证电力系统处在最佳运行状态。

二、二次回路的分类

二次回路按电流制式分为直流回路和交流回路。按工作性质分为以下几类：

1. 监视、测量回路

监视、测量回路主要由测量元件、显示仪表及其相关回路组成，其作用是监视、测量一次设备的工作状态，以便运行人员掌握一次设备的运行情况，为运行管理、事故分析提供参数。

2. 控制回路

控制回路主要由控制开关和相应的控制继电器组成，其作用是对一次高压开关设备进行分、合闸操作。

3. 信号回路

信号回路主要由开关设备的位置信号、继电保护和自动装置的动作信号及中央信号3部分组成。其主要作用是反映一次设备和二次设备的工作状态。

4. 调节回路

调节回路指调节型自动装置，主要由测量机构、传送机构、调节器和执行机构组成。其作用是根据一次设备运行参数的变化，实时在线调节一次设备的工作状态以满足运行要求。

5. 继电保护和自动装置回路

继电保护和自动装置回路在电力系统发生故障或出现不正常运行状态时，能够自动反应和处理故障。它主要由继电保护装置、自动装置和相应的辅助元件组成。其作用是自动判别一次设备的工作状态，在事故和不正常运行状态时，继电保护装置能够自动切除故障、消除不良状态并发出报警信号。在电力系统发生故障时，继电保护装置能自动、快速、有选择性地切除故障，减小设备的损坏程度，保证电力系统的稳定，增加供电的可靠性，及时反映主设备的不正常状态，提示运行人员关注和处理，保证主设备的完好及系统的安全。

6. 远动回路

为了完成城市轨道交通变电所与调度所之间的远距离信息实时自动传输，必须应用远动技术，采用远动装置和远动回路。远动技术即调度所与各被控端（含变电所等）之间实现遥控、遥测、遥信和遥调技术的总称。

7. 操作电源系统

操作电源系统主要由电源设备和供电网络组成，它包括直流电源系统和交流电源系统。其作用是供给上述各回路工作电源。城市轨道交通变电所的操作电源多采用直流电源系统，简称直流系统。

三、二次接线图

用规定的图形和文字符号，来表明二次设备的配置、相互连接关系和工作原理的电气接线图，称为二次回路图，即二次接线图。二次接线图按照用途一般分为归总式原理接线图、展开式原理接线图和安装接线图。

二次接线图中常用的图形符号及文字符号见表 6-1 和表 6-2。

二次接线图应按设备的正常状态画出。所谓设备的正常状态是指电气元件的受电量或非电气元件的受力均未达到动作值时的原始状态。因此，常开触点是指设备在正常状态时断开着的触点，也称为动合触点或正触点；而常闭触点是指设备在正常状态时闭合着的触点，也称为动断触点或反触点。

1. 归总式原理接线图

归总式原理接线图简称原理图，是以整体的形式表示各二次设备之间的电气连接及其工作原理的接线图，一般与一次接线中的相关部分画在一起。原理图主要特点如下：

1）二次接线和一次接线的有关部分画在一起，且电气元件以整体的形式来表示，能表明各二次设备的构成、数量及电气连接情况，图形直观形象，便于设计构思和记忆，并可清晰地表明二次接线对一次接线的辅助作用。

2）用统一的图形和文字符号表示，按动作顺序画出，便于分析整套装置的动作原理，便于对整套保护装置的工作原理有一个整体概念，是绘制展开式原理接线图等其他工程图的原始依据。

3）缺点是交、直流回路画在一起，连线交叉零乱，又没有电气元件间的内部连线、端子号码和回路的标号等，对于较复杂装置很难用归总式原理接线图表现出来。因此，实际工程中一般不采用归总式原理接线图。

现以图 6-1 所示某馈线过电流保护原理图为例，说明这种接线图的特点。

由图 6-1 可见，该过电流保护装置由一个电流继电器 KA、时间继电器 KT、信号继电器 KS 组成，并通过电流互感器 TA 和断路器分闸线圈 YT 与主电路联系在一起。正常时，由于负荷电流经电流互感器变流后流入电流继电器线圈的电流值小于 KA 的动作值，各继电器均处于正常状态，常开触点断开。断路器处于合闸位置，其辅助常开触点闭合。

当一次电路发生短路故障时，馈线电流增大，TA 的二次电流也随之增大。当二次电流增大至 KA 的整定动作值时，KA 动作，其常开触点闭合，接通了 KT 线圈的直流回路，其带时限的常开触点延时后闭合，使直流电源的正极经 KT 的常开触点、KS 的线圈、断路器辅助常开触点 QF_1、分闸线圈 YT 与直流电源的负极接通，断路器分闸线圈 YT 受电，断路器操动机构动作使断路器跳闸，自动切除故障线路。同时，信号继电器 KS 受电动作，其常开触点闭合，发出分闸信号。

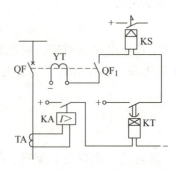

图 6-1 馈线过电流保护原理图

表 6-1　二次接线图中常用的图形符号

序号	元件名称	图形符号	序号	元件名称	图形符号
1	单线圈继电器	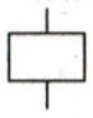	18	按钮常闭触点	
2	双线圈继电器		19	限位开关常开触点	
3	继电器电压线圈	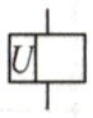	20	限位开关常闭触点	
4	继电器电流线圈	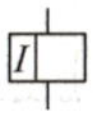	21	接触器常开触点	
5	延时动作继电器线圈	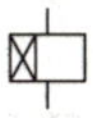	22	接触器常闭触点	
6	延时返回继电器线圈	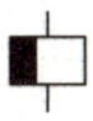	23	接触器常开灭弧触点	
7	气体继电器		24	接触器常闭灭弧触点	
8	差动继电器		25	断路器	
9	继电器常开触点	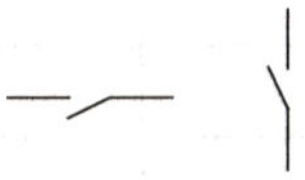	26	隔离开关	
10	继电器常闭触点		27	负荷开关	
11	先断后合的转换触点		28	电压表转换开关	
12	延时闭合的常开触点		29	自动复位控制开关	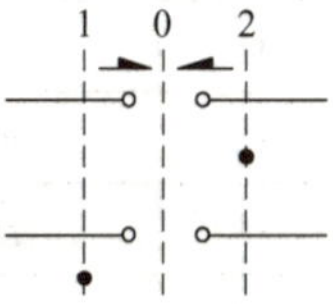
13	延时断开的常闭触点		30	串励直流电动机	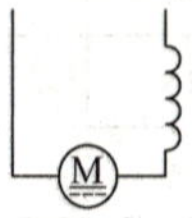
14	延时断开的常开触点		31	非电继电器常开触点	
15	延时闭合的常闭触点		32	非电继电器常闭触点	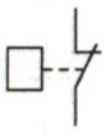
16	延时闭合和延时断开的常开触点		33	信号灯	
17	按钮常开触点	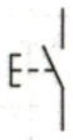	34	闪光型信号灯	

（续）

序号	元件名称	图形符号	序号	元件名称	图形符号
35	电喇叭		38	桥式全波整流器	
36	电铃		39	熔断器	
37	逆变器		40	电位器	

表 6-2　二次接线图中常用的文字符号

序号	名称	新符号	旧符号	序号	名称	新符号	旧符号
1	继电器	K	J	25	合闸线圈	YC	HQ
2	电流继电器	KA	LJ	26	分闸线圈	YT	TQ
3	电压继电器	KV	YJ	27	接触器	KM	C
4	过电压继电器	KVO		28	控制开关（手动）、选择开关	SA	KK
5	欠电压继电器	KVU		29	按钮	SB	AN
6	时间继电器	KT	SJ	30	控制回路开关	S	
7	控制（中间）继电器	KC	ZJ	31	断路器	QF	DL
8	信号继电器	KS	XJ	32	隔离开关	QS	G
9	气体继电器	KG	WSJ	33	接地开关	QSE	
10	合闸继电器	KOH	HJ	34	刀开关	QK	DK
11	分闸继电器	KTP		35	熔断器	FU	RD
12	重合闸继电器	KCA		36	电动机	M	
13	合闸位置继电器	KCC	HWJ	37	变压器、调压器	T	B
14	分闸位置继电器	KCT	TWJ	38	电力变压器	TM	B
15	保护出口继电器	KCO	BCJ	39	自耦调压器	TT	ZT
16	闭锁继电器	KCB	BSJ	40	电压互感器	TV	YH
17	防跳继电器	KCF	TBJ	41	电流互感器	TA	LH
18	干簧继电器	KRD		42	整流器	UF	ZL
19	差动继电器	KD	CJ	43	蓄电池	GB	
20	极化继电器	KP	JJ	44	电流表	PA	
21	阻抗继电器	KI	ZKJ	45	电压表	PV	
22	事故信号继电器	KCA	SXJ	46	电阻	R	R
23	预告信号继电器	KCR	YXJ	47	电位器	RP	
24	电源监视继电器	KVS	JJ	48	二极管	VD	

（续）

序号	名称	新符号	旧符号	序号	名称	新符号	旧符号
49	三极管	VT		58	合闸信号灯	HLC	
50	连接片、切换片	XB	LP	59	光字牌	H	
51	端子排	XT		60	直流控制电源小母线	WC	KM
52	红灯	HLR		61	直流信号回路电源小母线	WS	XM
53	绿灯	HLG		62	直流合闸回路电源小母线	WO	HM
54	警铃	HAB		63	闪光信号小母线	WF	SM
55	蜂鸣器、电喇叭	HAU		64	事故音响信号小母线	WAS	SYM
56	信号灯、光指示器	HL		65	预告音响信号小母线	WPS	YBM
57	分闸信号灯	HLT		66	辅助小母线	WA	FM

2. 展开式原理接线图

展开式原理接线图是将二次设备按其线圈和触点的接线回路展开后分别画出的二次接线图。

3. 安装接线图

安装接线图是制造厂或施工单位根据展开式原理接线图而绘制的配电盘布置及接线的实际安装图。

变电所二次回路的识图与分析

1）读图 6-1，在表 6-3 中写出各设备的图形符号和文字符号。

表 6-3 设备的图形符号和文字符号

序号	设备	图形符号	文字符号
1	断路器		
2	电流互感器		
3	电流继电器		
4	时间继电器		
5	信号继电器		
6	继电器常开触点		
7	延时闭合常开触点		

2）读图 6-1，分析一次电路发生短路故障时，KA、KT、KS 和 YT 的动作情况。

3）读图 6-2 所示的二次回路的结构与功能示意图，分清一次和二次回路，完成表 6-4。

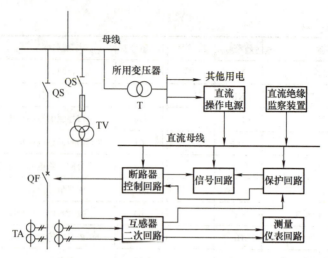

图 6-2　二次回路的结构与功能示意图

表 6-4　设备的分类与功能

序号	一次回路中的设备	功能
1		
2		
3		
4		

序号	一、二次回路联络设备	功能
1		
2		

序号	二次回路类型	功能
1		
2		
3		
4		
5		

4）读图 6-2，分析一次回路发生短路故障时，测量仪表如何变化，保护回路、信号回路和断路器控制回路的动作情况是怎样的。

"全国最美职工"
"大国工匠"黄金娟

一、简答题

1. 二次回路的作用是什么？
2. 二次回路按工作性质分为哪几类？每一类的作用是什么？
3. 二次接线图按其用途可分为哪几种？
4. 什么是常开触点？

5. 什么是常闭触点？

二、单项选择题

1. _____ 能够反映一次设备和二次设备的工作状态。
   A. 监视、测量回路　B. 控制回路　　　C. 信号回路　　　D. 继电保护回路
2. 二次回路中的控制回路主要由_____和相应的控制继电器组成。
   A. 断路器　　　　　B. 隔离开关　　　C. 控制开关　　　D. 指示灯
3. 二次设备属于_____设备。
   A. 低压、强电　　　B. 低压、弱电　　C. 高压、强电　　D. 高压、弱电

任务 2　展开式原理接线图的识图与分析

任务描述

认识展开式原理接线图中常用的二次设备图形及文字符号，分组识读与分析典型的展开式原理接线图，比较归总式原理接线图和展开式原理接线图的差异。

任务目标

知识目标	1. 熟悉展开式原理接线图的结构及特点 2. 了解二次回路的标号原则和方法 3. 掌握展开式原理接线图的基本识图方法
能力目标	1. 认识展开式原理接线图中常用的二次设备图形及文字符号 2. 能够识读与分析典型的展开式原理接线图
素质目标	1. 弘扬劳模兢兢业业、尽职尽责的精神 2. 培养勇于创新、敢于担当的意识，讲究科学方法，勤于思考，方能取得事半功倍的效果

任务资讯

展开式原理接线图是将二次设备按其线圈和触点的接线回路展开分别画出，将整体形式的二次回路按其供电电源的性质不同，分解成交流电压、交流电流和直流回路等相对独立的部分，组成多个独立回路，表示二次回路设备配置、连接关系和工作原理的二次接线图，称为展开式原理接线图，简称展开图。展开式原理接线图是目前二次接线图中应用最为广泛的一种类型，特别在复杂的二次回路中，其接线清晰，易于阅读，便于分析工作原理，已经成为工程技术人员查找故障的重要依据。

一、展开式原理接线图结构及特点

展开式原理接线图的主要特点是"以分散的形式表示二次设备之间的电气连接"。

1）按不同电源回路划分为多个独立回路。例如：直流与交流回路分开绘制。直流回路分为控制回路、测量回路、保护回路和信号回路等；交流回路又分为交流电流回路和交流电压回路。

2）同一电气元件的线圈、触点按其通过电流性质的不同，分别绘入对应的直流回路、交流回路中去。例如：交流电流线圈接入电流回路，交流电压线圈接入电压回路。为

了避免看图时产生混淆，属于同一电气元件的线圈和触点标有相同的文字符号。

图 6-3 所示为图 6-1 对应的馈线过电流保护展开图。该馈线过电流保护装置的接线，可用交流电流回路、直流回路两部分来表示。

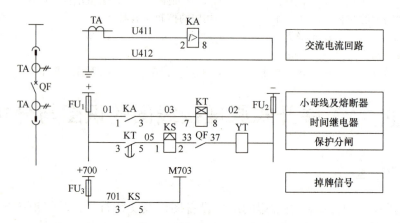

图 6-3　馈线过电流保护展开图

展开式原理接线图中，属于同一性质电路内的线圈、触点按电流通过的方向顺序（该顺序应便于接线）连接构成各自的回路。在同一回路里，继电器的线圈、触点及其他二次设备按电流流通的顺序从左至右依次连接，称为展开式原理接线图的"行"，并在各行的右侧标出回路作用的文字说明。

各回路排列顺序一般是先交流电流回路、交流电压回路，后直流回路。在每个回路中，对交流回路是按 U、V、W、N 相序分行排列的；对直流回路则是按各电气元件动作的先后顺序由上而下逐行垂直排列的。如图 6-3 所示，全图从左到右，从上到下，层次清楚，动作的先后次序分明，看起来一目了然。

二、二次回路的标号原则

为了便于二次回路安装施工和在投入运行后进行检修，对展开式原理接线图不同回路及回路中各电气元件间连接导线应分别编制不同的标号。标号应做到：根据标号能了解该回路的用途，根据标号能进行正确连接。

二次回路的标号采用"等电位编号原则"，即回路中连于同一电位点的所有分支导线均应编相同的标号。二次回路标号一般由不同范围内的 1～3 位数字组成，特殊情况允许用 4 位数字。当需要表明回路的相别或某些主要特征时，可以在数字标号前面（或后面）增设文字标号。直流回路的正电位点用奇数标号（如 1、3、5 等）；负电位点用偶数标号（如 2、4、6 等）；交流回路应该在数字标号前注明相别（如 U411、V411、W411 等）。回路中由线圈、触点、开关、按钮、电阻、连接片等电气元件间隔的不同线段，用不同的数字标号组表示。因为在触点断开时触点两端已不是等电位，应给予不同的标号。

三、二次回路的标号方法

二次回路标号的数字采用阿拉伯数字，文字标号采用规定的字母。与数字标号并列的文字符号用大写字母，脚注用小写字母。标号的顺序应按展开式原理接线图的行从上到下，从左到右依次标号。标号一般标注在连接线的上方。

1. 直流回路标号方法

直流回路的标号一般从正极回路线段起按规定的奇数号依次编制，每经过一个非阻抗电气元件（如按钮、开关、触点、连接片等），标号按奇数号递增（除特殊用途的标号外）。当经过阻抗元件时（如电压线圈、电阻等），应改变标号极性，即从负极侧按规定的偶数标号根据上述的标号方法依次进行编制，直至与正极标号的线段相接应（即所有线段均编有标号）。当从正、负极两侧编号至中间出现不能确定极性的线段时（如串联阻抗元件之间的连接导线），可以任意选标该回路的奇数或偶数递增接续号。直流回路中的合闸、分闸、信号灯等特殊支路，应标注规定的专用标号。

直流回路数字标号见表6-5。从表6-5可以看出：控制和保护回路使用的数字编号，按熔断器所属的回路分组，每一百个数分为一组，如101～199、201～299、301～399等。开关设备、控制回路的数字标号组，应按开关数字的数字序号进行选取。例如，有3个控制开关SA_1、SA_2、SA_3，则SA_1对应的控制回路数字标号选101～199，SA_2所对应的控制回路数字标号选201～299，SA_3所对应的控制回路数字标号选301～399。

表6-5 直流回路数字标号

回路名称	回路标号			
	一	二	三	四
正电源回路	1	101	201	301
负电源回路	2	102	202	302
合闸回路	3～31（7）	103～131	203～231	303～331
绿灯或合闸回路监视继电器回路	5	105	205	305
分闸回路	33～49（37）	133～149	233～249	333～349
红灯或分闸回路监视继电器回路	35	135	235	335
备用电源自动合闸回路	50～69	150～169	250～269	350～369
开关设备的位置信号回路	70～89	170～189	270～289	370～389
事故分闸音响信号回路	90～99	190～199	290～299	390～399
保护回路	01～099（或11～199）			
发电机励磁回路	601～699			
信号及其他回路	701～999			

2. 交流回路标号方法

交流回路的数字标号一般由3位数字组成。各数字的含义从左至右依次为：电路性质标号（电流回路为4，电压回路为6）；互感器二次绕组序号；回路连线顺序标号，在数字标号前应注明相别。如U411表示U相电流回路中电流互感器的1号二次绕组的第1段连接导线；V623表示V相电压回路中2号电压互感器二次回路的第3段连接导线。交流电流回路按电流互感器二次绕组顺序号标号,交流电压回路按电压互感器安装顺序标号。标号时从互感器二次侧的始端起至终端(接地端)按规定的数字标号组,不分奇偶数,取连续递增的数字依次编制。对于互感器中性线(或零线)的标号,单相回路可接续回路标号依次编制,三相回路可按不同相别编制起始标号,如 N411、N611 或 L411、L611 等。

四、展开式原理接线图的基本识图方法

展开式原理接线图的逻辑性很强,通常按动作的先后顺序从上至下、从左至右绘制,所以看图时依据一定的规律更容易看懂。看图的基本方法如下:

1)根据展开式原理接线图右侧的文字说明,了解各回路的性质,然后从上到下逐个回路看通。

2)先一次、后二次。当图中有一次接线和二次接线同时存在时,应先看一次部分,弄清是什么设备和工作性质,再看对一次设备起监控作用的二次部分,具体起什么监控作用。

3)先交流、后直流。交流看电源,直流找线圈;抓住触点不放松,一个一个全查清。"先交流、后直流"是指先看交流回路,把交流回路看完弄懂后,根据交流回路的电气量以及在系统中发生故障时这些电气量的变化特点,向直流逻辑回路推断,再看直流回路。

"交流看电源,直流找线圈"是指交流回路要从电源(交流回路的电流互感器和电压互感器的二次绕组)入手。交流回路有交流电流和交流电压回路两部分,先找出电源来自哪组电流或电压互感器,再由此顺回路接线往后看,交流沿闭合回路依次分析设备的动作,直流从正极沿接线找到负极,并联系与交流回路有关的线圈分析各设备的动作。

"抓住触点不放松,一个一个全查清"是指找到继电器线圈后,再找出与之相应的触点。根据触点的闭合或断开引起的回路反应情况,再进一步分析,直至查清整个逻辑回路的动作过程。

4)先线圈,后触点。先查起动元件,后查起动元件的触点通断的电路。因为只有继电器或装置的线圈通电(并达到其起动值),其相应触点才会动作;根据触点变化引起的回路变化,进一步分析整个回路的动作过程。

5)先上后下、先左后右,盘外设备一个也不漏。"先上后下,先左后右"可理解为:一次接线的母线在上而负载在下;在二次接线的展开式原理接线图中,交流回路的互感器二次绕组(即电源)在上,其负载线圈在下;直流回路正电源在上,负电源在下;单元设备标号一般是由左至右排列。某一完整功能的实现,要通过若干"行"完成,各"行"可能在不同的图纸上,应找全与该功能相关的所有图纸。

任务实施

典型二次原理图和展开接线图的识图与分析

1)图 6-4 所示为电流速断保护的原理图和展开图,读图 6-4,认识图中各文字符号含义,在表 6-6 中写出对应设备的名称,并指出它们分别属于一次设备还是二次设备。

项目6 变电所二次回路的识图与分析

表6-6 电流速断保护原理图中的设备名称和类型

序号	设备文字符号	设备名称	一次设备或二次设备
1	QF		
2	TA		
3	KA		
4	KM		
5	KS		
6	YT		

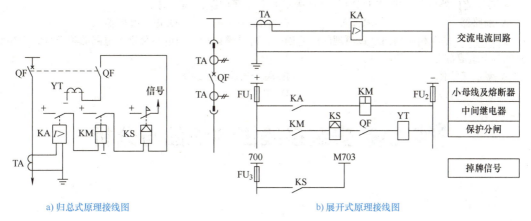

a) 归总式原理接线图　　　　　　　　　　　b) 展开式原理接线图

图6-4 电流速断保护原理图

2）读图6-4，当设备状态发生变化时，在表6-7中写出其对应的常开、常闭触点状态变化情况。

表6-7 设备及辅助触点状态

序号	设备状态	对应的常开、常闭触点状态
1	QF 合闸	
2	QF 分闸	
3	KA 通电动作	
4	KA 断电	
5	KM 通电动作	
6	KM 断电	
7	KS 通电动作	
8	KS 断电	

3）两人一组，分组认识并分析图6-4，抽查小组成员分别根据图6-4a和图6-4b讲解电流速断保护装置的工作原理，并比较二者的差异。

倾情电力事业，铸就骄人业绩——记省第十三届劳动模范、国网虎林市供电分公司检修师兼运维检修部主任王梁

一、简答题

1.二次回路的标号原则是什么？

2.展开式原理接线图的识图方法是什么？

二、单项选择题

1. 直流二次回路标号方法一般从正极回路线段起按规定的_____依次编制，每经过一个非阻抗电气元件（如按钮、开关、触点、连接片等），标号递增。
   A. 奇数号　　　　B. 偶数号　　　　C. 自然数　　　　D. 按照惯例

2. 变配电所直流二次回路的编号，要遵循等_____的原则进行。
   A. 电压　　　　　B. 电流　　　　　C. 电位　　　　　D. 相位角

3. 表示二次回路设备配置、连接关系和工作原理的二次接线图，称为_____。
   A. 归总式原理接线图　　　　　　B. 展开式原理接线图
   C. 安装接线图　　　　　　　　　D. 端子排图

4. 在交流回路标号法中，"U613"中U表示U相电压回路，"6"表示_____。
   A. 断路器　　　　B. 隔离开关　　　C. 电流互感器　　D. 电压互感器

5. _____是在相应的归总式原理图的基础上，将其整体形式的电路分别按电路的种类分解为相对独立的各个组成部分。
   A. 盘后接线图　　　　　　　　　B. 展开式原理接线图
   C. 盘面布置图　　　　　　　　　D. 端子排图

任务 3　安装接线图的识图与分析

任务描述

认识盘面布置图、端子排图、盘后接线图，识读与分析典型的安装接线图，分组认识馈线保护盘上的二次设备及端子排，对照安装接线图，完成馈线过电流保护装置的安装接线。

任务目标

知识目标	1. 熟悉安装接线图的特点、作用 2. 掌握端子排的表示方法和端子类型 3. 熟悉电缆的标号方法 4. 掌握盘后接线图的布置和识图方法
能力目标	1. 能够认识盘面布置图、端子排图、盘后接线图 2. 能够识读与分析典型的安装接线图 3. 能够根据图样进行设备的安装接线
素质目标	1. 培养勤学苦练、刻苦钻研的习惯，不断提升职业素养 2. 弘扬攻坚克难的工匠精神，善于观察和思考，从细节受启发攻克难关，进行科技创新

任务资讯

安装接线图用于表明配电盘的类型，各二次设备在配电盘上的安装位置，设备间的尺寸及二次设备接线情况。它是生产厂家制造控制盘、保护盘以及现场施工安装接线所依据的主要图纸，也是变电所运行维护等工作的主要参考图。在安装接线图中，各种仪表、继电器和端子排都是按国标图形绘制的。为了便于安装接线和运行中检查，所有设备的端子和接线都加上了走向标志。安装接线图一般包括盘面布置图、端子排图和盘后接线图。

一、盘面布置图

根据配电盘及各二次设备的实际尺寸，按一定比例绘制而成的盘面设备布置图，称为盘面布置图。它表示了配电盘正面各安装单位二次设备的实际安装位置，是正视图。盘面布置图附有设备明细表，表中列出了盘中各设备的名称、型号、技术数据及数量等，以便制造厂备料和加工。

盘面布置总的原则是：应便于监视、操作、检修、试验且保证安全，设备应布置得对称、整齐、美观、紧凑，并留有余地，以利扩建。

二、端子排图

端子排是二次回路中各设备间接线的过渡连接设备，由单个接线端子组成。表示各接线端子的组合及其与盘内外设备连接情况的图称为端子排图。它反映了配电盘上需要装设的接线端子数目、型号和导线去向，详细表明了各端子的接线情况，是变电所配电盘的生产、安装以及运行维护过程中不可缺少的图纸。

1. 端子的类型和作用

目前国内通用 B_1、D_1 系列端子，它的基本结构由绝缘座和导电片组成，绝缘座一般由胶木粉压制而成，其作用是隔绝导电片与端子的固定槽板，而且可避免端子在接线时误碰到邻近端子的导电部分，在绝缘座的下部有一锁扣弹簧，供端子固定在端子槽内用。

B_1 及 D_1 系列端子按用途可分为以下几种类型：

1）一般端子：用于盘内外导线（电缆）的一般连接。

2）试验端子：用于需要接入试验仪表的电流回路中。可以在不切断二次回路的情况下检校测量表计和继电器，一般交流回路应设置试验端子。

3）连接型试验端子：同时具有试验端子和连接端子的作用，用于在端子上需要彼此连接的电流试验回路中。

4）连接端子：用于同一导线编号的多根分支线连接。此种端子的绝缘隔板在正中螺钉处开置一缺口，以便通过连接片将相邻的端子连接起来。

5）终端端子：用于固定或分隔不同安装单位的端子排，终端端子不接线，上面打有文字符号，表明端子排的归属。

6）标准端子：直接连接盘内外导线用。

7）特殊端子：用于需要很方便地断开的回路中。如闪光母线、预告音响小母线等回路。

2. 端子排的表示方法

端子排在盘后接线图中一般采用三列表示法，如图 6-5 所示。端子排中间列的标号用于表明端子顺序号及端子类型。与电缆相连接侧的标号标明所接盘外设备的二次回路标号和所接盘顶设备的名称符号。与盘内设备相连侧的标号是到盘内各设备的编号（或回路标号）。注意：端子排两侧的标记在安装接线中是标在连接导线所套的胶木头或塑料套管上的。端子排的起始、终端端子上，标注了端子排所属的回路名称、文字符号及安装单位。同盘内有多个安装单位时，端子排按各安装单位划分成段，并以终端端子分隔。同类安装单位的端子排的结构、接线顺序相同。

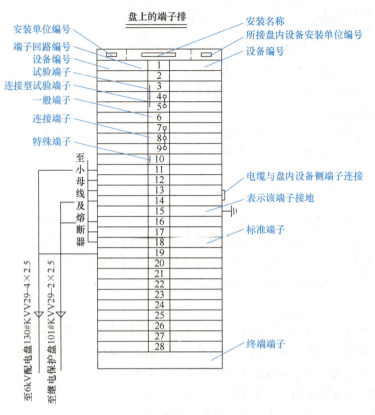

图6-5 端子排的表示方法

3. 端子排的设计及接线原则

端子排的设计应满足运行、检修、调试要求，并适当与盘内设备位置对应，一般布置在盘后两侧。

1）端子排的设置应与盘内设备相对应，如当设备位于盘的上部时，其端子排也最好排于上部，靠近盘左侧的设备接左侧端子排，靠近盘右侧的设备接右侧端子排。盘外引出线接端子排外侧，盘内引出线接端子排内侧，以便节省导线，便于查找和维修。

2）同一盘内不同安装单位设备间的连接、盘内设备与盘外设备间的连接、为节省控制电缆需要经本盘转接的回路（也称过渡回路），均需经过端子排。其中交流电流回路应经过试验端子，事故音响信号回路、预告信号回路及其他在运行中需要很方便地断开的回路（例如至闪光小母线的回路）需经过特殊端子或试验端子。

3）同一盘上相邻设备间的连接不经过端子排，两设备相距较远或接线不方便时，需经过端子排。

4）盘内设备与盘顶设备间的连接需经过端子排。

5）各安装单位主要保护的正电源一般由端子排引接；负电源应在盘内设备之间接成环形，环的两端应分别接至端子排。

6）端子排的上、下两端应装终端端子，且每一个安装单位端子排的最后应预留2～5个端子作为备用。当端子排长度许可时，各组端子之间也可适当地留1～2个端子备用。正、负电源之间，经常带电的正电源与合闸或分闸回路之间的端子应不相邻或者以一个空端子隔开，以免在端子排上造成短路，使断路器误动作。

7)一个端子的每一端一般只接一根导线,在特殊情况下最多接两根。连接导线的截面积一般不超过 6mm²。

4. 端子排端子的布置原则

每一个安装单位的二次回路都应有独立的端子排。为接线方便,规定端子排垂直布置时从上到下,水平布置时从左到右按照下列回路分组,并按顺序依次排列。

1)不同安装单位的端子应分别排列,不得混杂在一起,每排端子一般不宜超过 20 个,最多时不应超过 145 个。

2)交流电流回路(不包括自动调整励磁装置的电流回路):按每组电流互感器分组。同一保护方式(例如差动保护)下的电流回路一般排在一起,其中又按回路标号数字大小的顺序及相别 U、V、W、N 自上而下排列。

3)交流电压回路(不包括自动调整励磁装置的电压回路):按每组电压互感器分组。同一保护方式下的电压回路一般排在一起,其中又按回路标号数字大小的顺序及相别 U、V、W、N 自上而下排列。

4)控制回路:同一安装单位内按熔断器配置原则分组,按回路标号数字范围排列。其中每段里先排正极回路(单号),顺序为由小到大;再排负极回路(双号),顺序为由大到小。

5)信号回路:按预告信号、位置信号及事故信号分组,每组按数字大小排列,先排正电源,后排负电源。

6)转接回路:先排本安装单位的转接端子,再排其他安装单位的转接端子,最后排小母线转接用的转接端子。

7)其他回路:包括远动装置、励磁保护装置和自动调整励磁装置的电流回路、电压回路和远方调整及联锁回路等。每一个回路又按极性、标号和相序顺序排列。

5. 电缆的标号

盘内设备与盘外设备的连接,如盘内设备与室外互感器二次绕组之间的连接,主控室内设备与高压室内设备的连接,一般是采用控制电缆实现的。为便于安装检修、查找故障,对各种用途的电缆都必须按规定进行标号,其标号也是由不同范围内的 3 位数字组成的,见表 6-8。除了数字标号外,还应标明电缆所属的安装单位、电缆型号和电缆去向,以便和二次回路标号区别,如图 6-6 所示。

表 6-8 电缆标号的数字范围

序号	电缆起始点	电缆标号的范围
1	主控室到主机房	100~110
2	主控室到 6~10kV 配电装置	111~115
3	主控室到 35kV 配电装置	116~120
4	主控室到 110kV 配电装置	121~125
5	主控室到变压器	126~129
	其中	
5.1	控制盘到变压器端子箱	126
5.2	控制盘到变压器调压装置	127
5.3	控制盘到变压器套管电流互感器	128

（续）

序号	电缆起始点	电缆标号的范围
6	主控室盘间联系电缆	130～149
	其中	
6.1	用于 6～10kV 母线保护盘	145
6.2	用于 35kV 母线保护盘	146
6.3	用于 110kV 母线保护盘	147
7	主机间联系电缆	160～169
8	其他配电装置内联系电缆	170～179
9	110kV 配电装置内联系电缆	180～189
10	变压器处联系电缆	190～199

如 2T-118KXV20-10×2.5 表示 2 号主变压器，从主控室到 35kV 配电装置的第 3 根电缆，规格型号为 KXV20，10 芯，每芯截面积为 2.5mm²。

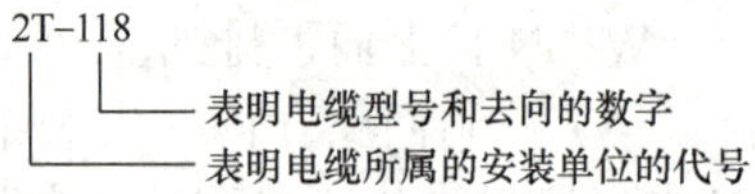

2T-118 ── 表明电缆型号和去向的数字
　　　 └─ 表明电缆所属的安装单位的代号

图 6-6　电缆的标号

三、盘后接线图

盘后接线图是以展开图、盘面布置图和端子排图为原始资料而绘制的实际接线图。它是背视图，即展示了从盘的背后看到的设备图形。盘后接线图标明了盘上各个设备引出端子之间的连接情况以及设备与端子之间的连接情况，是制造厂生产盘的过程中配线的依据，也是施工和运行的重要参考图纸。它由制造厂的设计部门绘制并随产品一起提供给用户。

1. 盘后接线图的布置

图 6-7 所示是盘后接线图的布置形式，对于安装在盘正面的设备，在盘后看不见设备轮廓者以虚线表示，在盘后看得见设备轮廓者以实线表示。由于盘后接线图为背视图，看图者相当于站在盘后，所以左右方向正好与盘面布置图相反。安装于盘后上部的设备，如熔断器、刀开关、电铃、蜂鸣器等，在盘后接线图中也画在上部，但对于这些设备来说其实相当于盘前接线，应画成正视图。盘后的左、右端子排画在盘的左右两边，端子排上面画小母线。

画盘后接线图时，应先根据盘面布置图，按在盘上的实际安装位置把各设备的背视图画出来。设备形状应尽量与实际情况相符。因盘上设备的相对位置尺寸已在盘面布置图上确定，所以盘后接线图不要求按比例尺绘制，但要保证设备间相对位置的准确。盘后接线图设备图形内有设备内部接线和接线柱的实际安装位置和顺序编号。成套装置和仪表可以只画出外部端子的实际排列顺序。

2. 设备图形的标号

盘后接线图中在各个设备图形的上方应有标号，如图 6-8 所示，标号的内容有：

1) 与盘面布置图相一致的安装单位标号及设备顺序号，如 I_1、I_2、I_3 等，其中罗马数字 I 为安装单位代号，阿拉伯数字下角标 1、2、3 表示设备安装顺序。

2) 与展开式原理接线图相一致的该设备的文字符号和同类设备标号，如 KA 表示电流继电器，若有多个 KA 则用 KA_1、KA_2、KA_3、…表示。

3）与设备表相一致的设备型号。

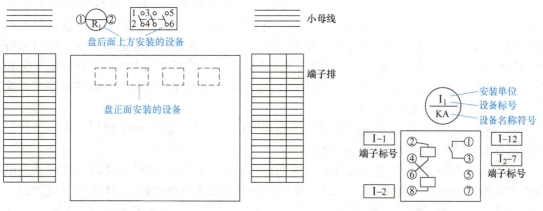

图 6-7　盘后接线图的布置形式

图 6-8　盘后接线图中设备图形的标号

3. 接线端子的标号

安装接线图中各设备间的接线广泛采用"相对标号法"。相对标号法是指在每个端子处标明它所连接对象的编号,以表明二者间相互连接关系的一种方法。如甲、乙两端子需要连接时,就在甲端子处标明乙端子的标号,在乙端子处标明甲端子的标号,用符号标明该线段的连接去向。由于是相互标注连接对方的标号,故称为相对标号法。这样,在接线和维修时就可以根据图纸,为盘上每个设备的任一端子找到与它连接的对象。如果在某个端子旁边没有标号,那就说明该端子是空着的,没有连接对象;如果有两个标号,那就说明该端子有两个连接对象,配线时应用两根导线接到两处去。按规定,每个端子上最多只能接两根导线。图 6-9a 所示为相对标号法接线,图 6-9b 所示为标号含义。

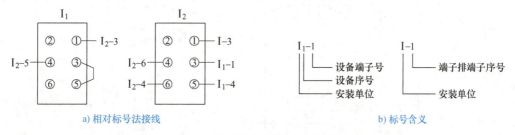

a) 相对标号法接线　　　　　　　　　　　b) 标号含义

图 6-9　相对标号法接线及标号含义

相对标号法具有表示简单、清晰,查线方便等优点,当二次接线复杂时尤为突出。因此,变电所内的端子排、盘后接线图广泛采用相对标号法。

四、安装接线图实例

图 6-10 是根据图 6-3 绘制出的盘后接线图。本安装单位内设有 3 个继电器（KA、KT、KS）,分别安装在盘面上,在盘后接线图中布置在中间相对应的位置。设备序号分别编为 I_1、I_2、I_3。左侧为端子排,经电缆与盘外的电流互感器、断路器及馈线控制盘端子排相连,采用等电位标号法表示。左上侧为小母线,上部中间为盘顶设备（如电阻）。盘内设备与端子排间、盘内设备与设备间的连接关系采用相对标号法表示。

图 6-3 中交流电流回路（U411、U412）经试验端子与电流继电器线圈 KA 相连,即

电流继电器 KA 的端子②通过端子排的端子 1 与 U411 相连，KA 的端子⑧通过端子排的端子 2 与 U412 相连，而 U411 与 U412 都连接到电流互感器 TA 上。图 6-10 用相对标号法表示，在端子排的端子 1 内侧标记 I_1-2，电流继电器端子②处标记 I-1，这表明了二者的相互连接关系。控制回路和信号回路的直流正、负电源由馈线控制盘引来，经端子排分别与相应的设备连接。例如控制回路正电源由端子排的端子 4 与电流继电器的端子①相连，并经端子①转接至时间继电器的端子③，满足了二次回路中正电源与设备的相互连接关系。其他接线的连接原理同上。

同设备端子相连的电流继电器端子④和⑥因回路简单，且两端子相邻，故采用线段直接连接的方法，这样能清晰地表明连接关系。

根据展开式原理接线图及设备安装地点，既可确定经电缆连接的线段，也可确定电缆连接数量及每根电缆的芯数。例如电流互感器引来交流电流回路（U411、U412）的为一根 2 芯电缆；由控制盘引来控制信号正、负电源（1、2、701）的为一根 3 芯电缆；向断路器送去控制回路负电源及分闸回路（2、33）的为一根 2 芯电缆，共采用了 3 根电缆。经端子排与盘顶设备相连的是截面积为 1.5mm^2 的绝缘线，各芯线的走向如图 6-10 中的符号所示。

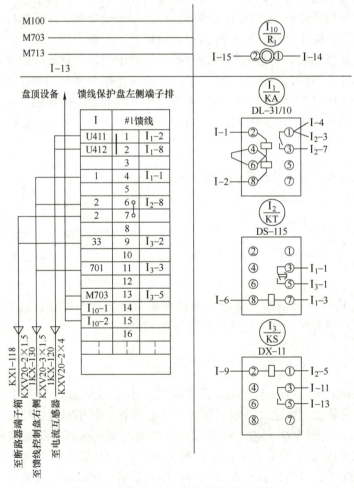

图 6-10　馈线过电流保护装置安装接线图

任务实施

典型安装接线图的识图分析及安装接线

1)读图 6-10,认识端子排图,完成表 6-9。

表 6-9 端子排图的认识

序号	端子类型	端子标号
1	试验端子	
2	连接端子	

2)读图 6-10,认识端子排中的电缆,完成表 6-10。

表 6-10 电缆的认识

序号	电缆型号	电缆的去向	电缆的芯数
1			
2			
3			

3)读图 6-10,认识盘后接线图,指出图中所使用的继电器,完成表 6-11。

表 6-11 继电器认识

序号	继电器文字符号	设备名称	线圈标号	对应常开触点标号
1				
2				
3				

4)读图 6-10,认识端子排图和盘后接线图,理解相对标号法含义,指出端子含义及相互连接关系,完成表 6-12。

表 6-12 端子含义及相互连接关系

序号	端子号	端子含义	端子的去向
1	I-1		
2	I-2		
3	I_1-1		
4	I_1-3		
5	I_2-3		
6	I_2-5		
7	I_3-1		
8	I_3-2		

5)教师讲解馈线保护盘的构造及使用方法,并示范馈线过电流保护装置的安装接

线，之后学生两人一组，分组认识盘上的二次设备及端子排，对照图6-10完成馈线过电流保护装置的安装接线。

拓展阅读

任务检测

电网工匠皮志勇：23年匠心守护电网"中枢神经"

一、简答题
1. 什么是安装接线图？
2. 安装接线图由哪几部分组成？
3. 简述相对标号法的含义。

二、单项选择题
1. 表明二次接线的实际安装情况的图纸是_____。
   A. 归总式原理接线图　　　　　　B. 展开式原理接线图
   C. 安装接线图　　　　　　　　　D. 平面布置图
2. _____是在每个端子处标明它所连接对象的标号，以表明二者间相互连接关系的一种方法。
   A. 等电位标号法　B. 相对标号法　C. 减极性标号法　D. 加极性标号法
3. 盘后接线图中用虚线绘制的设备是_____。
   A. 安装在盘正面的设备，在盘后看不见的设备
   B. 安装在盘外和本盘设备有重要连接的设备
   C. 电铃
   D. 蜂鸣器
4. _____是二次接线中各设备间接线的过渡连接设备。
   A. 熔断器　　　　B. 端子排　　　　C. 接触器　　　　D. 继电器

任务4　110kV GIS 组合电器高压开关控制信号回路的识图与分析

任务描述

识读与分析110kV GIS 组合电器中 SF_6 断路器的控制回路图、隔离开关控制信号回路图，掌握控制回路主要功能及工作原理。

任务目标

知识目标	1. 熟悉控制电路的基本构成及各部分作用 2. 掌握开关电器的电气控制方式 3. 熟悉控制电路的基本技术性能 4. 掌握110kV GIS 组合电器中 SF_6 断路器控制回路的主要功能和工作原理 5. 掌握隔离开关控制信号回路的主要功能和工作原理
能力目标	1. 能够利用不同的控制方式控制开关电器的分合闸 2. 能够识读与分析110kV GIS 组合电器中 SF_6 断路器的控制回路 3. 能够识读与分析隔离开关控制信号回路
素质目标	1. 培养创新精神，积极学习新设备、新技术，在增长知识、见识上下功夫 2. 对我国供电技术充满自信，激发科技兴国热情

任务资讯

一、控制电路的基本构成

变电所的断路器、隔离开关的控制电路一般是由指令单元、闭锁单元、联锁单元、中间信号放大单元、执行单元和连接它们的导线等二次电气设备组成，如图 6-11 所示。

指令单元一般由控制开关、转换开关、按钮、保护出口继电器和自动装置等构成，其作用是发出断路器、隔离开关的分、合闸命令脉冲。

闭锁单元一般是由闭锁继电器触点、断路器辅助触点组成，作用是当一次设备发生重大故障时，闭锁触点打开，切断分、合闸回路，避免断路器重新合闸于故障设备，防止事故范围进一步扩大。

断路器、隔离开关进行联动操作时，通常在控制回路中设置联锁单元，有效地保证断路器、隔离开关操作顺序的正确性。

中间信号放大单元是由继电器、接触器及其触点组成，其作用是将指令单元发出的命令脉冲放大，并按一定程序送给执行机构。

执行单元是断路器、隔离开关的操动机构，其作用是按命令驱使断路器分、合闸。

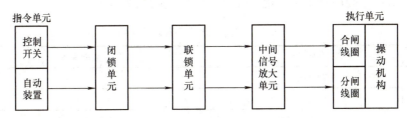

图 6-11　断路器、隔离开关控制电路结构框图

二、控制电路的类型

按指令电器与操动机构之间距离的远近，电气控制的方式可分为远动控制、距离控制和就地控制 3 种。

远动控制：由电力调度通过微机集中控制操纵高压断路器和隔离开关分、合闸，改变各变电所的运行方式，也称为遥控。这种控制方式可实现变电所无人值班，有利于实现管理控制自动化。

距离控制：在变电所主控制室中，通过监控主机或测控屏上的控制开关对开关电器进行控制，所以距离控制又称所内控制。

就地控制：操作人员在断路器和隔离开关操动机构箱内通过按钮或转换开关，或者用手直接操纵相关机构控制断路器和隔离开关分、合闸。

三、控制电路的基本技术要求

对于断路器的控制电路，无论其具体形式如何，均应满足下列技术要求：

1）既能进行正常的人工分闸与合闸，又能进行故障时的自动分闸或自动重合闸。分、合闸操作执行完毕后，应能自动解除命令脉冲，断开分、合闸回路，以免分、合闸线圈长期受电而烧损。

2）能够指示断路器的分、合闸位置状态，自动分、合闸时应有明显的信号显示。

3）能监视控制电源及下一次操作电路的完整性。

4）无论断路器的操动机构中是否设有防止跳跃的机械闭锁装置，控制电路中均应设防止跳跃的电气闭锁装置。

5）对于采用气动、弹簧、液压操动机构的断路器，其控制电路中应设相应的气压、弹簧（压力）、液压闭锁装置。

6）当隔离开关为电动时，断路器与隔离开关控制电路中应设相应的闭锁措施，保证其联动操作顺序的正确性。

7）接线力求简单、可靠，联系电缆的条数、芯数应尽量少。

四、110kV GIS 组合电器中 SF$_6$ 断路器控制回路的识图与分析

城市轨道交通主变电所110kV GIS 组合电器电气主接线图如图 3-24 所示。在 GIS 组合电器中，SF$_6$ 断路器广泛采用弹簧操动机构，利用电动机储能，其控制回路如图 6-12 所示，本图依据厂家提供的图纸进行了适当调整。

1. 控制回路主要电气元件及功能说明

图 6-12 所示控制回路中主要电气元件及功能说明见表 6-13。

表 6-13 主要电气元件及功能说明

符号	名称	功能说明
±WC	控制母线	
FU$_1$、FU$_2$	熔断器	
SA$_1$	"远方/就地"转换开关	
SA$_2$	"合闸/分闸"控制开关	
KOH	合闸继电器	
S	弹簧储能限位开关	弹簧储能充足时，限位开关 S 常开触点闭合；弹簧储能不足时，限位开关 S 常闭触点闭合，带动电动机储能
YC	断路器合闸线圈	
KCB$_1$	隔离开关操作闭锁继电器	当与断路器串联的隔离开关正在执行分、合闸操作时，不允许断路器合闸
KCB$_2$	SF$_6$气体压力严重降低闭锁继电器	SF$_6$气体压力严重降低时，闭锁分、合闸回路
KCF	防跳继电器	防止断路器反复分、合闸
YT	断路器分闸（跳闸）线圈	
KTP	分闸继电器	
KCO	保护出口继电器	
ST	SF$_6$气体密度继电器	
KM	接触器	
KT	时间继电器	
KC	控制继电器	
SB	手动停止储能按钮	电动机储能超时未自动停止时，利用按钮手动停止电动机储能

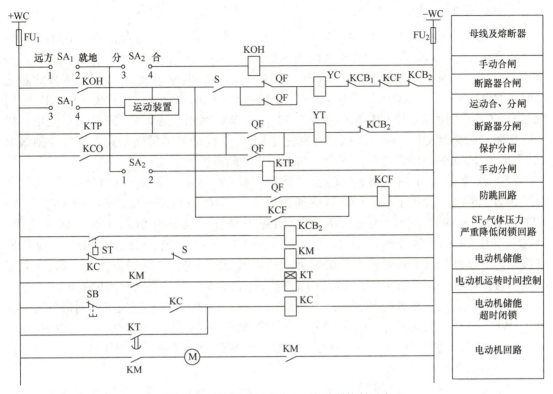

图 6-12 GIS 组合电器中 SF₆ 断路器控制回路

2. 转换开关和控制开关的使用

"远方/就地"转换开关 SA_1 外观如图 6-13a 所示,有两个位置,转至"就地"位置时,$SA_{1(1-2)}$ 触点闭合,转至"远方"位置时,$SA_{1(3-4)}$ 触点闭合。

"合闸/分闸"控制开关 SA_2 外观如图 6-13b 所示,它是控制回路的控制元件,用于发出分、合闸命令脉冲,控制断路器或隔离开关分、合闸,实现距离控制。变电所中广泛采用三位置控制开关,控制开关操作转换过程有三个位置,即"合闸""分闸""零位置"(中间竖直位置)。控制开关手柄平时处于"零位置",将控制开关手柄沿顺时针方向旋转 45°达到"合闸"位置时,$SA_{2(3-4)}$ 触点闭合,发出合闸命令脉冲。由于控制开关的合闸位是个不固定位置,当操作完毕后控制开关手柄在弹簧力的作用下,自动沿逆时针方向转45°返回中间零位,$SA_{2(3-4)}$ 触点断开。分闸操作时,将控制开关手柄沿逆时针方向旋转45°达到"分闸"位置,$SA_{2(1-2)}$ 触点闭合,发出分闸命令脉冲。操作人员手松开后,控制开关手柄自动恢复到中间零位,$SA_{2(1-2)}$ 触点断开。

a)"远方/就地"转换开关SA_1

b)"合闸/分闸"控制开关SA_2

GIS 组合电器断路器控制回路原理分析

图 6-13 转换开关和控制开关示意图

3. 功能与原理分析

（1）就地手动合闸　将 SA_1 转至"就地"位置，$SA_{1(1-2)}$ 闭合；将 SA_2 转至"合闸"位置，$SA_{2(3-4)}$ 闭合。此时电流流通回路为：$+WC \to FU_1 \to SA_{1(1-2)} \to SA_{2(3-4)} \to KOH \to FU_2 \to -WC$，合闸继电器 KOH 线圈通电动作，其常开触点闭合。弹簧储能充足时，$+WC \to FU_1 \to KOH$ 常开触点 $\to$ S 常开触点 $\to$ QF 常闭触点 $\to$ YC $\to$ KCB_1 常闭触点 $\to$ KCF 常闭触点 $\to$ KCB_2 常闭触点 $\to$ $FU_2 \to -WC$ 回路接通，合闸线圈 YC 受电，操动机构驱动断路器 QF 合闸。断路器合闸完毕后，QF 辅助联动常闭触点断开，合闸线圈 YC 失电复位。QF 辅助常开触点闭合，为下一步分闸做准备。

（2）就地手动分闸　将 SA_1 转至"就地"位置，$SA_{1(1-2)}$ 闭合；将 SA_2 转至"分闸"位置，$SA_{2(1-2)}$ 闭合。此时电流流通回路为：$+WC \to FU_1 \to SA_{1(1-2)} \to SA_{2(1-2)} \to KTP \to FU_2 \to -WC$，分闸继电器 KTP 线圈通电动作，其常开触点闭合。这样使得：$+WC \to FU_1 \to KTP$ 常开触点 $\to$ QF 常开触点 $\to$ YT $\to$ KCB_2 常闭触点 $\to$ $FU_2 \to -WC$ 回路接通，分闸线圈 YT 受电，操动机构驱动断路器 QF 分闸。断路器分闸完毕后，QF 辅助联动常开触点断开，切断分闸线圈 YT 回路，达到了命令脉冲自动解除的要求。

（3）遥控合闸　将 SA_1 转至"远方"位置，$SA_{1(3-4)}$ 闭合。远方发出合闸命令时，使得：$+WC \to FU_1 \to SA_{1(3-4)} \to$ 远动装置 $\to$ S 常开触点 $\to$ QF 常闭触点 $\to$ YC $\to$ KCB_1 常闭触点 $\to$ KCF 常闭触点 $\to$ KCB_2 常闭触点 $\to$ $FU_2 \to -WC$ 回路接通，合闸线圈 YC 受电，操动机构驱动断路器 QF 合闸。

（4）遥控分闸　将 SA_1 转至"远方"位置，$SA_{1(3-4)}$ 闭合。远方发出分闸命令时，使得：$+WC \to FU_1 \to SA_{1(3-4)} \to$ 远动装置 $\to$ QF 常开触点 $\to$ YT $\to$ KCB_2 常闭触点 $\to$ $FU_2 \to -WC$ 回路接通，分闸线圈 YT 受电，操动机构驱动断路器 QF 分闸。

（5）保护分闸　当一次电路发生短路故障时，相应的继电保护装置动作，继电保护出口继电器 KCO 常开触点闭合，使得：$+WC \to FU_1 \to KCO$ 常开触点 $\to$ QF 常开触点 $\to$ YT $\to$ KCB_2 常闭触点 $\to$ $FU_2 \to -WC$ 回路接通，分闸线圈 YT 受电，操动机构驱动断路器 QF 分闸。

（6）SF_6 气体压力严重降低时闭锁分、合闸回路　SF_6 气体压力下降，会导致断路器的绝缘能力和灭弧能力下降，使电弧难以熄灭。所以，在 SF_6 断路器本体上安装的 SF_6 气体密度继电器 ST 可对 SF_6 气体压力实时监测，并实现分合闸闭锁。

当 SF_6 气体压力严重降低（低于某个规定值，此值由设备决定）时，图 6-12 中 ST 常开触点闭合，电流回路：$+WC \to FU_1 \to ST$ 常开触点 $\to KCB_2 \to FU_2 \to -WC$ 接通，闭锁继电器 KCB_2 通电动作，串联在断路器合闸和分闸回路的 KCB_2 常闭触点断开，同时闭锁分合闸回路，禁止分合闸。

（7）电机储能超时闭锁　弹簧储能断路器的操动机构正常工作时，分合闸弹簧储能足够，弹簧储能限位开关 S 常开触点闭合，允许断路器合闸；S 常闭触点断开，KM 线圈不受电，储能电机 M 不会运转。断路器合闸时，合闸弹簧释放能量，断路器合闸到位后，限位开关 S 常闭触点闭合，电流回路：$+WC \to FU_1 \to KC$ 常闭触点 $\to$ S 常闭触点 $\to KM \to FU_2 \to -WC$ 接通，KM 线圈通电动作，KM 常开触点闭合，使得：$+WC \to FU_1 \to KM$ 常开触点 $\to M \to KM$ 常开触点 $\to FU_2 \to -WC$ 回路接通，储能电机 M 受电运转；同时，$+WC \to FU_1 \to KM$ 常开触点 $\to KT \to FU_2 \to -WC$ 回路接通，KT 线圈通电。当合闸弹簧储能到位后，限位开关 S 常闭触点断开，储能电动机 M 停转。若储能超时，KT 延时常开触点闭合，接通继电器 KC（+WC → FU_1 → KT 延时常开触点→ KC → FU_2 → -WC），KC 常开触点闭合自保持；KC 常闭触点断开，切断 KM 线圈回路，储能电动机 M 停转。

（8）电气防跳　防跳是"防止开关跳跃"的简称。所谓"跳跃"是指操作过程中，断路器在短时间内出现反复分、合闸的现象。多次频繁跳跃不但会使断路器损坏，而且还将扩大事故范围。为此，必须采取防跳措施，且通常在控制回路中设置电气防跳措施。

断路器的跳跃现象一般发生在输电线路或电气设备处于永久性短路故障而且合闸回路断不开的情况下。当断路器合闸送电至故障线路后，继电保护装置动作使断路器跳闸，若控制开关 SA_2 仍在合闸位而未转换，或合闸继电器 KOH 常开触点或自动重合闸触点发生故障未断开而处于接通状态时，断路器将再次合闸，此时继电保护装置又将使断路器跳闸，如此反复分、合动作，即发生跳跃现象。

通常在控制电路中设置防跳继电器 KCF 来实现电气防跳。在图 6-12 所示的电路中，采用在合闸回路并联防跳继电器 KCF 线圈同时在合闸回路串联 KCF 常闭触点的方式。当断路器合闸于永久性故障点时，YC 受电，断路器合闸；继电保护出口继电器 KOH 常开触点闭合，使断路器跳闸。因为设置了防跳回路，即使合闸回路例如 KOH 常开触点断不开，也不会再次接通合闸回路。因为在上一次合闸后，QF 辅助联动常开触点闭合，KCF 线圈通电动作，其常开触点闭合自保持；同时，串联于合闸回路的 KCF 常闭触点断开，切断合闸回路。当合闸脉冲消除后（如 KOH 常开触点断开），防跳继电器 KCF 线圈断电返回，断路器合闸回路恢复正常。

五、隔离开关控制信号回路

110kV GIS 组合电器中三工位隔离开关和接地开关控制信号回路与普通隔离开关控制信号回路类似，广泛采用电动操动机构，利用电动机的顺时针或逆时针转动带动隔离开关完成合闸或分闸。三工位隔离开关操作要求对应断路器分闸、接地开关分闸；接地开关操作要求对应三工位隔离开关分闸。下面以普通电动操动隔离开关控制信号回路为例讲述，如图 6-14 所示。

1. 隔离开关控制回路的特点

1）通过转换开关 SA_1 的切换，隔离开关既可进行远动操作，又能进行所内距离操作。通过手动/电动行程开关 ST_3 的转换，隔离开关既能在操动机构箱内通过按钮进行就地分、合闸，又能通过机械手柄进行手动操作。

2）控制回路中设置相应的闭锁电路，保证操作顺序的正确性。因隔离开关没有灭弧装置，不能用来分断和接通负荷电流，所以控制回路必须受相应断路器的闭锁，保证断路器在分闸状态时，才能操作隔离开关。因此，在控制回路中串联了断路器的分闸位置继电器常开触点 $KCT_{1(4-12)}$，只有当对应的断路器分闸时，分闸位置继电器受电，其常开触点闭合，才能接通隔离开关控制回路。若隔离开关带接地开关，控制回路也必须受接地开关的闭锁，保证接地开关在分闸状态时，才能操作隔离开关。

3）依靠隔离开关控制回路中接触器的主触点切换，来改变串励直流电动机励磁绕组的受电极性，使电动机改变转向而达到分、合闸目的。

4）分、合闸完毕后，通过行程开关触点转换，能自动切断电动机控制回路。

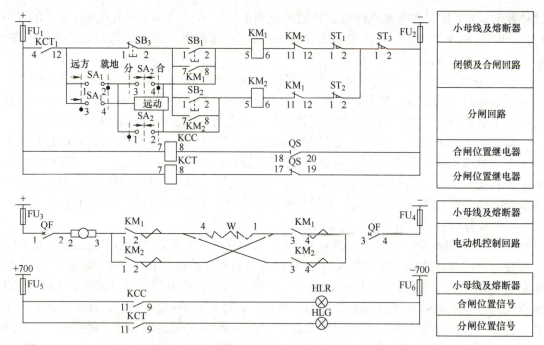

图 6-14　CJ_2 型电动操动隔离开关控制信号回路

2. 控制回路主要电气元件及功能说明

图 6-14 所示控制回路中主要电气元件及功能说明见表 6-14。

表 6-14　主要电气元件及功能说明

符号	名称及说明	符号	名称及说明
FU	熔断器	KCT_1	断路器分闸位置继电器
SA_1	"远方/就地"转换开关	SA_2	"合闸/分闸"控制开关
ST_1	合闸行程开关	ST_2	分闸行程开关
SB_1	操动机构箱合闸控制按钮	SB_2	操动机构箱分闸控制按钮
KM_1	合闸接触器	KM_2	分闸接触器
ST_3	手动/电动转换行程开关	SB_3	事故紧急停机按钮
KCC	隔离开关合闸位置继电器	KCT	隔离开关分闸位置继电器
HLR	红色信号灯	HLG	绿色信号灯
QF	电动机电源断路器		

行程开关主要用于将机械位移转变为电信号，用来控制机械动作或用作程序控制和限位控制。LX19-001 型行程开关如图 6-15 所示，其共有两对触点，$ST_{(1-2)}$ 为常闭触点（不受外力时闭合的触点），$ST_{(3-4)}$ 为常开触点（受外力时闭合的触点），触点的打开或闭合由主轴的定位件控制。

由于分、合闸控制回路分别接在分闸行程开关 ST_2、合闸行程开关 ST_1 常闭触点上，当隔离开关在合闸位时，主轴定位件接触并抵压合闸行程开关 ST_1，$ST_{1(1-2)}$ 断开，ST_2 不受主轴定位件抵压，$ST_{2(1-2)}$ 闭合，使控制回路为下次分闸做好准备。当隔离开关在分闸位时，则 $ST_{2(1-2)}$ 断开，$ST_{1(1-2)}$ 闭合，使控制回路为下次合闸做好准备。

项目6 变电所二次回路的识图与分析

a) 行程开关的外形　　b) 行程开关常开触点　　c) 行程开关常闭触点

图 6-15　LX19-001 型行程开关

ST_3 是手动/电动转换行程开关,它受手摇分、合闸操作挡板控制。正常时,挡板处于电动位置,ST_3 不受挡板抵压,$ST_{3(1-2)}$ 闭合,隔离开关能进行电动分、合闸。当电气控制回路故障或检修时,把挡板转换至手动操作位,挡板抵压 ST_3,$ST_{3(1-2)}$ 断开,切断电动分、合闸回路。此时,隔离开关通过机械手柄能进行手动分、合闸,而不能电动分、合闸。

3. 功能与原理分析

所内距离操作时,"远方/就地"转换开关 SA_1 转至"就地"位,$SA_{1(1-2)}$ 闭合;手动/电动转换行程开关 ST_3 处于电动位,$ST_{3(1-2)}$ 闭合;紧急停机按钮触点 $SB_{3(1-2)}$、电动机电源断路器 QF 处于闭合状态,为隔离开关操作做好了准备。合闸接触器 KM_1 和分闸接触器 KM_2 分别通过常闭触点实现互锁,避免了分、合闸接触器同时受电。

(1) 所内合闸　合闸前,与隔离开关串联的断路器在分闸位,$KCT_{1(4-12)}$ 闭合;隔离开关在分闸位,分闸行程开关常闭触点 $ST_{2(1-2)}$ 断开,合闸行程开关的常闭触点 $ST_{1(1-2)}$ 闭合;分合闸接触器都不受电,$KM_{1(11-12)}$、$KM_{2(11-12)}$ 处于闭合状态。

合闸时,将 SA_2 转至合闸位,$SA_{2(3-4)}$ 闭合,使得:$+ \rightarrow FU_1 \rightarrow KCT_{1(4-12)} \rightarrow SA_{1(1-2)} \rightarrow SA_{2(3-4)} \rightarrow KM_{1(5-6)} \rightarrow KM_{2(11-12)} \rightarrow ST_{1(1-2)} \rightarrow ST_{3(1-2)} \rightarrow FU_2 \rightarrow -$ 回路接通,合闸接触器 KM_1 线圈受电动作,$KM_{1(7-8)}$ 闭合,对合闸接触器线圈进行电源自保持;同时,其常开触点 $KM_{1(1-2)}$、$KM_{1(3-4)}$ 闭合,使得:$+ \rightarrow FU_3 \rightarrow QF_{(1-2)} \rightarrow$电动机转子绕组 $\rightarrow KM_{1(1-2)} \rightarrow$电动机励磁绕组 $W_{(4-1)} \rightarrow KM_{1(3-4)} \rightarrow QF_{(3-4)} \rightarrow FU_4 \rightarrow -$ 回路接通,电动机顺时针方向旋转,通过机械传动装置,推动隔离开关合闸。隔离开关合闸到位时,分闸行程开关 ST_2 不再受主轴定位件的抵压,其常闭触点 $ST_{2(1-2)}$ 闭合,为隔离开关的分闸做好准备。同时,主轴上的定位件接触并抵压合闸行程开关 ST_1,$ST_{1(1-2)}$ 断开,合闸接触器线圈 KM_1 失电,$KM_{1(1-2)}$、$KM_{1(3-4)}$ 断开返回,自动切断电动机回路,使电动机停转。

隔离开关合闸到位时,隔离开关本体辅助触点 $QS_{(18-20)}$ 闭合,合闸位置继电器 KCC 受电,$KCC_{(11-9)}$ 闭合,位置信号灯 HLR 亮红光,指示隔离开关在合闸位置。

(2) 所内分闸　隔离开关分闸时,将控制开关 SA_2 转至分闸位,$SA_{2(1-2)}$ 闭合,使得 $+ \rightarrow FU_1 \rightarrow KCT_{1(4-12)} \rightarrow SA_{1(1-2)} \rightarrow SA_{2(1-2)} \rightarrow KM_{2(5-6)} \rightarrow KM_{1(11-12)} \rightarrow ST_{2(1-2)} \rightarrow ST_{3(1-2)} \rightarrow FU_2 \rightarrow -$ 回路接通,分闸接触器 KM_2 线圈受电动作,$KM_{2(7-8)}$ 闭合,对分闸接触器线圈进行电源自保持;$KM_{2(1-2)}$、$KM_{2(3-4)}$ 闭合,使得 $+ \rightarrow FU_3 \rightarrow QF_{(1-2)} \rightarrow$电动机转子绕组 $\rightarrow KM_{2(1-2)} \rightarrow$电动机励磁绕组 $W_{(1-4)} \rightarrow KM_{2(3-4)} \rightarrow QF_{(3-4)} \rightarrow FU_4 \rightarrow -$ 回路接通,但因接通的励磁绕组极性与合闸时相反,电动机逆时针方向旋转,使隔离开关分闸。

隔离开关分闸到位后,分闸行程开关 $ST_{2(1-2)}$ 断开,分闸接触器线圈 KM_2 失电,$KM_{2(1-2)}$、$KM_{2(3-4)}$ 断开返回,自动切断电动机回路,电动机停止转动。

分闸完毕后，隔离开关辅助触点 $QS_{(17-19)}$ 闭合，隔离开关分闸位置继电器 KCT 受电，$KCT_{(11-9)}$ 闭合，位置信号灯 HLG 亮绿光，指示隔离开关在分闸位置。

（3）远方合闸　远方合闸时，"远方/就地"转换开关 SA_1 转至"远方"位，$SA_{1(3-4)}$ 闭合，远方发出合闸命令时，使得 + → FU_1 → $KCT_{1(4-12)}$ → $SA_{1(3-4)}$ → 远动装置 → $KM_{1(5-6)}$ → $KM_{2(11-12)}$ → $ST_{1(1-2)}$ → $ST_{3(1-2)}$ → FU_2 → − 回路接通，合闸接触器线圈 KM_1 受电动作并通过 $KM_{1(7-8)}$ 自保持，带动隔离开关合闸。

（4）远方分闸　"远方/就地"转换开关 SA_1 转至"远方"位，$SA_{1(3-4)}$ 闭合，远方发出分闸命令时，使得 + → FU_1 → $KCT_{1(4-12)}$ → $SA_{1(3-4)}$ → 远动装置 → $KM_{2(5-6)}$ → $KM_{1(11-12)}$ → $ST_{2(1-2)}$ → $ST_{3(1-2)}$ → FU_2 → − 回路接通，分闸接触器线圈 KM_2 受电动作并通过 $KM_{2(7-8)}$ 自保持，带动隔离开关分闸。

正常运行时，可通过变电所主控室或电力调度中心控制隔离开关，但在事故情况或检修、试验时，可以通过控制按钮进行分、合闸，SB_1 为操作机构箱合闸控制按钮，SB_2 为操作机构箱分闸控制按钮，其工作原理与以上操作类似。

任务实施

110kV GIS 组合电器中 SF_6 断路器控制回路识图与分析

1）读图 6-12 GIS 组合电器中 SF_6 断路器控制回路，认识电路中主要电气元件及功能，完成表 6-15。

表 6-15　主要电气元件名称

序号	符号	电气元件名称
1	±WC	
2	FU_1、FU_2	
3	SA_1	
4	SA_2	
5	KOH	
6	S	
7	YC	
8	KCB_1	
9	KCB_2	
10	KCF	
11	YT	
12	KTP	
13	KCO	
14	ST	
15	KM	
16	KT	
17	KC	
18	SB	

2）读图 6-12，分析分、合闸回路工作原理，说明 SF_6 断路器分、合闸需要具备的条件，完成表 6-16。

表 6-16　SF_6 断路器分、合闸条件

序号	动作	操作需要具备的条件
1	合闸	
2	分闸	

3）读图 6-12，分析控制回路主要功能及工作原理，完成表 6-17。

表 6-17　控制回路主要功能及工作原理

序号	主要功能	进行的操作	接通的回路
1	就地手动合闸		
2	就地手动分闸		
3	遥控合闸		
4	遥控分闸		

4）两人一组，分组识读与分析 GIS 组合电器中 SF_6 断路器控制回路图，抽查小组成员讲解控制回路主要功能及工作原理。

国网安徽电力：投用操作机器人替代人工开展远方设备操作

一、简答题
1. 断路器控制电路由哪几部分构成？各部分功能分别是什么？
2. 简述控制信号回路的基本技术要求。

二、不定项选择题
1. 按指令电器与操动机构之间距离的远近，电气控制的方式可分为_____3 种。
　A. 远动控制　　　　B. 距离控制　　　　C. 电动控制　　　　D. 就地控制
2. 通常在控制电路中设置_____来实现电气防跳。
　A. KCF　　　　　　B. KOH　　　　　　C. KCO　　　　　　D. KCB
3. 正常时，隔离开关的手动/电动转换行程开关挡板应处于_____位置。
　A. 手动　　　　　　B. 电动　　　　　　C. 远方　　　　　　D. 就地

任务 5　中压交流开关柜控制信号回路的识图与分析

任务描述

两人一组，分组认识 KYN28-12 型中压交流开关柜主要设备，识读与分析 KYN28-12 型中压交流开关柜断路器控制信号回路图，抽查小组成员讲解控制信号回路主要功能及工作原理。

任务目标

知识目标	1. 掌握中压交流开关柜电气主接线图及主要一次设备 2. 熟悉中压交流开关柜断路器控制信号回路中主要电气元件及功能 3. 掌握中压交流开关柜断路器控制信号回路主要功能和工作原理
能力目标	1. 能够认识中压交流开关柜断路器控制信号回路中的主要电气元件 2. 能够识读与分析中压交流开关柜断路器控制信号回路
素质目标	1. 养成严格履行岗位职责的习惯，认识到马虎大意会导致严重事故 2. 培养科学严谨的工作态度和一丝不苟的职业精神

任务资讯

城市轨道交通供电系统中，主变电所、牵引降压混合变电所和降压变电所广泛采用三相35kV或10kV中压交流开关柜，下面以变电所常用的KYN28-12型中压交流开关柜断路器控制信号回路为例进行讲述。

KYN28-12型开关柜整体是由柜体和可移开部件（即手车）两大部分组成。手车有3个位置，分别是工作位置、试验位置及隔离位置。手车通过在导轨上的滑动，能够移动至不同的位置。KYN28-12型中压交流开关柜电气主接线如图6-16所示，其中的手车式真空断路器广泛采用弹簧操动机构，其控制信号回路如图6-17所示，本图依据厂家提供的图样适当进行了调整。

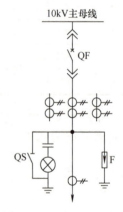

图6-16 KYN28-12型中压交流开关柜电气主接线图

一、控制信号回路主要电气元件及功能

图6-17所示控制信号回路主要电气元件及功能见表6-18。

表6-18 图6-17所示控制信号回路主要电气元件及功能说明

文字符号	名称	功能说明
1n	KYN28-12型中压交流开关柜保护测控装置	
SA_1	"远方/就地"转换开关	
SA_2	合闸/分闸控制开关	
ST_1	弹簧储能限位开关	弹簧储能充足时，ST_1常闭触点闭合；弹簧储能不足时，ST_1常闭触点断开
ST_2、ST_3	断路器手车位置开关	断路器手车处于试验位置时，ST_2常开触点闭合；断路器手车处于工作位置时，ST_3常闭触点闭合
YC	断路器合闸线圈	
YT	断路器分闸线圈	
KCF	防跳继电器	防止断路器反复分、合闸
KCB	闭锁继电器	
XB	连接片	
YL	电磁锁	
HL_1、HL_2	位置指示器	

项目6 变电所二次回路的识图与分析

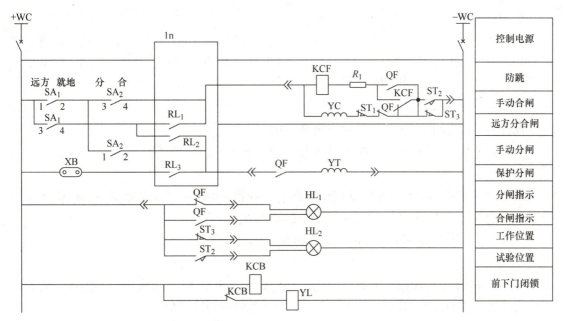

图 6-17 KYN28-12 型中压交流开关柜断路器控制信号回路

二、功能和原理分析

1. 就地手动合闸

10kV 交流开关柜断路器控制信号回路原理分析

将 SA_1 转至"就地"位置,$SA_{1(1-2)}$ 闭合;将 SA_2 转至"合闸"位置,$SA_{2(3-4)}$ 闭合。此时电流回路:+WC→直流断路器→$SA_{1(1-2)}$→$SA_{2(3-4)}$→1n→YC→ST_1 常闭触点→QF 常闭触点→KCF 常闭触点→ST_3 常闭触点→直流断路器→-WC 接通,断路器合闸线圈 YC 受电,操动机构驱动断路器 QF 合闸。断路器合闸完毕后,QF 辅助联动常闭触点断开,合闸线圈 YC 失电复归。QF 辅助联动常开触点闭合,为下一步分闸做准备。

2. 就地手动分闸

将 SA_1 转至"就地"位置,$SA_{1(1-2)}$ 闭合;将 SA_2 转至"分闸"位置,$SA_{2(1-2)}$ 闭合,使得 +WC→直流断路器→$SA_{1(1-2)}$→$SA_{2(1-2)}$→1n→QF 常开触点→YT→直流断路器→-WC 回路接通,断路器分闸线圈 YT 受电,操动机构驱动断路器 QF 分闸。断路器分闸完毕后,QF 辅助常开触点断开,切断分闸线圈回路。

3. 遥控合闸

将 SA_1 转至"远方"位置,$SA_{1(3-4)}$ 闭合,远方发出合闸命令时,1n 中的 RL_1 触点接通,使得 +WC→直流断路器→$SA_{1(3-4)}$→1n 中 RL_1→YC→ST_1 常闭触点→QF 常闭触点→KCF 常闭触点→ST_3 常闭触点→直流断路器→-WC 回路接通,YC 受电,操动机构驱动断路器 QF 合闸。

4. 遥控分闸

将 SA_1 转至"远方"位置,$SA_{1(3-4)}$ 闭合,远方发出分闸命令时,1n 中的 RL_2 触点接通,使得 +WC→直流断路器→$SA_{1(3-4)}$→1n 中 RL_2→QF 常开触点→YT→直流断路器→-WC 回路接通,YT 受电,操动机构驱动断路器 QF 分闸。

5. 保护分闸

当一次回路发生短路故障时，相应的继电保护装置动作，1n 中的 RL_3 触点接通，使得 +WC→直流断路器→XB→1n 中 RL_3→QF 常开触点→YT→直流断路器→-WC 回路接通，YT 受电，操动机构驱动断路器 QF 分闸。

6. 分、合闸信号指示

断路器 QF 合闸后，QF 常开触点闭合，HL_1 红灯亮。
断路器 QF 分闸后，QF 常闭触点闭合，HL_1 绿灯亮。

7. 手车位置信号指示

手车处于工作位置时，ST_3 常闭触点闭合，使得 +WC→直流断路器→ST_3 常闭触点→HL_2→直流断路器→-WC 回路接通，HL_2 红灯亮。
手车处于试验位置时，ST_2 常开触点闭合，HL_2 绿灯亮。

8. 电气防跳

在图 6-17 所示控制信号回路中，通过设置防跳继电器 KCF 来实现电气防跳。防跳回路的构成与工作原理与 GIS 组合电器中 SF_6 断路器控制回路类似。

任务实施

KYN28-12 型中压交流开关柜断路器控制信号回路识图与分析

1）读图 6-16 所示的 KYN28-12 型中压交流开关柜电气主接线图，认识主要设备，完成表 6-19。

表 6-19　KYN28-12 型中压交流开关柜主要设备及功能

序号	主要设备	功能
1		
2		
3		
4		
5		
6		
7		

2）读图 6-17，分析分、合闸回路工作原理，说明 KYN28-12 型中压交流开关柜断路器分、合闸需要具备的条件，完成表 6-20。

表 6-20　断路器分、合闸条件

序号	动作	操作需要具备的条件
1	合闸	
2	分闸	

3）读图 6-17，分析控制信号回路主要功能及工作原理，完成表 6-21。

表 6-21　控制信号回路主要功能及工作原理

序号	主要功能	进行的动作	接通的回路
1	就地手动合闸		
2	就地手动分闸		
3	遥控合闸		
4	遥控分闸		

4）两人一组，分组认识 KYN28-12 型中压交流开关柜主要设备，识读与分析 KYN28-12 型中压交流开关柜断路器控制信号回路图，抽查小组成员讲解控制信号回路主要功能及工作原理。

事故案例：巡视不到位，未及时发现缺陷导致越级跳闸

一、简答题

1. 画出 KYN28-12 型中压交流开关柜电气主接线图，图中包含哪些一次设备？
2. 简述中压交流开关柜断路器控制信号回路主要功能。

二、不定项选择题

1. KYN28-12 型中压交流开关柜手车有 3 个位置，分别是_____。
   A. 工作位置　　　　B. 分闸位置　　　　C. 试验位置　　　　D. 隔离位置
2. 当手车处于_____位置时，断路器不能合闸。
   A. 工作位置　　　　B. 分闸位置　　　　C. 试验位置　　　　D. 隔离位置
3. 当手车处于工作位置时，手车位置信号指示器_____亮。
   A. 红灯　　　　　　B. 绿灯　　　　　　C. 黄灯　　　　　　D. 白灯

任务 6　信号装置的识图与分析

任务描述

认识变电所主控室信号装置，两人一组，在变电所主控室分组认识 110kV 的 GIS 组合电器和中压交流开关柜保护测控盘上信号装置，识读与分析 GIS 组合电器和中压交流开关柜信号回路，抽查小组成员讲解信号回路主要功能及工作原理。

任务目标

知识目标	1. 掌握信号装置的类型 2. 熟悉信号装置的功能 3. 掌握 110kV 的 GIS 组合电器和中压交流开关柜信号回路主要功能和工作原理
能力目标	1. 能够认识变电所主控室信号装置 2. 能够识读与分析 110kV 的 GIS 组合电器和中压交流开关柜信号回路
素质目标	1. 学习新技术、新设备，增强对我国技术研发的自信 2. 增长知识、见识，培养自主学习探究能力，提升职业素养

任务资讯

在城市轨道交通的各类变电所中,运行人员为了及时发现和分析故障、迅速消除和处理事故、统一调度和协调生产,除了依靠测量仪表或监视系统监视设备运行外,还必须借助灯光和音响信号装置来反映设备正常和非正常的运行状态。

一、信号装置的分类

变电所中的信号装置按其用途不同,一般分为 3 种:

1. 位置信号

位置信号主要指示开关电器的位置状态。一般由亮平光的红、绿信号灯组成,位置信号安装在相应的控制盘上。

2. 继电保护和自动装置动作信号

继电保护和自动装置动作信号主要指示故障对象和故障性质,一般由信号继电器和告警文字组成,安装在相应的控制盘或保护盘上。

3. 中央信号

变电所运行中有正常运行状态、不正常运行状态和故障状态。故障状态是指主电路发生短路故障,并导致断路器自动分闸而中断供电的情况。断路器自动分闸时,应发出事故音响信号和说明事故性质的告警文字信号。此外,已分闸断路器的绿色信号灯(图标)会闪光,表示出故障发生的对象。不正常运行状态是指主电路、二次电路发生故障,但未引起断路器自动分闸的运行状况。变电所运行中发生不正常运行状态时,应有电铃音响信号,同时相应的告警文字有灯光显示,表明其性质和不正常运行设备的所在。

事故音响信号、预告音响信号和全所共用的告警文字信号等合称为中央信号。

信号装置按发出信号的性质分为事故信号装置和预告信号装置。故障状态时中央信号装置发出的相应信号称为事故信号。事故信号分为事故音响信号(蜂鸣器)、事故灯光信号及告警文字信号。

不正常运行状态时中央信号装置发出的相应信号称为预告信号。预告信号一般由电铃音响信号、掉牌信号和告警文字信号组成。

(1)瞬时预告信号　某些不正常运行状态一经出现,就立即发出的信号称为瞬时预告信号。如主变压器轻瓦斯保护动作、主变压器油温过高、主变压器通风故障、操动机构的油气压力降低、直流电压异常、操作熔断器动作等不正常运行状态,均发出瞬时预告信号。

(2)延时预告信号　某些不正常运行状态出现后,需经一定的延时,直到确认后,再发出的信号称为延时预告信号。如主变压器过负荷、电压互感器二次侧断线、直流控制回路断线、交流回路绝缘损坏等不正常运行状态,均发出延时预告信号。

二、信号装置的功能

1. 事故信号装置的功能

事故信号是变电所发生事故时断路器的分闸信号,无论何种原因引起的事故分闸,

事故信号装置均应满足:

1)当断路器事故分闸时,无延时发出事故音响信号,同时使相应断路器的位置信号灯闪光或亮白灯,监控主机主接线画面中相应断路器图标闪烁。

2)事故时应立即起动远动装置,发出遥信。

3)事故音响信号应能手动复归或自动复归。

事故音响信号的复归方式可分为就地复归、中央复归、手动复归和自动延时复归。

① 就地复归:在电气设备安装所在地进行个别信号单独复归。

② 中央复归:在主控制室内监控主机上集中复归。

③ 手动复归:值班人员在相应配电盘上进行复归。

④ 自动延时复归:信号发出后,经一定时间的延时,电路自动复归有关信号。

4)事故时应有指明继电保护和自动装置动作情况的光信号和其他形式信号。

5)能自动记录发生事故的时间。

6)事故时,应能启动计算机监控系统。

7)事故音响、灯光信号装置应能进行完好性检查试验。

2. 预告信号装置的功能

预告信号是变电所中电路或电气设备出现不正常运行状态的信号,包括以下内容:

1)各种电气设备的过负荷。

2)各种带油设备的油温升高超过极限。

3)交流小电流系统接地故障。

4)各种电压等级的直流系统接地。

5)各种液压或气动机构压力异常、弹簧机构的弹簧未拉紧。

6)用 SF_6 气体绝缘的设备 SF_6 气体密度或压力异常。

7)各种继电保护和自动装置的交、直流电源断线。

8)断路器的控制回路断线。

9)电流互感器和电压互感器的二次回路断线。

10)继电保护和自动装置的信号继电器动作未复归。

11)其他一些值班员需要了解的运行状态也可发出预告信号。

当变电所中的电路或电气设备出现不正常运行状态时,值班人员通过预告信号装置应能立即知道并及时记录与处理,防止事故发生。因此,对预告信号装置应有以下要求:

1)预告信号出现时,应能瞬时或延时发出与事故信号有区别的音响信号,同时有灯光信号指出不正常运行的内容。

2)能手动复归或自动复归音响信号,显示故障性质的灯光信号应保留,直至故障排除。

3)预告信号装置应具有重复动作的功能。

所谓重复动作,主要是对音响信号而言,指当第一个故障出现时的音响信号解除之后灯光信号未复归之前,也就是第一个故障未排除前,如果又出现不正常工作状态,中央信号装置仍能按要求发出音响及灯光信号。在上述时间范围内不能连续发出若干音响信号,而只有当前一个故障排除后,才能发出后续故障的音响信号时,称为不重复动作。

4）预告音响、灯光信号装置应能进行完好性检查试验。

三、信号装置识图与分析实例

图 6-18 所示为 110kV 的 GIS 组合电器开关就地分、合闸信号指示回路图。图 6-18 中利用 HL_1、HL_2、HL_3 分别指示 GIS 组合电器中 DS、ES、QF 的分、合闸位置，当开关合闸后对应的信号灯红灯亮，当开关分闸后对应的信号灯绿灯亮。

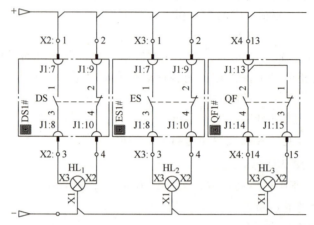

图 6-18　110kV 的 GIS 组合电器开关就地分、合闸信号指示回路

110kV 的 GIS 组合电器和中压交流开关柜信号回路识图与分析

1）读图 6-18 所示 110kV 的 GIS 组合电器开关就地分、合闸信号指示回路，完成表 6-22。

表 6-22　GIS 组合电器信号指示灯状态

序号	设备状态	信号指示灯状态
1	DS 合闸后	
2	DS 分闸后	
3	ES 合闸后	
4	ES 分闸后	
5	QF 合闸后	
6	QF 分闸后	

2）读图 6-17 所示的 KYN28—12 型中压交流开关柜断路器控制信号回路，完成表 6-23。

项目6 变电所二次回路的识图与分析

表6-23 KYN28-12型中压交流开关柜分、合闸后信号指示灯状态

序号	设备状态	信号指示灯状态
1	就地手动合闸后	
2	就地手动分闸后	
3	遥控合闸后	
4	遥控分闸后	

3）读图6-17所示KYN28-12型中压交流开关柜断路器控制信号回路，完成表6-24。

表6-24 KYN28-12型中压交流开关柜断路器小车位置信号指示灯状态

序号	手车所处位置	小车信号指示灯状态
1	工作位置	
2	试验位置	
3	隔离位置	

4）两人一组，在变电所主控室分组认识GIS组合电器和中压交流开关柜保护测控盘信号装置，识读与分析GIS组合电器和中压开关柜信号回路，抽查小组成员讲解信号回路主要功能及工作原理。

拓展阅读

任务检测

国网浙江绍兴供电：变电站监控辅助机器人"上岗"实现智能监控

一、简答题
1. 变电所中的信号装置按用途不同，分为哪几种类型？
2. 事故信号分为哪几种类型？预告信号分为哪几种类型？

二、单项选择题
1. 指示开关电器的位置状态一般由亮平光的红色信号灯表示开关的_____。
  A. 合闸状态   B. 分闸状态   C. 事故分闸状态   D. 检修状态
2. 当GIS组合电器中SF_6气体密度或压力异常时应发出_____信号。
  A. 事故信号   B. 预告信号   C. 位置信号   D. 自动装置动作
3. 中央信号装置由_____和预告信号两部分组成。
  A. 事故信号   B. 位置信号
  C. 继电保护装置动作   D. 自动装置动作
4. 当断路器事故分闸时，监控主机主接线画面中相应断路器图标应_____。
  A. 亮红灯   B. 亮绿灯   C. 闪烁   D. 熄灭

任务7 交、直流自用电系统的认知

任务描述

认识主变电所、牵引变电所和降压变电所的交、直流自用电系统，分组完成主变电所交、直流自用电系统正常运行时的送电操作（原始状态：自用电系统未运行）。

任务目标

知识目标	1. 理解变电所自用电系统的功能 2. 掌握主变电所、牵引变电所和降压变电所交、直流自用电系统构成及工作原理 3. 熟悉高频开关直流电源的构成及作用 4. 掌握蓄电池的工作原理、日常维护事项
能力目标	1. 能够操作主变电所、牵引变电所和降压变电所交流自用电系统 2. 能够操作主变电所、牵引变电所和降压变电所直流自用电系统 3. 能够完成蓄电池的日常维护作业
素质目标	1. 树立"万无一失，工作严谨"的思想和集体主义观念 2. 培养勇于创新、精益求精的工匠精神

任务资讯

一、自用电系统概述

变电所设备及附属设备的正常运行需要低压电源，这些设备的用电称为变电所自用电。变电所自用电的可靠性直接影响变电所能否可靠运行。

1. 自用电系统的作用

自用电系统主要是对两类设备进行供电：

1）对开关电器的距离控制、信号、继电保护、自动装置以及事故照明等二次设备的直流供电。

2）对变压器冷却风扇、设备加热、蓄电池室内通风、室内外照明、通信电源、设备检修、蓄电池组的充电装置等设备的交流供电。

为确保上述用电，通常装设专用供电系统，即自用电系统。自用电系统中的交流和直流两部分又各自独立，自成体系，故可称为交流自用电、直流自用电两个系统。自用电系统在供电系统中处于极其重要的地位，它的工作正常与否直接影响主电路的正常运行。因此，要求无论主电路处于何种运行状态，自用电系统均应安全可靠持续供电。

2. 自用电系统的组成

变电所的自用电系统由交流自用电系统和直流自用电系统两部分组成，直流自用电系统一般有整流式直流系统和蓄电池组直流系统两种类型，电压等级通常为直流110V或220V。

二、变电所自用电系统的整体认知

主变电所和牵引变电所需要设置所用变压器，牵引降压混合变电所或降压变电所的所用低压交流电源可由所内低压配电设备提供。低压电源均引至交流屏。

所用变压器和降压变电所的区别在于，降压变电所是将交流中压35kV或10kV电压降为交流400V电压，提供给车站的动力和照明电源。而所用变压器提供所内各设备的交、直流电源，将三相交流35kV或10kV变为三相交流400V。虽然功能与降压变电所类似，但供电对象和监控方式有很大不同。

1. 主变电所自用电系统

（1）主变电所自用电系统构成　为了可靠地向交流自用电设备供电，主变电所通常设两台所用变压器，互为备用且均为干式变压器。所用变压器一般从中压 35kV 或 10kV 交流电源取电，若有独立于变电所的外网 10kV 三相交流电源时，则所用变压器中的一台应由该电源供电。主变电所自用电系统接线示意图如图 6-19 所示。

主变电所自用电设备中存在消防负荷，低压交流接线一般采用单母线分段设分段开关方式。每段母线为消防负荷提供一路电源，消防末级配电设备实施双电源切换。自用电各设备的馈出回路独立设置，为三相四线制放射式配电。

正常运行时，两台所用变压器并列运行，低压侧母线联络断路器断开。当一台所用变压器发生故障时，备用电源自动投入运行，低压侧母线联络断路器自动闭合，由另一台所用变压器供给所内重要负荷。

变电所自用电系统由交流屏（也称为交流盘或交流柜）、直流充馈电屏和蓄电池屏组成。交流屏提供交流电源，直流充馈电屏和蓄电池屏提供直流电源。

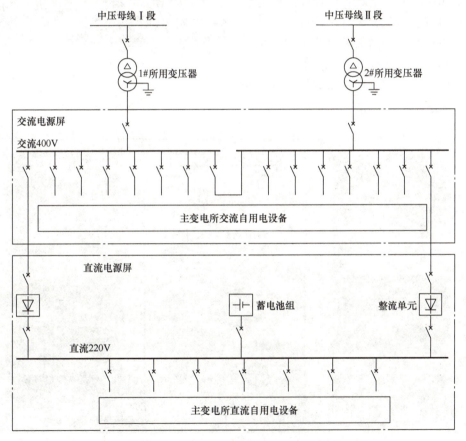

图 6-19　主变电所自用电系统接线示意图

（2）交流自用电系统主要设备——交流屏

1）交流屏构成：交流屏外观如图 6-20 所示。由两台所用变压器各引出一路电源，作为交流屏的进线电源，低压侧设置母线联络开关。

2）交流屏设置自投自复功能，即当两路进线电源正常时，两路进线开关自动合闸，母线联络开关断开；当一路进线电源失电时，该路进线开关自动跳闸，母线联络开关延时后自动合闸投入，由另一路开关担负该段开关的交直流负荷用电；当该路进线电源恢复正常时，母线联络开关自动分闸退出，该路进线开关自动恢复合闸供电。

3）交流屏两段母线馈出开关供给变电所内设备的交流用电，例如加热、照明用电等。

4）从交流屏两段母线各馈出一路开关到直流充电屏，作为直流充电屏内整流模块的交流输入端。

（3）直流自用电系统主要设备——直流充馈电屏和蓄电池屏

变电所直流电源广泛采用高频开关电源和蓄电池组相结合的方式。直流自用电系统主要设备是直流充馈电屏和蓄电池屏，其外观如图6-21所示。交流屏为直流充电屏提供交流电源，直流充电屏采用高频开关电源将交流电源整流为所需的直流电源，蓄电池组正常情况下处于在线浮充电状态，当交流电源全部失电时，蓄电池组放电实现不间断供电。

图6-20　交流屏外观

图6-21　直流充馈电屏和蓄电池屏外观

1）直流充馈电屏：直流充电屏内共配置4组高频开关电源模块，各高频开关电源模块并联运行。从交流屏两段母线各馈出一路开关到直流充电屏，作为直流充电屏内高频开关电源模块的交流输入端。以输出直流电压220V为例，经高频开关电源模块整流后输出直流240V电压，送到直流母线和蓄电池屏，再通过硅链降压单元降压为直流220V，供给全所的直流用电负荷。

2）蓄电池屏：蓄电池有铅酸蓄电池、镉镍碱性蓄电池和阀控式密封铅酸蓄电池（VRLA）。在城市轨道交通变电所广泛采用阀控式密封铅酸蓄电池。当直流电源电压为110V时，蓄电池屏由9块蓄电池组成；当直流电源电压为220V时，蓄电池屏由18块蓄电池组成。每块蓄电池又由6个单体为2V的蓄电池组成。

正常运行时，直流充馈电屏为系统的经常性直流负荷提供电源，同时为蓄电池组充电，蓄电池组充电完成后，处于浮充电状态。当发生交流电源或高频开关电源模块失电时，蓄电池组自动投入运行，为直流负荷提供不间断的直流电源。

2. 独立牵引变电所自用电系统

图6-22为独立牵引变电所自用电系统接线示意图。独立的牵引变电所采用所用变压器提供交流所用电源时，所用变压器设置情况与主变电所相同。由于地面牵引变电所没有消防负荷，两个所用变压器分别引入电源，所以低压接线一般采用单母线接线方式，引入端设置电源自动转换装置。

双路交流电源的切换采用自动转换开关实现，自带机械联锁和电气联锁，既可手动操作也可自动操作。自动操作方式下，由控制电路完成对两路交流电源进线的监测和自动切换控制。

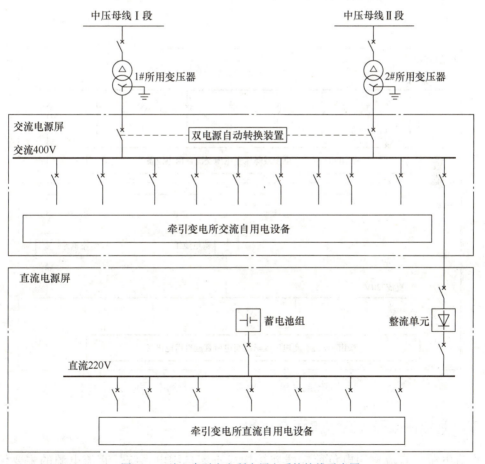

图6-22 独立牵引变电所自用电系统接线示意图

双电源自动切换控制功能见表6-25。

表 6-25 双电源自动切换控制功能

电源状态		控制功能
1 路电源	2 路电源	自投自复
正常	正常	Ⅰ合Ⅱ分：1 路常用电源供电
故障	正常	Ⅰ分Ⅱ合：切换为 2 路备用电源供电
恢复正常	正常	Ⅰ合Ⅱ分：恢复为 1 路常用电源供电
正常	故障	Ⅰ合Ⅱ分：保持由 1 路常用电源供电
正常	恢复正常	Ⅰ合Ⅱ分：保持由 1 路常用电源供电

3. 牵引降压混合变电所或降压变电所自用电系统

牵引降压混合变电所或降压变电所自用电系统接线示意图如图 6-23 所示。两路交流电源引自所内 400V 低压开关设备的不同母线，采用单母线接线形式，在电源进线处设置电源自动转换装置。

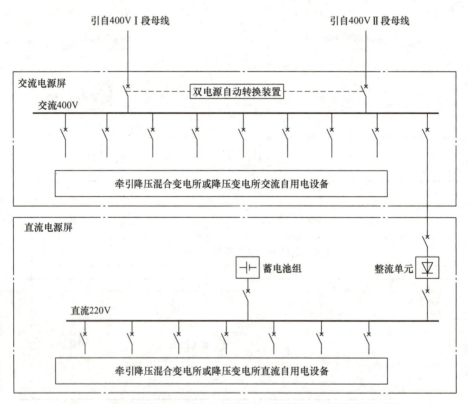

图 6-23 牵引降压混合变电所或降压变电所自用电系统接线示意图

三、智能高频开关直流电源系统的认知

直流电源与直流自用电负荷馈线连接构成直流自用电系统。直流电源的主要任务是给继电保护、开关分合闸及控制提供可靠的直流电。直流自用电负荷主要是继电保护、控制、信号、计算机监控、事故照明、交流不间断电源等负荷。

项目6 变电所二次回路的识图与分析

1. 变电所直流自用电系统的分类

变电所直流自用电系统按获得直流电能方式的不同，一般有整流式直流系统和蓄电池组直流系统两种类型。整流式直流系统分为相控整流和高频开关整流两种。

蓄电池组是一种可多次充电使用的化学电源，它由多个单体蓄电池串联组成，以形成一定的电压，作为与电力系统运行状态无关的独立可靠的直流操作电源。其优点是与交流电网无关、供电可靠性高、电压稳、容量大；缺点是价格贵、寿命短、运行维护量大。

2. 智能高频开关直流电源系统

变电所广泛采用智能高频开关直流电源系统。它是由交流配电单元、高频开关整流模块（又称充电模块）、蓄电池组、硅链降压单元、绝缘监测装置和集中监控模块等部分组成。系统原理图如图6-24所示。

1）交流配电单元：将交流电源引入分配给各个高频开关整流模块，扩展功能为实现两路交流输入的自动切换，以提高直流电源系统供电的可靠性。

2）高频开关整流模块：提供电池所需电压，其输出连接在直流母线上，基本功能是完成AC/DC变换（整流），以输出稳定的直流电。

3）蓄电池组：其主要作用是在交流输入电源正常时储存电能，在交流停电时释放电能，保证直流系统不间断地向负荷供电。

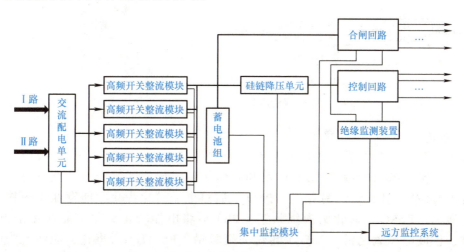

图6-24 智能高频开关直流电源系统原理图

4）硅链降压单元：因为直流电源在对蓄电池组进行均衡充电时，高频开关整流模块的输出电压会高于控制回路的额定电压值，所以在合闸母线与控制母线之间设置硅链降压单元，以保证控制母线的电压在正常范围内。硅链降压单元由多只大功率硅整流二极管串联而成，利用PN结基本恒定的正向压降作为调整电压的方法，通过改变串联的硅管数量获得适当的压降，达到电压调节的目的。

5）直流馈电：它将直流电源经断路器、熔断器分配到各直流用电设备，包括合闸（动力）回路、控制回路和闪光回路等。

6）绝缘监测装置：该装置的主要功能是在线监测母线和直流馈出线支路的绝缘下降情况。在检测出有绝缘下降情况时，发出告警信号。

7）监控模块：监控模块是负责实现直流电源系统的监测、控制和管理的功能模块，也是电源系统的控制、管理核心。

智能高频开关直流电源系统的能量流向如图6-25所示,其工作方式分为3种情况。正常情况下,系统的交流输入正常供电时,通过交流配电单元给各个高频开关整流模块供电,高频开关整流模块将交流电变换为直流电,然后经保护器(断路器或熔断器)输出,一方面给蓄电池组充电,另一方面经直流馈电单元给直流负荷提供正常工作电源;负荷较大情况下,当控制或动力负荷需要较大的冲击电流时,由高频开关整流模块和蓄电池组同时提供直流电源;全变电所失电压情况下,即变电所交流中断时,高频开关整流模块停止工作,由蓄电池组不间断地单独提供直流电源。

四、阀控式密封铅酸蓄电池的认知

阀控式密封铅酸(VRLA)蓄电池具有铅酸蓄电池优点,基本可以免维护,没有酸雾和氢气排出,不会污染环境,现在已广泛用于综合自动化变电所中,为无人值班首选蓄电池。VRLA蓄电池全密闭,由正负极板、隔板、电解液、安全阀、气塞、外壳等部分组成,如图6-26所示。其中安全阀可以控制电池内部的气体压力。

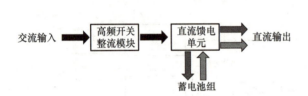

图6-25 智能高频开关直流电源系统能量流向图

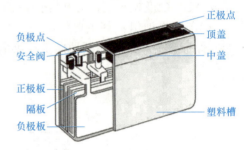

图6-26 VRLA蓄电池的结构

1. VRLA蓄电池的工作原理

VRLA蓄电池充电后的正极板上有效物质是二氧化铅(PbO_2),负极板上有效物质是海绵状铅(Pb),电解液由蒸馏水和硫酸按一定比例配置而成。充电时,正极由硫酸铅($PbSO_4$)转化为二氧化铅(PbO_2)后将电能转化为化学能存在正极板中,负极由硫酸铅($PbSO_4$)转化为海绵状铅(Pb)后将电能转化为化学能存在正极板中。放电时,正极由二氧化铅(PbO_2)转化为硫酸铅($PbSO_4$)后将化学能转化为电能向负荷供电,负极由海绵状铅(Pb)转化为硫酸铅($PbSO_4$)后将化学能转化为电能向负荷供电。

2. VRLA蓄电池的主要技术指标

(1)VRLA蓄电池的电动势 不同导电材料制成的正负极放入同一电解液中时,由于有效物质的电化次序不同,极板上将产生不同电位,正负极板在外电路断开时的电位差就是VRLA蓄电池的电动势。VRLA蓄电池电动势的大小主要决定于极板上有效物质的性质,和极板的大小无关。

(2)额定容量 额定容量是指将充满电的VRLA蓄电池按规定的放电电流,在正常放电时间内连续放电到规定的终止电压时所放出的电量。其单位是安培·小时,以A·h表示。当放电电流恒定时,其额定容量为$Q_N = I_f t_f$,Q_N为额定容量(A·h),I_f为恒定放电电流(A),t_f为持续放电时间(h)。

（3）额定电压　VRLA 蓄电池在正常放电过程中正负极板间应保持的电压值为额定电压，按国际标准规定单体酸性蓄电池的额定电压为 2V。

（4）终止电压　终止电压是为防止 VRLA 蓄电池出现过放电现象以致造成极板损伤所规定的放电最低电压值。VRLA 蓄电池以不同的放电倍率放电时，终止电压略有不同。采用小电流放电时，终止电压定得高些；采用大电流放电时，终止电压定得低些。放电电压低于终止电压时，将影响 VRLA 蓄电池的寿命。

3. VRLA 蓄电池的日常维护

VRLA 蓄电池的日常维护中需经常检查的项目有：

1）VRLA 蓄电池两端电压。

2）VRLA 蓄电池的工作温度。

3）VRLA 蓄电池连接处有无松动、腐蚀现象，检测连接条的压降。

4）VRLA 蓄电池外观是否完好，有无外壳变形和渗漏。

5）极柱、安全阀附近有无酸雾析出。

6）安装好的 VRLA 蓄电池极柱应涂上中性凡士林，防止腐蚀极柱，且应定期清洁，以防止 VRLA 蓄电池绝缘降低。

7）平时每组 VRLA 蓄电池中至少应选择几个蓄电池作为标示，即作为了解 VRLA 蓄电池组工作情况的参考，对标示 VRLA 蓄电池应定期测量并做好记录。

8）当在 VRLA 蓄电池组中发现电压反极性、压降大、压差大和酸雾渗漏现象的 VRLA 蓄电池时，应及时采用相应的方法恢复或修复，对不能恢复或修复的要更换，对使用寿命已到的 VRLA 蓄电池组要及时更换。

主变电所交直流自用电系统的认知与操作

1）对照图 6-19 所示主变电所自用电系统接线示意图，结合交流屏外观（见图 6-20）及直流充馈电屏与蓄电池屏外观（见图 6-21），分组认知主变电所交、直流自用电系统，完成表 6-26。

表 6-26　主变电所自用电系统的认识

序号	组成部分	数量	包含的主要设备	作用
1	交流屏			
2	直流充馈电屏			
3	蓄电池屏			

2）读图 6-27 所示某主变电所交流自用电系统电气主接线图，QF_1 和 QF_2 为 400V 电源进线断路器，QF_3 为 400V 母线联络断路器，QF_4 供直流自用电系统的第一组高频开关整流模块，QF_5 供第二组高频开关整流模块，结合图 6-20，在表 6-27 中写出向直流自用电系统两组高频开关整流模块供电时交流屏的操作。

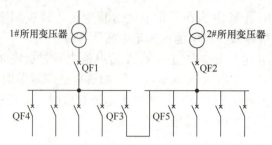

图 6-27　某变电所交流自用电系统电气主接线图

表 6-27　向直流自用电系统两组高频开关整流模块供电时交流屏的操作

操作顺序	需要闭合的开关电器
1	
2	
3	
4	

3）读图 6-24 所示智能高频开关直流电源系统原理图，结合直流充馈电屏外观（见图 6-21），简要描述智能高频开关直流电源系统各部分的功能，填写表 6-28。

表 6-28　智能高频开关直流电源系统各部分的功能

序号	组成部分	功能
1		
2		
3		
4		
5		
6		
7		

4）根据图 6-25 所示智能高频开关直流电源系统能量流向图，填写表 6-29。

表 6-29　系统状态与工作方式

系统状态	工作方式
正常运行	
负荷较大	
全所失电压	

5）结合交流屏实物图 6-20 和直流充馈电屏与蓄电池组实物图 6-21，两人一组，分组完成主变电所交、直流自用电系统正常运行时的送电操作（原始状态：自用电系统未运行）。

湖北工匠孙宏杰：坚守匠心，厚积薄发

一、单项选择题

1. 直流自用电系统又包括整流式直流系统和_____。
   A. 交流自用电系统　　B. 蓄电池组直流系统
   C. 脉动系统　　　　　D. 交、直流自用电系统

2. VRLA 蓄电池的主要技术指标不包括_____。
   A. 蓄电池的电动势　B. 额定容量　　C. 终止电压　　D. 终止电流

3. VRLA 蓄电池常见的充电方式包括浮充电和_____。
   A. 浮放电　　　　　B. 放电电压　　C. 均放电　　　D. 均充电

4. 蓄电池组是直流自用电系统的重要组成部分，其主要作用是在交流输入电源正常时储存电能，并在交流_____时释放电能，保证直流自用电系统不间断地向负荷供电。
   A. 电压　　　　　　B. 有电阻　　　C. 停电　　　　D. 送电

二、简答题

1. 高频开关直流电源系统由哪几部分组成？
2. 自用电系统的作用有哪些？

任务 8　电力监控系统的认知

任务描述

认识电力监控系统的组成，运用电力监控系统实现其主要功能，分组利用变电所综合自动化系统监控后台机实施断路器 101 分、合闸操作。

任务目标

知识目标	1. 掌握电力监控系统的组成 2. 熟悉电力监控系统的功能 3. 了解供电复示系统的组成和作用
能力目标	1. 认识电力调度系统和变电所综合自动化系统的结构示意图 2. 能够运用电力监控系统实现其主要功能
素质目标	1. 传承勤钻研、求创新的工匠精神，增强综合素质和能力，培养创新思维 2. 培养攻坚克难、岗位担当的职业精神

任务资讯

一、电力监控系统的组成

电力监控系统又称为电力 SCADA 系统或者远动系统，即监视控制与数据采集系统。有时也称 PSCADA 系统。典型的电力监控系统结构示意图如图 6-28 所示，由位于控制中心的电力调度系统（主站，含位于供电维修基地的供电复示系统）、变电所综合自动化系

统(子站)、联系主站和子站的专用数据传输通道3部分组成。电力调度系统即主站,也称为监控端或调度端。子站也称为被控站或被控端。

主站设在城市轨道交通的运营控制中心(简称OCC),用于对全线变电所及沿线供电设备实行集中监视、测量和控制。子站设在城市轨道交通沿线的变电所,对变电所主要设备通过通信接口连接,实现集中监控。主站和子站以通信通道为桥梁构成一个局域网。主站通过设置在变电所的子站采集处理数据,并经过通信网络将信息传送至电力调度中心的电力监控系统服务器,从而实现电力监控系统的遥控、遥信、遥测和遥调等功能。供电复示系统可实现对供电系统的远程监视功能。

SCADA系统已经历了人工监控、电力监控分立系统和综合监控系统电力监控子系统3个发展阶段。目前广泛采用的是电力监控子系统模式,即把电力监控作为一个子系统纳入综合监控系统。

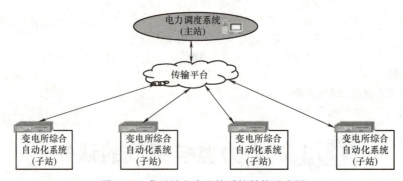

图6-28 典型的电力监控系统结构示意图

(一)电力调度系统(主站)

控制中心的电力调度系统的硬件构成如图6-29所示,主要由系统局域网、网络服务器、通信处理机、工作站、模拟显示设备、打印机和不间断电源(UPS)等设备组成。

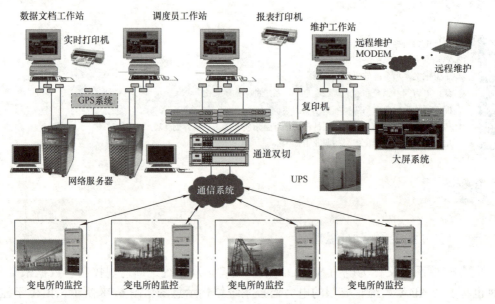

图6-29 电力调度系统的硬件构成

1. 系统局域网

电力调度中心局域网采用双以太网结构，互为备用。正常情况下，一个网络用于监控计算机之间的通信，另一个处于热备用状态，当主用网络发生故障时，系统在规定的时间内自动切换到备用网络。图 6-30 所示为控制中心机房外观图。

2. 网络服务器

电力调度中心一般采用两套功能相同的网络服务器，互为备用。正常情况下一主一备，当主用网络服务器发生故障时，备用网络服务器将自动切换并承担全部功能，故障信息在打印机上打印，并在监视器上显示故障系统画面。

3. 通信处理机

系统通常配备两套通信处理机，互为备用。用于远方通信的处理，实现控制中心与变电所综合自动化系统的信息交流。

图 6-30　电力调度中心机房外观

4. 工作站

（1）调度员工作站　调度员工作站用于调度人员的日常控制、监视和调度管理工作。系统中配置两套功能完全相同且互为备用的调度员工作站，每个调度员工作站均可单独承担整个系统的实时监控和调度管理工作，也可同时工作，分区监控和管理。两套调度员工作站互为备用，其中一台发生故障，另一台可自动切换并承担全部功能。

（2）维护工作站　维护工作站用于维护系统软件，定义系统运行参数、系统数据库，修改用户画面等。当调度员工作站故障时，通过系统设置可临时替代调度员工作站使用。

（3）数据文档工作站　数据文档工作站主要用于利用各种实时数据和报表组态工具对数据进行加工处理，生成各种报表。

5. 模拟显示设备

模拟显示设备作为整个电力 SCADA 系统的信息集中显示设备，可实时显示供电系统主要设备的运行状态。模拟显示设备有两种，一种是光电模拟屏显示系统，投资和运营费用较低；另一种是背投式大屏幕显示系统，投资和运营费用较高，如图 6-31 所示。

图 6-31　背投式大屏幕显示系统

6. 打印机

调度员工作站配有打印机，用于操作、事故和测量数据的实时记录。系统同时配有报表打印机，可进行报表统计、画面复制等打印工作。

7. UPS 不间断电源

UPS 不间断电源用于在交流电源失电后提供应急不停电电源。

（二）变电所综合自动化系统（子站）

被控站变电所综合自动化系统外观如图 6-32 所示。

图 6-32　被控站变电所综合自动化系统外观

变电所综合自动化系统广泛采用按无人值班设计的分层分布式结构，系统由站级管理层、网络通信层和间隔设备层 3 部分组成，结构如图 6-33 所示。网络通信层由所内通信网络和接口设备组成。变电所综合自动化系统通过网络通信层把站级管理层和间隔设备层联系起来，实现相互通信。

变电所综合自动化系统的控制方式采用远动控制、所内集中控制、设备本体控制 3 种控制方式，正常运行时采用远动控制，设备检修时采用设备本体控制。一般在开关柜上设"远方/就地"转换开关，对于接触轨/网电动隔离开关，在控制信号盘上设置"远方/就地"转换开关和相应的分、合闸开关。3 种控制方式相互闭锁，以保证安全。

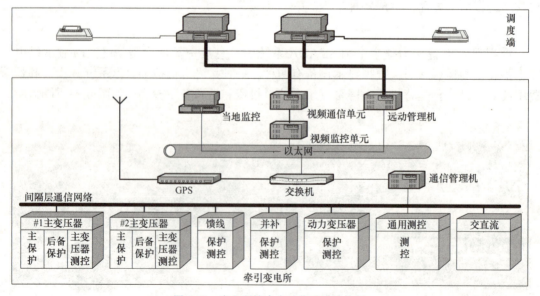

图 6-33　变电所综合自动化系统结构图

（三）通信通道

通信通道是电力调度系统与各变电所综合自动化系统之间的桥梁纽带，是整个电力监控系统的神经中枢。电力监控系统的通信通道设计要求应包括通道的结构形式、主/备用通道的配置方式、远动信息传输的接口形式和通道的性能要求等。通信通道一般采用光缆，城市轨道交通各子系统均在车站接入通信通道，所以应采用统一的接口形式，并应遵守共同的通信协议，满足通信专业的统一技术要求。通信骨干网应有主备双通道，并能自动切换。

二、供电复示系统的认识

供电复示系统设置在供电检修车间，用于供电检修人员对供电系统实时监视，并可以通过此系统获取相关的检修信息，如开关电器分闸次数、设备类型、设备生产厂家等。这样，供电检修人员能够及时了解现场事故信息，有助于快速准确地处理事故。供电复示系统主要由复示工作站、设备管理工作站、交换机、打印机、UPS及工作台等组成。供电复示系统不具有对供电系统设备的控制权限，但通过供电复示工作站可以实现设备信息管理、运行记录、预防性维修提示和工作票管理等功能。

三、电力监控系统的功能

电力监控系统的功能包括遥控、遥信、遥测和遥调，并应满足数据传输、数据处理、报警处理、统计报表、显示用户画面、自检、维护和扩展、信息查询、安全管理、系统组态、在线检测、时钟同步及培训等要求。在城市轨道交通控制中心，能够实现实时对城市轨道交通变电所、接触网等设备进行远程数据采集和监控。通过电力调度系统、通信通道和变电所综合自动化系统对主要电气设备进行四遥控制，实现对整个供电系统的运营调度和管理。

1. 电力调度系统主要功能

1）遥控。遥控可分为选点式、选站式和选线式控制。遥控对象包括：
① 变电所中压及以上电压等级的断路器、电动负荷开关及系统用电动隔离开关。
② 牵引供电系统直流快速断路器、电动隔离开关。
③ 低压配电系统需要远方控制的断路器。
④ 分闸等动作的远动复归、保护及自动装置的投/退。

2）遥信。遥信对象包括：
① 遥控对象的位置信号。
② 故障报警及断路器分闸信号。
③ 变电所中压电源进线带电显示信号。
④ 所用交、直流设备的电源故障信号。
⑤ 钢轨电位限制装置的动作及自动恢复信号。
⑥ 断路器手车信号。
⑦ 控制转换开关位置信号。

3）遥测。遥测是指对供电系统中的主要运行参数进行实时数据采集并动态显示。遥测对象包括：

① 变电所进线的电压、电流、功率、电能。
② 变电所中压母线电压。
③ 牵引直流母线电压。
④ 牵引整流机组电流与电能、牵引直流进线及馈线电流。
⑤ 配电变压器电流与电能。
⑥ 变电所直流自用电的母线电压。
⑦ 各种保护动作的幅值。
⑧ 排流时的极化电位及最大排流电流。
⑨ 钢轨电位限制装置动作电压及通过的最大电流。
4）遥调。遥调对象包括：
① 有载调压变压器的调压开关。
② 中压和牵引直流继电保护整定值。
5）对供电系统设备运行状态的实时监视和故障报警。
6）采用中文的屏幕画面显示、模拟盘显示或其他方式显示。
7）对供电系统故障记录、电能统计等的日报、月报制表打印。
8）系统自检及自动维护功能。
9）主/备用通道的切换功能。
10）其他功能。具备数据处理与归档、统计报表、信息查询与打印、培训、指令等功能。

2. 变电所综合自动化系统主要功能

间隔设备层装置的信息采集和控制命令下发；各种间隔设备层智能设备的通信完全接入；所内联锁、联动关系的实现；与上层监控系统的通信完全接入以及信息交互；支持所内人机界面功能，实现对所内设备的测控功能。

站级管理层的功能包括：所内当地监控的人机联系，如显示、操作、打印和报警等；与控制中心和间隔设备层通信；在线维护、在线组态、在线修改参数等。

间隔设备层的功能是对一次设备进行实时测量、保护和控制等，并与站级管理层进行网络通信。

任务实施

利用变电所综合自动化系统监控后台机控制断路器 101 分合闸操作

1）教师先行引导示范，根据表 6-30，由学生写出利用变电所综合自动化系统监控后台机控制断路器 101 分闸操作的操作票。

表 6-30　断路器 101 分闸操作票

操作顺序	断路器 101 分闸操作
1	
2	
3	

2）断路器101分闸操作实施步骤。

① 确认断路器101本体上"远方/就地"转换开关转至"远方"位。

② 在变电所综合自动化系统监控后台机监控软件上的电气主接线图监控界面中选择断路器101，单击鼠标右键，弹出如图6-34所示菜单，选择"遥控操作"。

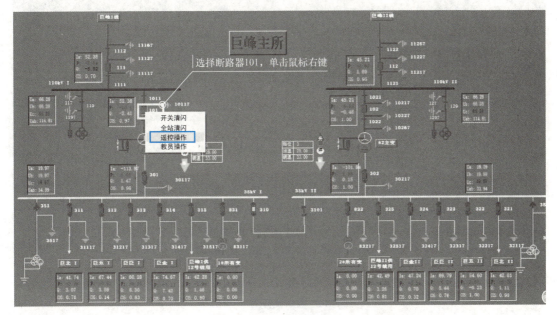

图6-34　进入遥控操作

③ 在"遥控操作"对话框，输入用户名和密码，如图6-35所示，鼠标左键单击"确定"按钮。

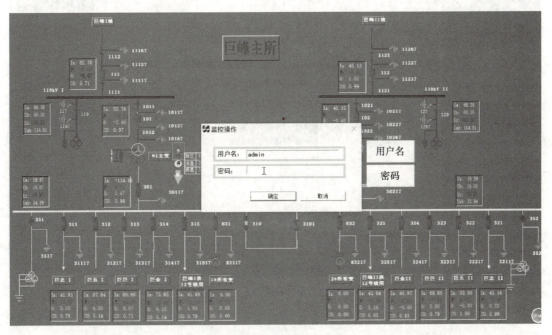

图6-35　"遥控操作"对话框

④ 在出现的如图6-36所示的对话框中输入设备编号"101"，鼠标左键单击"确定"

按钮，出现遥控返校等待窗口。如果遥控返校成功，即可以执行遥控操作，操作完成后弹出"101分闸信息"对话框，如图6-37所示。

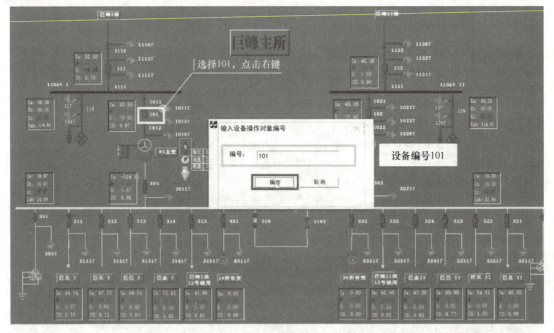

图6-36 输入设备编号"101"

图6-37 "101分闸信息"对话框

⑤ 确认断路器101已分闸。先到变电所综合自动化系统监控后台机电气主接线图中确认：断路器101红灯灭、绿灯亮，确认在分闸位置，如图6-38所示；再到101GIS组合电器本体上确认：断路器就地控制箱101信号灯红灯灭、绿灯亮，确认在分闸位置，如图6-39所示。

项目 6 变电所二次回路的识图与分析

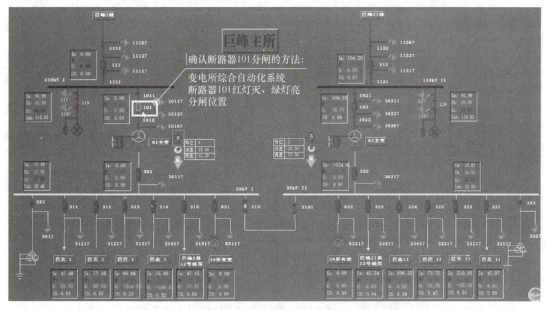

图 6-38 变电所综合自动化系统监控后台机电气主接线图中确认分闸位置

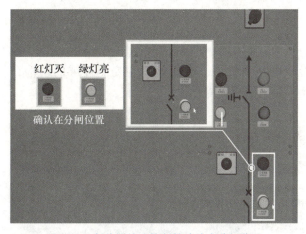

图 6-39 断路器就地控制箱确认在分闸位置

3）在表 6-31 中写出利用变电所综合自动化系统监控后台机控制断路器 101 合闸操作的操作票。

表 6-31 断路器 101 合闸操作票所需内容

操作顺序	断路器 101 合闸操作
1	
2	
3	

4）分组利用变电所综合自动化系统监控后台机实施断路器 101 合闸操作。

拓展阅读

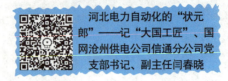
河北电力自动化的"状元郎"——记"大国工匠"、国网沧州供电公司信通分公司党支部书记、副主任闫春晓

任务检测

一、填空题

1. 典型的电力监控系统由位于控制中心的_____（含位于供电维修基地的供电复示系统）、变电所_____、_____ 3 部分组成。
2. 变电所综合自动化系统广泛采用_____结构，系统由_____、_____、_____ 3 部分组成。
3. 变电所自动化系统的控制方式采用_____、_____、_____ 3 种控制方式。
4. 电力监控系统实现的"四遥"功能包括_____、_____、_____、_____。

二、简答题

1. 简述电力监控系统的主要功能。
2. 简述变电站综合自动化系统的主要功能。
3. 简述电力监控系统遥调的对象包括哪些。

任务 9 变电所主控室的认知

任务描述

认识变电所主控室的主要设备，分组认识主变测控屏的结构，并对 1 号主变测控屏上的断路器 101 进行标准化分合闸操作。

任务目标

知识目标	1. 熟悉主控室的作用及构成 2. 熟悉主控室各组成部分的功能 3. 掌握主变测控屏和保护屏的基本构成与操作
能力目标	1. 能认识主控室的主要设备并分析功能 2. 能对主变测控屏上的断路器进行分合闸操作
素质目标	1. 培养坚守岗位、干一行、爱一行、钻一行的职业素养 2. 培养积极进取、刻苦钻研、精益求精的工匠精神

任务资讯

一、主控室概述

主控室又称为中央控制室，既是发电厂和变电所对电气设备进行集中控制的中心，又是全厂电能生产和调度的指挥中枢，也是监控系统中人–机信息交换的场所，如图 6-40 所示。

在主控室中布置有主要设备的控制、保护、信号和计量用屏、盘、台、柜，自动远动装置、计算机监控台盘以及模拟电路板等。模拟电路板用来反映全所电气一次主要设备及其接线形式,也可反映当时设备的运行工况和接线运行方式。通过它可以概括地了解该变电所的规模,如机组台数、容量、电压等级以及进出线回路数等。

在主控室内,值班人员通过各种监测设备获得区域内各电气设备和电力系统运行情况的信息。通过通信设备接收电力系统调度来的指令,根据这些信息,再对区域内的电气设备发出恰当的操作和调度指令。这一人-机系统正确无误地工作才能维持变电所和发电厂的安全运行。

图 6-40 主控室

二、主控室的构成

二次设备集中布置在主控室,下面以城市轨道交通主变电所主控室为例认识其主要设备。

1. 交、直流自用电系统

自用电系统包含交流自用电系统和直流自用电系统两大类。交流自用电系统主要由交流屏组成,用于向主变电所内的交流自用电负荷供电。

直流自用电系统用于向主变电所内的直流自用电负荷供电,直流电源常采用高频开关整流模块和蓄电池组相结合的方式。直流自用电系统工作原理是:正常时,由高频开关整流模块将交流盘馈出的交流 400V 电压变换为直流 220V 或 110V 电压向直流自用电负荷(经常性负载)供电,同时对蓄电池组充电;直流负荷电流较大时,高频开关整流模块和蓄电池组共同给直流负荷供电;当交流失电压时,高频开关整流模块无法正常工作,此时由蓄电池组放电供给直流自用电负荷。

2. 设备监控盘

设备监控盘是整个主控室的心脏,用于对变电所的监视、测量和控制,并实现数据采集、监控后台操作和事故报警等功能。设备监控盘主要由显示器、主机、键盘、鼠标、打印机和逆变器组成,如图 6-41 所示。值班员可以通过监控后台完成对隔离开关和断路器的分、合闸操作。

逆变器的作用是把直流自用电系统供给的直流 110V 或 220V 电压变换为交流电压,向监控后台机供电。因此,即使交流失电压或高频开关整流模块不能正常工作,蓄电池还可以提供直流电压给逆变器,再由逆变器变换为交流电后供给监控后台机,从而保证供电的可靠性。

3. 主变测控屏和保护屏

主控室包含 1 号和 2 号主变测控屏、保护屏,用于对主变压器的测量、控制和保护。1 号主变测控屏如图 6-42 所示,主要由 4 个模块组成。

(1)110kV 侧测控装置 110kV 侧测控装置包含 110kV 侧数字式测量装置和 110kV 进线断路器 101 控制装置,测量装置用于测量 110kV 侧的电压、电流等参数,并显示投退的压板等,如图 6-43 所示。

进线断路器 101 的控制方式有"远方""就地"两个档位,当采用测控屏控制时转至"就地"位,其他控制方式时转至"远方"位;控制开关有"预合""合""预分""分"4个档位,处于合闸后位置时红色信号灯亮,处于分闸后位置时绿色信号灯亮。当采用测控屏分闸时,将"远方/就地"转换开关转至"就地"位,控制开关逆时针旋转至"预分"

位置，再逆时针旋转45°至"分"位置，弹出断路器101分闸信息对话框，测控屏上断路器101绿色信号灯亮，说明断路器101确已分闸。

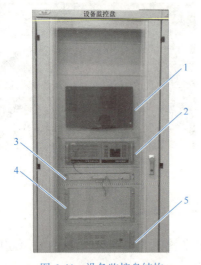

图6-41　设备监控盘结构

1—显示器　2—主机　3—键盘、鼠标
4—打印机　5—逆变器

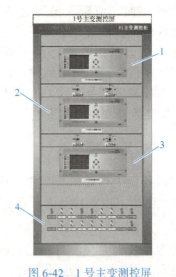

图6-42　1号主变测控屏

1—110kV侧测控装置　2—35kV侧测控装置
3—1号主变本体测控装置　4—压板

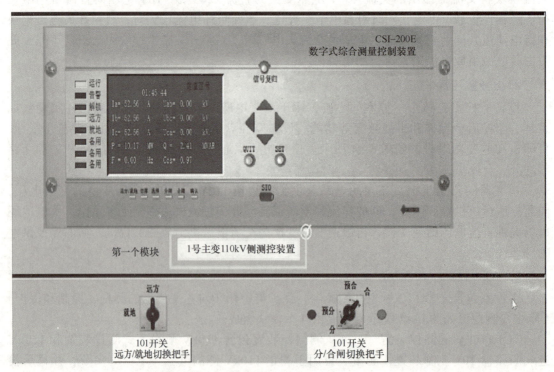

图6-43　110kV侧测控装置

（2）35kV侧测控装置　35kV侧测控装置包含35kV侧数字式测量装置和35kV侧断路器301控制装置，用于测量35kV侧参数及控制断路器301的分、合闸，其操作方法与断路器101相同，如图6-44所示。

项目6 变电所二次回路的识图与分析

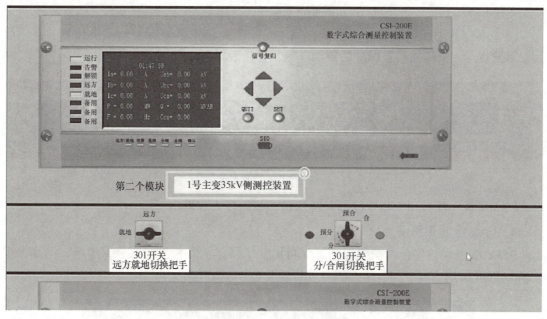

图 6-44 35kV 侧测控装置

（3）1号主变本体测控装置　1号主变本体测控装置如图6-45所示。

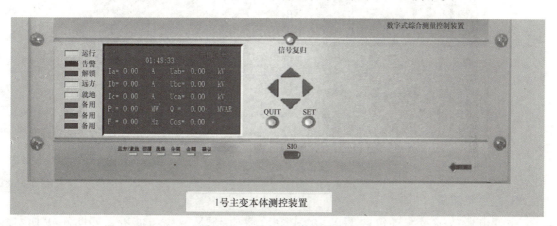

图 6-45 1号主变本体测控装置

（4）压板　压板的投入和退出模块如图6-46所示，用于各类压板的投入和退出。

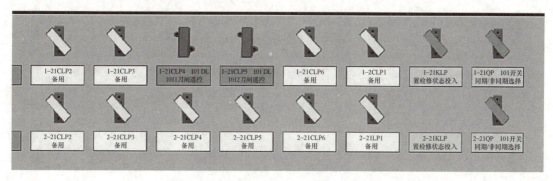

图 6-46 压板的投入和退出模块

1号主变保护屏主要由两个模块组成。

（1）主变各类保护装置和组合操作箱　主变各类保护装置有差动保护装置、高压侧后备保护装置、低压侧后备保护装置及非电量保护装置等，如图6-47所示。

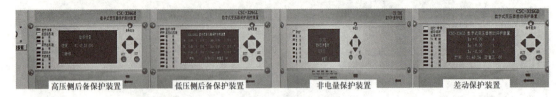

图6-47　主变各类保护装置和组合操作箱

（2）压板　压板用于主变压器各类保护压板的投入和退出。

4. 35kV 线路保护屏

35kV 线路保护屏包含馈线保护屏、自用变压器保护屏和母线联络保护屏，馈线保护屏如图6-48所示。

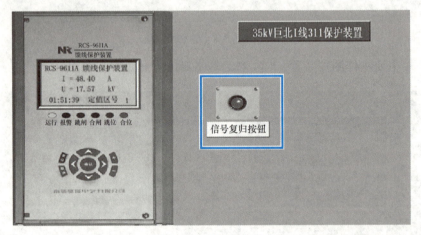

图6-48　馈线保护屏

5. 故障录波屏

主变电所故障录波屏包含110kV、主变压器和35kV故障录波屏，如图6-49所示。它们在系统正常运行时不启动录波，在系统发生故障时迅速启动录波，记录反映故障的电气量，通过分析记录的波形可以实现快速检修，提高供电系统的可靠性。

  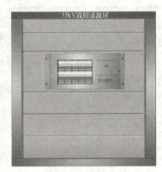

a) 110kV故障录波屏　　　　b) 主变压器故障录波屏　　　　c) 35kV故障录波屏

图6-49　110kV、主变压器和35kV故障录波屏

任务实施

主变测控屏的认识与操作

1)读图 6-42,认识 1 号主变测控屏,在表 6-32 中写出图中各数字指代的设备名称,并根据图标指示,说明各部分设备功能。

表 6-32 主变测控屏组成和功能

数字	指代部分名称	设备功能
1		
2		
3		
4		

2)某 1 号主变测控屏中 110kV 侧测控装置如图 6-43 所示,教师示范测控屏的分、合闸操作,并由学生分工进行分合闸操作,小组分组按表 6-33、表 6-34 进行操作练习并验收。

表 6-33 测控屏分闸操作验收表

操作顺序	操作内容	操作情况评价
1	将断路器 101"远方/就地"转换开关转至"就地"位,并确认断路器确已处于"就地"位	
2	将断路器 101 控制开关逆时针旋转至"预分"位置,再逆时针旋转 45°至"分"位置	
3	检查测控屏上断路器 101 绿色信号灯亮	
4	检查综合自动化系统监控机电气主接线图开关状态、GIS 组合电器就地控制柜指示灯显示与机械位置指示一致	
5	检查综合自动化系统监控机及测控装置电压、电流和频率等参数显示正确,检查保护屏、测控屏继电保护装置显示无报警,分位灯绿色常亮	
6	将断路器 101"远方/就地"转换开关转至"远方"位,并确认断路器确已处于"远方"位	

表 6-34 测控屏合闸操作验收表

操作顺序	操作内容	操作情况评价
1	将断路器 101"远方/就地"转换开关转至"就地"位,并确认断路器确已处于"就地"位	
2	将断路器 101 控制开关顺时针旋转至"预合"位置,再顺时针旋转 45°至"合"位置	
3	检查测控屏上断路器 101 红色信号灯亮	
4	检查综合自动化系统监控机电气接线图开关状态、GIS 组合电器就地控制柜指示灯显示与机械位置指示一致	

（续）

操作顺序	操作内容	操作情况评价
5	检查综合自动化系统监控机及测控装置电压、电流和频率等参数显示正确，检查保护屏、测控屏继电保护装置显示无报警，合位灯红色常亮	
6	将断路器101"远方/就地"转换开关转至"远方"位，并确认断路器确已处于"远方"位	

礼赞地铁劳模，汲取榜样力量！

一、判断题

1. 系统正常运行时，故障录波屏不启动录波，系统发生故障时则迅速启动录波，记录反映故障的电气量。　　　　　　　　　　　　　　　　　　　　　　　　　　　　　　　（　　）

2. 主控室既是发电厂和变电所对电气设备进行集中控制的中心，又是全厂电能生产和调度的指挥中枢，也是监控系统中人–机信息交换的场所。　　　　　　　　　　　　　　（　　）

3. 设备监控盘主要由显示器、主机、键盘、鼠标和打印机组成。　　　　　　　（　　）

4. 主变压器常用的保护装置只设置差动保护即可，不需要设置其他保护。　　　（　　）

二、简答题

1. 主控室主要包含哪几个部分？

2. 简述主变测控屏和保护屏的构成与作用。

项目 7　变电所的运行操作

任务 1　变电所常用工具和仪表的认识与使用

任务描述

认识变电所常用工具和仪表并正确使用，分组认识高压验电器并进行验电操作。

任务目标

知识目标	1. 熟悉通用电工工具的作用和规格 2. 熟悉绝缘安全用具和防护用具的作用和规格 3. 掌握登高用具的使用方法 4. 认识常用测量仪表，理解其工作原理
能力目标	1. 能够正确使用通用电工工具 2. 能够正确使用绝缘安全用具和防护用具 3. 能够正确使用常用测量仪表
素质目标	1. 增强安全意识 2. 严格遵守规程，按要求佩戴安全工器具

任务资讯

一、通用电工工具的认识与使用

通用电工工具有验电器、螺钉旋具、钳类、电工刀、焊接类、电钻类、凿类和锤类。这些通用电工工具在安装和维修过程中使用方便、高效，但其使用过程中也存在一些危险性，故要求使用者需按照操作规程操作，避免人身伤害和重大事故的发生。

1. 验电器

验电器是用来检查导线和电气设备是否带电的检测工具。验电器分为高压和低压两种。

（1）低压验电器　低压验电器又称试电笔，检测电压范围为 60～500V，常做成钢笔式或螺钉旋具式，也有数字式试电笔。试电笔的结构包括笔尖金属体、高电阻、氖管、弹簧和笔尾金属体，结构如图 7-1 所示。

在使用试电笔时，值得注意的是：普通试电笔测量电压范围在60～500V，低于60V时试电笔的氖泡可能不会发光，高于500V时不能用普通试电笔来测量，否则容易造成人身触电。

图7-1　试电笔的结构

试电笔的使用方法是：使用前先在确有电源处试验，试电笔无问题时方可使用。验电时手指要触及笔尾金属体，笔尖金属体接触被测电气设备。特别注意防止手指触及笔尖金属体，以免造成触电事故。在使用时一定要注意避免触电危险。图7-2所示是试电笔的使用方法。

（2）高压验电器　高压验电器用于检测对地电压在250V以上的电气线路与电气设备是否带电。它主要由金属钩、氖管、电容器、紧固螺钉、护环、把柄等组成。

a) 正确握法　　　　　　　　　　　　　　b) 错误握法

图7-2　试电笔的使用方法

高压验电器的使用方法是：必须戴上符合要求的绝缘手套，手握部位不得超过护环。测试时必须有人在旁监护。一人操作，一人监护。小心操作，以防发生相间或对地短路事故。与带电体保持足够的安全间距（10kV大于0.7m）。室外在雨、雪、雾及湿度较大时，不宜进行操作，以免发生危险。图7-3所示是高压验电器的外观及使用方法。

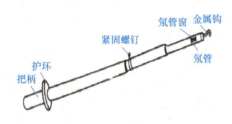
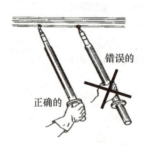

高压验电器的使用

图7-3　高压验电器的外观及使用方法

2. 螺钉旋具

螺钉旋具用来紧固或拆卸螺钉，主要有一字形、十字形和异形螺钉旋具。一字形螺钉旋具用来紧固或拆卸一字槽螺钉，规格常用螺钉旋具的杆的长度来表示，常用的有50mm、100mm、150mm、200mm、300mm和400mm等。十字形螺钉旋具用来紧固或拆卸十字槽螺钉，规格有四种：Ⅰ号适用螺钉直径为2～2.5mm，Ⅱ号为3～5mm，Ⅲ号为6～8mm，Ⅳ号为10～12mm。

还有一种多用螺钉旋具，它是一种组合式工具，其柄部和旋具是可以拆卸的，并附有规格不同的旋具等附件。使用螺钉旋具时应注意，带电作业时，手不可触及螺钉旋具的金属杆，以免发生触电事故；电工不应使用金属杆直通握柄顶部的螺钉旋具，以免造成触电事故；为防止金属杆碰触到人体或邻近带电体，金属杆应套上绝缘管。

3. 钳具

（1）钢丝钳　钢丝钳是一种夹持或折断金属薄片、切断金属丝的工具。电工用钢丝钳的柄部套有绝缘套管（耐压500V），其规格用以毫米为单位的钢丝钳全长来表示，常用的有150mm、175mm和200mm 3种。钢丝钳的结构包括钳头和钳柄。钳头由钳口、齿口、刀口和铡口组成。钳口可用来弯绞或钳夹导线线头，齿口可用来紧固或起松螺母，刀口可用来剪切导线或钳削导线绝缘层，铡口可用来铡切导线线芯、钢丝等较硬线材。钢丝钳的使用方法如图7-4所示。

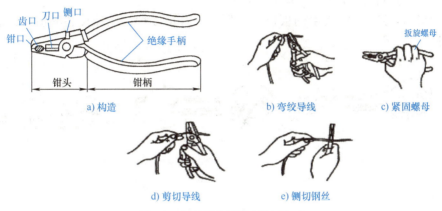

图7-4　钢丝钳的结构和使用方法

（2）尖嘴钳　尖嘴钳的头部"尖细"，其特点是适用于在狭小的工作空间操作，尖嘴钳由钳头和钳柄组成，如图7-5a所示，钳柄绝缘耐压500V，用于剪切细小金属丝，夹持较小的螺钉、垫圈、导线等，还可将导线弯成一定圆弧的接线鼻。若使用尖嘴钳带电作业，应检查尖嘴钳绝缘是否良好，并在作业时金属部分不要触及人体或邻近的带电体。

（3）断线钳　断线钳的头部"扁斜"，因此又叫斜口钳，如图7-5b所示，断线钳专供剪断较粗的导线、金属丝、电缆及剖削导线绝缘层等用，其绝缘柄耐压为1000V。

（4）剥线钳　剥线钳是用来剥落小直径导线绝缘层的专用工具，如图7-5c所示。它的钳口部分设有几个刃口，用以剥落不同线径的导线绝缘层。其柄部是绝缘的，耐压为500V，常用的规格有130mm、160mm、180mm和200mm 4种。

图7-5　尖嘴钳、断线钳及剥线钳

4. 扳手

扳手是一种常用的安装与拆卸工具，是利用杠杆原理拧转螺栓、螺钉、螺母和其他螺纹紧固件的手工工具，通常在其柄部的一端或两端制有夹持螺栓或螺母的开口或套孔。

扳手种类很多，有活扳手、固定扳手、套筒扳手、力矩扳手等。

（1）活扳手　活扳手是用于紧固和松动螺母的一种专用工具，主要由活扳唇、呆扳唇、扳口、蜗轮、轴销和手柄构成，如图 7-6 所示。其规格以长度（单位为 mm）×最大开口宽度（单位为 mm）表示，常用的有 150mm×19mm（6in）、200mm×24mm（8in）、250mm×30mm（10in）和 300mm×36mm（12in）等。在使用活扳手时，要注意活扳手不可反用，以免损坏活扳唇，不可用加力杆接长手柄来加大扳拧力矩。

（2）固定扳手　固定扳手又称为呆扳手，其扳口为固定口径，不能调整，但使用时不易打滑。其类型有开口扳手、梅花扳手两种。

（3）套筒扳手　套筒扳手的扳口是筒形的，有很多种，能插接各种扳口，适合狭小空间使用。

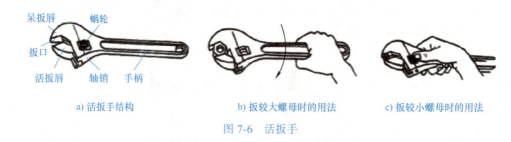

a）活扳手结构　　　b）扳较大螺母时的用法　　　c）扳较小螺母时的用法

图 7-6　活扳手

二、安全防护工具的认识与使用

1. 绝缘棒

绝缘棒用于操作高压跌落式熔断器、单极隔离开关、柱上油断路器及装卸临时接地线等。

（1）材料　绝缘棒一般用浸过漆的木材、硬塑料、胶木、环氧玻璃布棒或环氧玻璃布管制成。

（2）结构　绝缘棒由手柄部分、护环、绝缘部分和工作部分构成，如图 7-7 所示。

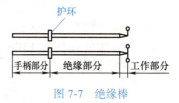

图 7-7　绝缘棒

（3）使用注意事项

1）绝缘棒必须具备合格的绝缘性能和机械强度。

2）操作前，绝缘棒表面应用清洁的干布擦干净。

3）操作前，操作者应戴绝缘手套、穿绝缘靴或站在绝缘垫上，必须在切断负荷的情况下进行操作。

4）操作者手握部位不得超过护环。

5）在下雨、下雪或潮湿的天气，且在室外使用绝缘棒时，棒上应装有防雨的伞形罩，没有伞形罩的绝缘棒不宜在上述天气中使用。

6）绝缘棒必须放在通风干燥的地方，宜悬挂或垂直插放在特制的木架上。

7）绝缘棒应按规定进行定期绝缘试验。

2. 绝缘夹钳

绝缘夹钳主要用于拆装低压熔断器等，所用材料多为硬塑料或胶木。

（1）结构　绝缘夹钳由钳口、钳身、钳把组成，钳身、钳把由护环隔开，以限定手握部位。绝缘夹钳各部分的长度也有一定要求,在额定电压 10kV 及以下时,钳身长度不应小于 0.75m,钳把长度不应小于 0.2m,绝缘夹钳如图 7-8 所示。

（2）使用注意事项

1）绝缘夹钳必须具备合格的绝缘性能。

2）操作时,绝缘夹钳应清洁干燥。

3）操作时,操作者应戴绝缘手套、穿绝缘靴或站在绝缘垫上,戴护目眼镜,同时必须在切断负荷的情况下进行操作。

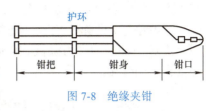

图 7-8　绝缘夹钳

4）绝缘夹钳应按规定进行定期绝缘试验。

3. 绝缘手套和绝缘靴

绝缘手套是用橡胶材料制成的,一般耐压较高。它是一种辅助性安全用具,一般常配合绝缘靴等其他安全用具使用。

使用注意事项有以下几点：

1）使用前要检查绝缘手套和绝缘靴的电压等级是否符合要求。

2）检查绝缘手套或绝缘靴的绝缘试验周期是否已过。

3）检查绝缘手套或绝缘靴的外表有没有毛刺、裂纹、炭印等。

4）使用橡皮绝缘手套时,绝缘手套应内衬一副线手套。

4. 临时接地线

临时接地线是线路和设备施工过程中在临近带电体产生静电感应触电或误合闸时保证安全用的。当工作人员需要在停电的高、低压电气设备或线路上进行检修维护工作时,必须先进行验电。验明无电后,在有可能突然来电或产生感应电的方向,均应挂接临时接地线,挂接临时接地线后方可进行工作。临时接地线对保证检修维护工作人员的安全十分重要,因此临时接地线常被现场工作人员称为"保命线"。

（1）结构　临时接地线主要由多股无绝缘软铜导线和接线夹组成。三根短的软铜导线一端各接一个接地棒,用于接三相导线,三根短的软铜导线的另一端均与一根长的软铜导线通过接线板连接在一起,长的软铜导线的另一端头接接线夹,用于连接接地体。临时接地线的接线夹必须坚固有力,软铜导线的截面积不应小于 $25mm^2$,各部分连接必须牢固可靠,接触良好。

（2）使用注意事项

1）装设和拆除临时接地线时均应使用绝缘棒并戴绝缘手套。

2）装设和拆除临时接地线时,必须两人进行。当验明设备确实无电后,应立即将检修设备接地,并将三相短路。

3）临时接地线必须接触良好,连接应可靠。

4）注意临时接地线的装设顺序：挂临时接地线时,必须先接接地端,后接线路或设备端；拆除临时接地线的顺序与装设临时接地线相反。

三、登高用具的认识与使用

1. 安全帽

安全帽是对人体头部受外力伤害时起防护作用的帽子,如图 7-9 所示。安全帽由帽壳、帽衬、下颏带和后箍等组成。电力安全帽的防护作用在于：当作业人员头部受到坠落物的冲击时，利用安全帽帽壳、帽衬在瞬间先将冲击力分解到头盖骨的整个面积上，然后利用安全帽的各个部位如帽壳、帽衬的结构、材料和所设置的缓冲结构（插口、拴绳、缝线和缓冲垫等）的弹性变形、塑性变形和允许的结构破坏将大部分冲击力吸收，使最后作用到人员头部的冲击力降低到 4900N 以下，从而起到保护作业人员的头部不受到伤害或降低伤害的作用。

 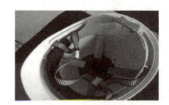

图 7-9　安全帽

2. 安全带

安全带是登高作业时的保护用具，是腰带、保险绳和腰绳的总称，用来防止发生空中坠落事故。腰带用来系挂保险绳、腰绳和吊物绳，系在腰部以下、臀部以上的部位，如图 7-10 所示。无论用登高板或脚扣，都要和安全带配合使用，使用前必须仔细检查，长短要调节适中，作业时保险绳扣一定要扣好，保险腰带要放在腰、臂之间，在杆上作业也可作为一个支撑点，使全身的重心不全落在脚扣上。安全带在使用后应保管好，挂在通风干燥处，并定期做拉力试验。

3. 脚扣

脚扣是攀登电杆的工具，它主要由弧形扣环和脚套组成，如图 7-11 所示。脚扣分两种，一种在扣环上制有铁齿，可以咬入木杆内，供登木杆用；另一种在扣环上裹有防滑胶套，以增加攀登时的摩擦，防止打滑，供登混凝土杆用。使用脚扣登杆速度较快，容易掌握登杆方法，但在杆上作业时没有登高板灵活舒适，易于疲劳。

脚扣在使用前应做人体冲击试验，使用脚扣登杆时，要首先检查脚扣有无损坏、型号是否合适，并要与安全带配合使用。混凝土杆脚扣可用于攀登木杆，但木杆脚扣不能用于攀登混凝土杆。

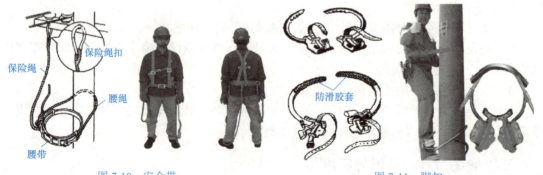

图 7-10　安全带　　　　　　　　　　图 7-11　脚扣

4. 梯子

梯子是最常用的登高工具之一，有单梯、人字梯（合页梯）和升降梯等几种，梯子用毛竹、硬质木材及铝合金等材料制成。

使用梯子应注意以下几点：

1）使用前要检查梯子是否结实、是否有折裂等。

2）单梯与墙根夹角维持在 45°～75° 间，以防滑塌和翻倒。

3）人字梯的两腿应加装拉绳，限制张开角，防止滑塌。

四、常用仪表的认识与使用

1. 万用表

万用表一般以测量电压、电流和电阻为主要目的。万用表按显示方式分为指针万用表和数字万用表，是一种多功能、多量程的测量仪表，一般万用表可测量直流电流、直流电压、交流电流、交流电压、电阻和音频电平等，有的还可以测电容量、电感量及半导体的一些参数（如 β）等。

2. 绝缘电阻表

绝缘电阻表又叫兆欧表，是一种使用简便且常用于测量高电阻的直接读数式仪表。它由一个手摇发电机、表头和 3 个接线柱（即线路端子 L、接地端子 E、屏蔽端子 G）组成，其外观如图 7-12 所示。

图 7-12 绝缘电阻表的外观

（1）绝缘电阻表的选择　绝缘电阻表有 250V、500V、1000V、2500V 和 5000V 等几个电压等级，利用绝缘电阻表测量时，应根据被测线路或设备的额定电压选择合适的绝缘电阻表。绝缘电阻表的电压过高，可能在测量时损坏被测绝缘。通常可根据以下原则选取绝缘电阻表。

1）对于额定电压在 1kV 以下的线路或设备，可选用 500V 或 1000V 的绝缘电阻表。

2）对于额定电压在 1kV 以上的线路或设备，选用 2500V 的绝缘电阻表。

3）特殊要求的高压设备或线路，选用 5000V 的绝缘电阻表。

（2）绝缘电阻表的使用

1）外观检查。绝缘电阻表的外观检查主要包括：表的外壳是否完好；接线端子、摇柄和表头等状态是否完好；测试用导线是否完好。

2）开路实验。将 L、E 两个端子开路，摇动手柄，使发电机转速达到额定转速（120r/min），观察指针是否在标度尺上的"∞"位置。

3）短路实验。将 L、E 两个端子短接，缓慢摇动手柄，观察指针是否迅速指到标度尺上的"0"位。

4）以测量电缆线路之间的绝缘电阻为例说明绝缘电阻表的使用方法。

① L 端子接电缆线路的其中一相导线线芯，E 端子接电缆线路的另一相导线线芯。

② 摇动手柄,转速由慢渐快,使转速保持在 120r/min。
③ 摇至表针摆到稳定处读出数据。
④ 拆去绝缘电阻表的测量线,再停止摇动手柄。
⑤ 测量完毕后,对设备进行放电。
⑥ 用同样的方法测量其他两组相间的绝缘电阻。

(3) 绝缘电阻表的使用注意事项

1) 正确选表、验表。使用时,绝缘电阻表应放在平稳的水平位置,并应把表盘面以及两接线端子之间擦干净,摇动绝缘电阻表手柄的速度一般规定为 120r/min,保持此速度直到读数完毕(允许有 20% 的变化)。

2) 测量设备的绝缘电阻时,必须先切断设备电源,并将设备对地短路放电,使设备处于完全不带电的状态,以保证人身和设备的安全与测量结果的正确。在有感应电压的线路上测量绝缘电阻时,应将相关线路同时停电方可进行。有雷电时,严禁测量线路绝缘电阻。使用绝缘电阻表测量高压设备绝缘电阻时,应由两人进行。

3) 测量电感性或电容性设备,例如大容量电动机、变压器、电力电容器、电力电缆等时,测量前须放电,测量完毕后也应充分放电后再拆线。测量方法应遵循"先摇后接,先撤后停"的原则。取得读数后,应先将 L 端子的连线断开,然后再将手摇发电机减速直至停止转动,以防止储能设备或线路的放电把绝缘电阻表的指针打坏。

4) 测量过程中,测量人员的身体不得接触裸露的接线端子或被测量设备的金属部位,也不得触及未放电的电气设备。在测量中禁止他人接近被测设备。当线路设备上有人工作时,严禁进行绝缘电阻的测试工作。

5) 绝缘电阻表的引线应使用绝缘强度高的多股软线,即使用专用测试线,不可以用普通导线代替。两根线切忌绞在一起,以免造成测量误差。

6) 不应在潮湿及阴雨天气时测量电气线路的绝缘电阻。测量绝缘电阻时,要注意环境温度与湿度对测量结果的影响。应特别注意屏蔽保护环 G 端子的引线必须与设备接触良好,否则起不到屏蔽作用。

7) 测量时,测试人员应注意与周围带电体保持安全距离,应远离大电流导体和强磁场。

8) 在测量开始时,手柄的摇动应该慢些,以防止在被测绝缘损坏或有短路现象时,损坏绝缘电阻表。

3. 钳形电流表

钳形电流表是一种不需要断开电路就可以直接测量电流的便携式仪表,这种仪表使用方便,因此得到了广泛应用。其工作部分主要由一个电磁式电流表和穿心式电流互感器组成,如图 7-13 所示。穿心式电流互感器铁心制成活动开口,且呈钳形。当被测载流导线中有交流电流通过时,交流电流的磁通在互感器二次绕组中感应出电流,电流表接于二次绕组两端,它的指针所指示的电流与钳入的载流导线的工作电流成正比,可直接从刻度盘上读出被测电流值。

(1) 钳形电流表的使用

1) 估计被测电流的大小,将转换开关调至需要的量程。如无法估计被测电流大小,先用最高量程测量,然后根据测

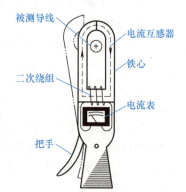

图 7-13 钳形电流表的结构

量情况调到合适的量程。

2）握紧钳柄，用食指勾紧铁心开关，便于打开铁心。将被测导线从铁心缺口引入到铁心中央，然后松开食指，铁心即自动闭合。为减少误差，被测导线应置于钳口的中央。

3）钳口的结合面应保持接触良好，若有明显噪声或表针振动厉害，应检查钳口清洁，将钳口重新开合几次或转动手柄。

4）测量5A以下的小电流时，为提高测量准确度，在条件允许的情况下，可将被测导线多绕几圈，再放入钳口进行测量。此时实际电流应是仪表读数除以放入钳口中的导线圈数。在测量较大电流后，为减小剩磁对测量结果的影响，应立即测量较小电流，并把钳口开合数次。

5）测量完毕，将转换开关拨到最大量程档位上。

（2）钳形电流表的使用注意事项

1）由于钳形电流表要接触被测线路，所以测量前一定要检查表的绝缘性能是否良好，即外壳无破损，手柄应清洁干燥。

2）严禁使用低压钳形电流表测高压线路的电流，被测线路的电压不得超过钳形电流表所规定的额定电压。低压钳形电流表测量电路的电压不得超过600V，以防绝缘击穿和人身触电。

3）钳形电流表是利用电流互感器的原理制成的，电流互感器不准二次侧开路。严禁在测量进行过程中切换钳形电流表的档位，以免产生高压伤人和损坏设备。若需要更换档位时，应先将被测导线从钳口退出再更换。

4）测量时，应注意身体各部分与带电体保持安全距离。观测表计时，要特别注意保持头部与带电部分的安全距离，以免发生触电事故。低压系统安全距离为0.1～0.3m。测量高压设备时，应戴绝缘手套，站在绝缘垫上，不得触及其他设备，以防短路或接地。

5）测量时应注意将钳口夹紧，防止钳口不紧造成读数不准。

6）运行人员在高压回路上使用钳形电流表测量时，应由两人进行。非运行人员测量时，应填写变电站（发电厂）第二种工作票。

7）测量低压熔断器和水平排列的低压母线的电流时，在测量前应将各相熔断器和母线用绝缘材料加以包护隔离，以免引起相间短路，同时应注意不得触及其他带电部分。

高压验电器的认识与使用

1）读图7-14，写出高压验电器各部分名称及功能，并填入表7-1。

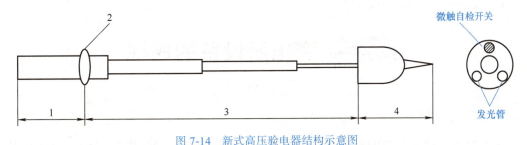

图7-14　新式高压验电器结构示意图

表 7-1　新式高压验电器各部分名称及功能表

序号	部分名称	功能
1		
2		
3		
4		

2）教师示范高压验电器的使用，小组分组按表 7-2 进行操作及验收。

表 7-2　高压验电器操作验收表

考核项目	操作内容	操作情况评价
外观检查	有合格标识且电压等级合适，试验期限有效	
使用前检查	连接牢固，连接部位拉紧	
对绝缘手套、绝缘靴的检查和试验	验电前应戴绝缘手套，穿绝缘靴，并对绝缘手套、绝缘靴进行相关检查	
验电过程	1. 验电前应将验电器在带电部位验电，确认其良好 2. 必须设专人监护，注意与带电体保持足够的安全距离，并要防止发生相间或对地短路事故 3. 验电时，不能直接接触带电体，只能逐渐靠近带电体，直至灯亮（同时有声音报警）为止，只有不发光、不发声，才可与被测物体直接接触 4. 使用时应特别注意手握部位不得超过护环	

事故案例：高压验电、装设接地线未按规定戴绝缘手套

一、单项选择题

1. 使用高压验电器验电前，除检查其外观、电压等级、试验合格期外，还应_____。
A. 自测发光　　　　B. 自测音响
C. 直接验电　　　　D. 在带电的设备上测试其好坏
2. 低压带电作业除应配备绝缘鞋等安全用具和防护用具外，还应携带_____。
A. 试电笔　　　B. 绝缘电阻表　　　C. 电流表　　　D. 单臂电桥
3. 人距离 10kV 带电体的最小安全距离，在没有遮拦的情况下，应为_____m。
A. 0.7　　　B. 10.5　　　C. 0.2　　　D. 1
4. 绝缘手套和绝缘靴必须定期进行交流耐压试验和泄漏电流试验，试验周期为_____。
A. 六个月　　　B. 一年　　　C. 两年　　　D. 三年

二、简答题

1. 如何选择绝缘电阻表？
2. 简述钳形电流表的使用方法。

任务 2　变电所设备的巡视

任务描述

熟知变电所设备巡视的相关规定和要求，分组按照要求完成典型 110kV 的 GIS 组合

项目 7 变电所的运行操作

电器和 35kV 中压开关柜的巡视。

任务目标

知识目标	1. 掌握变电所高压供电一般安全规程 2. 熟知变电所巡视的相关规定和要求 3. 掌握变电所设备巡视的注意事项
能力目标	1. 能够完成典型 110kV 的 GIS 组合电器和 35kV 中压开关柜的巡视 2. 能够根据巡视路线完成变电所设备巡视任务
素质目标	1. 培养学生牢固树立安全生产意识 2. 培养学生在工作中的使命感,做好防范措施,科学合理地完成变电所设备巡视

任务资讯

一、高压供电一般安全规程

1)变电所的所有电气设备,自第一次受电开始即认定为带电设备,之后,上述设备的一切作业必须按《高压供电安全规程》的各项规定严格执行。

2)为了保证高压供电运行检修作业的安全,对有关人员实行安全等级制度。凡从事高压供电运行和维修工作的相关人员,必须经过高压供电安全等级考试评定安全等级,取得安全合格证之后方可准许参加相应的运行和检修工作。变电所工作人员安全等级的规定见表 7-3。

表 7-3 变电所工作人员安全等级的规定

等级	允许担当的工作	必须具备的条件
一级	参与检修、施工的配合工作 在其他人员的带领下进行巡视、值班 其他较简单的工作	新工人经过教育和学习初步了解变电所内安全作业的基本知识
二级	在其他人员的带领下进行巡视、值班 停电作业 不停电作业的辅助工作 倒闸操作人员	1. 担当一级工作半年以上 2. 具有变电所运行、检修或试验的一般知识 3. 根据所担当的工作掌握电气设备的停电作业和助理、值班员工作的相关安全知识 4. 能处理较简单的故障 5. 会进行紧急救护
三级	值班人员 填票人 工作许可人 监护人 停电作业 不停电作业 巡检人员 车间调度人员	1. 担当二级工作一年以上,具有大专以上学历者(供电相关专业)可适当缩短 2. 掌握变电所运行、检修或试验的有关规定 3. 熟悉《高压供电安全规程》 4. 根据所担当的工作掌握值班员工作 5. 能和作业组进行停电和不停电的作业 6. 会处理常见故障

（续）

等级	允许担当的工作	必须具备的条件
四级	工作票签发人 施工负责人 高压供电综合工长 供电专业技术人员 供电专业工程师	1. 担当三级工作一年，具有大专以上学历（供电相关专业）可适当缩短 2. 熟悉变电所运行、检修或试验的有关规定 3. 根据担当的工作熟悉下列工作中的有关部分：值班人员的工作，电气设备的检修和试验工作，并了解其他部分 4. 能处理较复杂的故障
五级	电力调度员 供电专业工程师 供电安全工程师 供电车间主任、副主任 供电机电中心主任、副主任 供电委外项目经理	1. 担当四级工作一年以上，工程师及以上各级干部具有大专以上学历（供电专业）可适当缩短 2. 能熟悉并会解释变电所运行、检修和安全工作的重要原则及有关检修工艺

3）根据从事高压供电运行和检修的工作人员职务不同，由运营分公司安保部牵头组织对各级人员进行安全等级考试并签发合格证。

4）对从事高压供电运行或检修工作的人员，必须按下列规定进行安全考试并合格：

① 定期考试：每年进行一次。

② 临时考试：对属于下列情况的人员，要事先进行安全考试。

a. 开始参加高压供电运行和检修工作的人员。

b. 当职务或工作岗位变更时，需提高安全等级的人员。

c. 连续中断工作三个月以上仍然从事高压供电运行和检修的人员。

5）对违反相关规程而受处分的人员，必要时降低其安全等级，需要恢复其原来的安全等级时，必须重新经过考试并达到合格。

6）对未按规定参加安全考试和未取得安全合格证的作业人员、实习人员、临时参加劳动的人员、外单位或外部门的支援和学习人员，必须经当班的值班人员（巡检人员）准许并在其监护下方可进入设备区。

7）高压供电工作人员必须具备下列条件方能参加作业：

① 高压供电工作人员每年检查一次身体，对不适合从事高压设备运行和检修作业的人员要及时调整。

② 具备必要的电力专业知识，熟悉相关规程，并经考试达到合格。

③ 从事运行、检修、试验等的工作人员，需经有关部门培训，考核合格并取得行业资格证书。

④ 应会触电急救的基本方法。

8）雷电时禁止在室外设备以及与其有电气连接的室内设备上作业。

9）高空作业时，作业人员应系好安全带并扣好保险绳扣，作业时有专人监护。所有作业人员必须戴好安全帽，使用专门的工具传递工具、零部件和材料等，不得抛掷传递。

10）当用梯子作业时，作业人员要先检查梯子是否牢靠，要有专人扶梯。单梯只许1人操作，支设角度以60°～70°为宜，梯子下脚要采取防滑措施。支设人字梯时，两梯夹角应保持40°，同时两梯要牢固，移动梯子时梯子上不准站人。

11）动火作业时，火焰与带电部分之间的距离如下：电压为1500V及以下者不得小于1.5m；电压为1500V以上者不得小于3m。

12）在全部或部分带电柜（盘）上进行作业时，应将所有作业的设备与其他运行的设备以明显的标志隔开，作业时应由专人进行监护。

13）凡电调下达的倒闸和作业命令，除遇有危及人身、行车和设备安全的紧急情况外，均必须有命令编号和批准时间，没有命令编号和批准时间的命令无效。

14）对需有供电调度下令才能进行倒闸作业的断路器和隔离开关，遇有危及人身和设备安全的紧急情况，值班人员可先行断开有关的断路器和隔离开关再报告电力调度员，但在合闸时必须有电力调度员的命令。

15）凡电调管辖的设备的倒闸作业以及退出或投入自动装置和继电保护装置时，除第14）条规定的情况外，均必须有电力调度员命令方可操作。

16）电气设备停电（含事故停电）后，在未断开有关断路器和隔离开关并按规定做好安全措施前，不得触及设备或进入防护物，以防突然来电。

17）在设备因事故停电时，若已派出人员到现场查巡，在未与现场人员取得联系前，无论何种理由，都不得对停电设备重新送电。

18）变电所发生高压接地故障时，在切断电源之前，任何人与接地点的距离要求为：室内不得小于4m，室外不得小于8m。特殊情况下，确需进入上述范围的人员要穿绝缘靴、戴绝缘手套。

19）在变电所内作业时带电部分严禁用棉纱或人造纤维、汽油、乙醇（酒精）等易燃物擦拭，以防起火。

20）当电气设备发生火灾时，要立即将该设备的电源切断，然后按规定采取有效措施进行灭火。

二、变电所运行工作安全规定

1. 值班

1）要求有人值守的变电所至少安排一名值班人员，其安全等级不低于三级。单人值班时，值班人员不得单独从事维修工作。

2）当值班人员参加变电所停电检修或工程施工时，需听从作业组施工负责人的指挥。

3）高压配电室、变压器室和开关柜等设备的钥匙由值班人员妥善保管，按班移交。如因工作需要借给工作人员使用，必须登记，且应于当日交回钥匙。

2. 变电所巡视的安全规定

1）除有权单独巡视的人员可一人巡视外，其他均须由不少于两人同时进行变电所的巡视。

2）有权单独巡视的人员是：运行和维修人员（其安全等级不低于三级），专业工程师、车间和中心相关管理人员（其安全等级不低于四级）。

3）巡视时的安全注意事项：要求设备巡视时，要事先通知电力调度或变电所值班人员。

如要打开高压设备的防护栏或高压设备柜门时，要有安全等级不低于三级的人员在场监护，并要注意与带电部分保持足够的安全距离。当一人单独巡视时，禁止打开高压设备的防护栏或进入高压柜内。高压室巡视如图 7-15 所示。

图 7-15　高压室巡视

4）巡视配电装置，进入高压室，必须随手将门锁好。

5）遇有雷雨、大风、洪水及事故后的特殊巡视，应由两人一同进行。在有雷雨的情况下必须巡视室外高压设备时，要穿绝缘靴、戴安全帽，并且不得靠近避雷针和避雷器，这主要是为了防止雷击造成的危险。

三、变电所巡视规程

1. 变电所巡视周期的规定

1）有人值守的变电所，除交接班巡视外，每天至少还应巡视 4 次，每周至少进行 1 次夜间熄灯巡视。

2）运营时间能进入的区间跟随所，每周巡视应不少于 3 次；运营时间不能进入的区间跟随所，每周巡视应不少于 1 次；其他无人值守的变电所，每天巡视应不少于 2 次。

3）所内电缆每月至少进行 2 次全面巡视，35kV 环网电缆及其他轨旁电缆、光缆每季度至少进行 1 次全面巡视。

4）110kV 电缆每月至少进行 2 次全面巡视。

5）遇有下列情况，要适当增加巡视次数：

① 设备经过大修、改造或长期停用重新投入系统运行时。

② 新安装的设备加入系统运行时。

③ 遇有雾、雪、大风、雷雨等恶劣天气，事故分闸和设备运行中有异常和非正常运行时。

④ 当气温发生剧烈变化（骤冷、骤热）时。

⑤ 负荷较高影响设备运行时。

⑥ 室外电缆附近有市政工程施工，可能影响到电缆安全运行时。

⑦ 法定节假日及上级通知有重要接待任务时。

2. 变电所巡视的一般要求

1）巡视检查要按规定的线路进行。如图 7-16 所示为某变电所巡视路线图。

2）巡视人员应做到人到、心到、位置到，且应看、听、嗅相结合。

3）巡视时要及时发现设备缺陷和异常现象，并采取相关措施处置，确保安全运行。

4）巡视时要做好相关记录，见表 7-4、表 7-5。

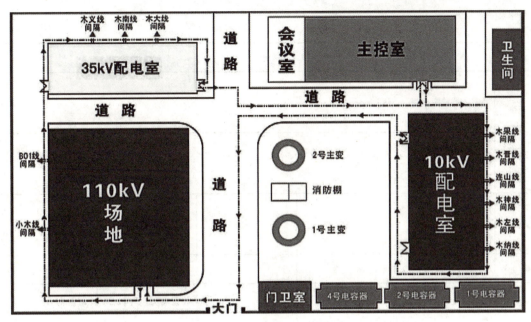

图 7-16 某变电所巡视路线图

表 7-4 设备缺陷记录表

_____所

发现缺陷的日期	发现缺陷的人员	有缺陷的设备名称及运行编号	缺陷或故障内容	确认人（签字）	处理措施	处理缺陷负责人	验收人	消除缺陷日期

表 7-5 设备巡视记录表

巡视记录	
6（8）时记事	断路器机构压力： 避雷器绝缘监测： 其他：
12时记事	断路器机构压力： 避雷器绝缘监测： 其他：

（续）

巡视记录					
18时记事	断路器机构压力： 避雷器绝缘监测： 其他：				
24时记事	断路器机构压力： 避雷器绝缘监测： 其他：				
时间/数值/项目	外温/℃	高压室温/℃	控制室/℃	高压电缆最高温/℃	电缆名称
6（8）					
12					
18					
24					
记事					

3. 一般巡视项目

1）绝缘体应清洁，无破损和裂纹，无放电痕迹。

2）电气连接部分（引线、二次接线等）应连接牢固，接触良好，无锈蚀、过热、断股和散股、过紧或过松。

3）设备运行应声音正常，无异味。

4）充油设备的油阀、油位、油温、油色应正常，充油、充气设备应无渗漏、喷气现象；充气设备气压和气体状态应正常。

5）设备安装牢固，无倾斜，外壳无严重锈蚀，接地良好，基础、支架应无严重破损和剥落。设备室和围栏应完好并锁住，安全标识应齐全。

6）接地装置应完好，接地回路应连接紧固，接地引线应无严重锈蚀、断股。

7）消防设施应齐全，电缆等设备安装孔洞的封堵情况应完好。

8）巡视时对非正常模式运行的设备应重点关注有无过热、过负荷等情况。

典型 110kV GIS 组合电器和 35kV 中压开关柜的巡视

1)以某地铁主变电所采用的 110kV GIS 组合电器为例,分组根据表 7-6 进行巡视。

表 7-6 110kV GIS 组合电器巡视项目表

序号	巡视内容	操作情况评价
1	断路器、隔离开关、接地开关等分、合闸位置指示器应正常	
2	断路器储能指示和分、合闸计数器指示等应正确	
3	各间隔气室 SF_6 气压表应指示正确,无气压异常信息	
4	正常运行时,"就地/远方"转换开关应在"远方"位,联锁功能应投入	
5	GIS 组合电器应无漏气现象,SF_6 气体泄漏报警装置应工作正常	
6	二次端子应无发热现象,熔断器应正常	
7	在 GIS 组合电器附近应无异味、异声	
8	有关阀门开、闭位置应正常,金属支架应无锈蚀和发热现象	
9	可见的绝缘件应无老化、剥落、裂纹现象,接地端子应无发热现象	
10	所有照明、通风、灭火器具应完好;所有设备应清洁、齐整、标志完善	

2)以某地铁主变电所常用的 35kV 中压开关柜为例,根据表 7-7 进行巡视。

表 7-7 35kV 中压开关柜巡视项目表

序号	巡视内容	操作情况评价
1	电气连接部分应连接牢固、接触良好,无过热、松动现象及异味	
2	开关电器应无不正常的放电声,灭弧室运行中应无异声	
3	设备外壳应无严重锈蚀且应接地良好,支架基础应无严重破损和剥落	
4	开关电器的负荷电流,一般应不超过其额定值	
5	仪表、指示灯应工作正常	
6	分、合闸位置指示器,应与运行相符合	
7	储能机构应在储能位置,三相电源指示应正常	
8	各控制继电器、电源开关应工作正常	
9	REF542 PLUS 系列保护装置中的各类测量值和信号指示应正常,不应有故障报警信号	

事故案例:雷雨天巡视室外高压设备不穿绝缘靴

一、判断题

1.有权单独巡视的人员是:运行和维修人员(其安全等级不低于三级)、专业工程师、车间和中心

相关管理人员（其安全等级不低于四级）。　　　　　　　　　　　　（　　）
2. 巡视人员应做到人到、心到、位置到，且应看、听、嗅相结合。　（　　）
3. 有人值守的变电所，除交接班巡视外，每天至少还应巡视4次，每周至少进行1次夜间熄灯巡视。　　　　　　　　　　　　　　　　　　　　　　　　　　　　　　（　　）
4. 遇有雷雨、大风、洪水及事故后的特殊巡视，有一人巡视即可。　（　　）
5. 巡视时要及时发现设备缺陷和异常现象，并采取相关措施处置，确保安全运行。（　　）

二、简答题

1. 简述变电所巡视的一般要求。
2. 简述在雷雨情况下变电所巡视的注意事项。

任务3　工作票的办理

任务描述

认识工作票的种类，根据要求正确填写工作票，并完成工作票的检查与保管。

任务目标

知识目标	1. 熟知工作票的种类以及各种工作票的用途 2. 熟悉工作票的签发、填写、办理要求
能力目标	1. 会正确填写工作票 2. 能根据工作票的要求进行操作和执行，并具有工作票的检查和保管能力
素质目标	1. 培养规范意识 2. 培养爱岗敬业、严谨认真的职业素养

任务资讯

一、工作票的种类和用途

在变电所中进行电气设备的检修作业时，为保证人身安全和设备安全，统一实行工作票制度。

1. 高压设备检修作业分类

高压设备检修作业分为以下3类：

1）高压设备的停电作业：在停电的高压设备上进行的作业及在低压设备上、二次回路上、照明回路上和消防设备上进行的需要高压设备停电的作业。

2）高压设备的不停电作业：当作业人员与高压设备的带电部分之间保持规定的安全距离和没有偶然触及导电部分的危险时，在带电设备外壳上和附近进行的作业。

3）低压设备的作业：在低压设备上进行的停电与不停电作业。

2. 工作票的种类和用途

工作票是在变电所内进行作业的书面依据，要字迹清楚、正确，不得用铅笔书写，不得涂改。工作票要填写1式2份,1份交工作领导人,1份交变电所值班员(工作许可人),值班员(工作许可人)据此办理准许作业手续并做好安全措施。

事故抢修且情况紧急时可不开工作票,但应向电力调度报告事故概况,听从电力调度员的指挥,在作业前必须按规定做好安全措施,并将作业时间、地点、内容及批准人的姓名记入值班日志中。

根据作业性质不同,工作票分为两种,即第一种工作票和第二种工作票。

1)第一种工作票:用于高压设备的停电作业及低压 AC 400V 电源主母线的停电作业,格式见图 7-17。

变电站(所)第一种工作票(第一页)

_____站(所)			第　号
作业地点及内容		填票人	
工作时间	自　年　月　日　时　分始至　年　月　日　时　分止		
施工负责人	姓名:　　　(　)		
作业组成员及安全等级	(　)　(　)　(　)　(　)		
	(　)　(　)　(　)　(　)		
	(　)　(　)　(　)　(　)		
			共计　人

必须采取的安全措施

1. 断开的断路器和断开的隔离开关:
   (按操作顺序填写)

2. 安装接地线(或接地开关)的位置:

3. 装设防护栅、悬挂标示牌的位置:

4. 注意作业地点附近有电的设备:

5. 其他安全措施:

已经完成的安全措施

1. 已经断开的断路器和断开的隔离开关:

2. 接地线(或接地开关)装设的位置:

3. 防护栅、标示装设的位置:

4. 注意作业地点附近有电的设备:

5. 其他安全措施:

施工负责人:_____(签字)　　　签发人:_____(签字)
电调确认日期:___年___月___日　　　电调:_____(签字)

图 7-17　变电站(所)第一种工作票

变电站(所)第一种工作票(第二页)

_____站(所) 第 号

根据电力调度员_____发布的第_____号命令准予在_____年___月___日___时___分开始工作。实际于_____年___月___日___时___分安全措施已经做好。

工作许可人：_____(签字)

经检查安全措施已经做好，实际于___年___月___日___时___分开始工作。

施工负责人：_____(签字)

变更作业组成员记录：_____

批准人(填票人、施工负责人或签发人)：_____(签字)

经电力调度员_____同意工作时间延长到_____年___月___日___时___分。

施工负责人：_____(签字)　　　　工作许可人：_____(签字)

因工作间断，开工前重新检查安全措施，可以于_____年___月___日___时___分开工作业。

施工负责人：_____(签字)

因转移工地，施工负责人应交代现场安全措施。

施工负责人：_____(签字)

工作已于___年___月___日___时___分全部结束。

施工负责人：_____(签字)

临时接地线共_____组，临时防护栅、标示牌已拆除，并恢复了常设防护栅和标示牌，经电力调度员_____批准工作票于_____年___月___日___时___分结束。

工作许可人：_____(签字)

备注：

图7-17　变电站（所）第一种工作票（续）

2）第二种工作票：用于高压设备的不停电作业、低压设备上的停电与不停电作业以及在电力SCADA系统或二次回路上进行的不需要高压设备停电的作业，格式如图7-18所示。

_____站(所)				第 号	
作业地点及内容			填票人		
工作时间	自 年 月 日 时 分始至 年 月 日 时 分止				
施工负责人	姓名: ( )				
作业组成员姓名及安全等级	( )	( )	( )	( )	( )
	( )	( )	( )	( )	( )
	( )	( )	( )	( )	( )
	( )	( )	( )	( )	( )
				共计 人	
工作条件(停电或不停电):					
必须采取的安全措施(本栏由签发人填写)			已经完成的安全措施(本栏由工作许可人填写)		

施工负责人:_____(签字)　　　　签发人:_____(签字)

根据电力调度员_____发布的第_____号命令准予在____年___月___日___时___分开始工作。实际于_____年___月___日___时___分安全措施已经做好。

工作许可人:_____(签字)

经检查安全措施已经做好,实际于___年___月___日___时___分开始工作。

施工负责人:_____(签字)

因转移工地,施工负责人应交代现场安全措施。

施工负责人:_____(签字)

工作已于___年___月___日___时___分全部结束。

施工负责人:_____(签字)

经电力调度员_____批准工作票于___年___月___日___时___分结束。

工作许可人:_____(签字)

图 7-18　变电站(所)第二种工作票

3)第一种工作票的有效时间一般不超过 2 天(48h),若在规定的工作时间内作业不能完成,应提前 0.5h 向电力调度办理申请延时手续;第二种工作票有效时间为 1 天(24h)。

4)工作票由填票人进行填写,必须由施工负责人和签发人审核,电力调度员应对第一种工作票进行确认。经过确认无误的工作票方可作为维修和施工作业的依据。

5）工作票填写1式2份，1份交给施工负责人，1份交给工作许可人。

6）1个作业组的施工负责人同时只能接受1张工作票。1张工作票只能发给1个作业组。同1张工作票的填票人、签发人和施工负责人必须由3人分别担当，不得相互兼任。

7）施工负责人和签发人由供电机电中心指定具有资格的人员担任并书面公布，报电力调度备案。对属于供电局调度管辖的设备进行维修和施工的工作票，其签发人及施工负责人名单需向供电局备案。

8）若一个电气连接部分的作业需相邻变电所停电时，开工前相关变电所全部安全措施应一次做完。

9）凡是已终结的工作票，须在工作票正页盖上"已执行"印章；凡是因故未执行的工作票，须在工作票正页盖上"未执行"印章；凡是作废的工作票，须在工作票正页盖上"作废"印章。

3. 第一种工作票的运转流程

1）填票：填票人至少提前一天将填好的工作票交给施工负责人。

2）审核：施工负责人对工作票内容有不同意见时，要及时向填票人提出，经认真分析确认无误后签字。

3）签发：施工负责人审核签字后，由填票人将工作票交给签发人签发。工作票签发后交给供电车间调度人员。

4）确认：在作业当日由供电车间调度人员按规定的时间将工作票通过传真报电力调度员确认，电力调度员对供电车间提报的工作票进行确认无误后签字，并及时传真给供电车间调度人员。供电车间调度人员及时将工作票交给施工负责人。

5）要令：工作许可人根据工作票向电力调度申请停电，电力调度倒闸操作完成后，工作许可人向电力调度申请停电作业命令。

6）许可：电力调度发布停电作业命令后，工作许可人按工作票内容做好安全措施并在工作票上签字。工作许可人向施工负责人办理准许作业手续，施工负责人确认无误后在工作票上签字。

7）终结：作业结束后，工作许可人和施工负责人共同确认所有作业人员已远离带电区域，设备无异常，施工负责人在工作票上签字。

8）消令：拆除安全措施并进行必要的试验后，工作许可人向电力调度申请消令，并在工作票上签字。

4. 第二种工作票的运转流程

1）填票：填票人提前将填好的工作票交给施工负责人。

2）审核：施工负责人对工作票内容有不同意见时，要及时向填票人提出，经认真分析确认无误后签字。

3）签发：施工负责人审核签字后由填票人将工作票交给签发人签发。工作票签发后交给施工负责人。

4）要令：作业时，工作许可人根据工作票向电力调度申请允许作业命令。

5）许可：电力调度发布允许作业命令后，工作许可人按工作票内容做好安全措施并在工作票上签字。工作许可人向施工负责人办理准许作业手续，施工负责人确认无误后在工作票上签字。

6）终结：同第一种工作票。

7）消令：同第一种工作票。

二、工作票的管理

1. 工作票签发

一个作业组的工作领导人同时只能接受一张工作票。一张工作票只能发给一个作业组。

同一张工作票的签发人和工作领导人必须由两人分别担当，不得相互兼任。工作票签发人和工作领导人由供、受电维修及管理部门指定具有资格人员担任并书面公布，对签发第一、二种工作票有资格的签发人及工作领导人名单须报控制中心电力调度员备案；110kV线路工作票签发人及工作领导人名单需向供电局报批，报批准后的110kV线路工作票签发人及工作领导人名单须报控制中心电力调度员备案。以广州地铁为例，工作票签发人员资格要求见表7-8。

表7-8 工作票签发人员资格要求表

人员	安全等级	专业年限	允许签发的第一种工作票	允许签发的第二种工作票
变电技术主管	5年	6年	1. AC 380V 系统 2. AC 600V 系统 3. DC 1500V 系统	涉及 DC 1500V 及以下系统的第二种工作票
变电主管及以上	5年	5年	1. AC 380V 系统 2. AC 600V 系统 3. DC 1500V 系统 4. AC 33kV 系统 5. AC 110kV 系统 6. 复杂大修作业 7. 复杂跨专业作业	1. 涉及 AC 33kV 及以上系统的第一种工作票 2. 涉及 DC 1500V 及以下系统的第二种工作票

2. 工作票所列人员责任

（1）填票人 由高压供电综合工班成员担任，其安全等级不低于三级，职责如下：

1）明确作业项目。

2）认真填写工作票相关内容。

3）将工作票交给施工负责人审核和签发人签发。

（2）签发人 由专业工程师、车间副主任或车间主任担任，其安全等级不低于四级，职责如下：

1）确认作业项目（含作业内容、时间及地点等）是正确的、必要的和可行的。

2）确认安全措施是正确和完备的。

3）确认所派施工负责人和作业组成员是适宜的。

（3）施工负责人 由熟悉设备、有一定工作经验和组织能力的人员担任，其安全等级不低于四级，职责如下：

1）正确安全地组织工作。

2）复查安全措施是否正确完备且符合规定要求。

3）向作业组成员说明工作范围和采取的安全措施等内容，结合实际进行安全教育。

4）时刻在场监督作业组成员的作业安全，检查工作质量，确保按时完成任务。

5）发现危及人身安全的情况时，应立即采取措施，坚决制止继续作业。

6）一旦发生意外情况，应迅速采取正确的抢救措施。

（4）工作许可人　由熟悉设备且具有一定工作经验的人员担任，其安全等级不低于三级。对有人值守的高压供电场所一般由其值班人员担任工作许可人，对无人值守的高压供电场所由施工负责人指定人员担任工作许可人。其职责如下：

1）复查工作票必须采取的安全措施是否正确完备。

2）向电力调度申请停电和进行倒闸作业。

3）按照有关规定和工作票要求做好安全措施，办理准许作业手续。

4）负责检查停电设备有无突然来电的可能。

（5）作业组成员　作业组成员的职责如下：

1）作业组成员要服从施工负责人的指挥和调动，明确所分担的任务，并按时完成。

2）严格遵章守纪，对作业安全有疑问时要及时提出意见，坚持安全作业。

（6）电力调度　电力调度的职责如下：

1）负责确认工作票所列安全措施是否正确完备。

2）进行倒闸作业，发布停电或允许作业命令。

3）确认工作票是否具备终结条件，办理工作票终结手续，批准工作结束。

4）根据具体情况，决定是否对作业设备停/送电。

（7）非供电专业人员在变电所作业时需遵守的规定

1）若设备不需要停电，由值班人员或指定的供电人员负责做好安全措施（如加防护栏，悬挂标示牌等），向作业领导人讲清安全注意事项，并记录在值班日志中，双方签名后方准开工。必要时可派安全等级不低于三级的人员进行电气安全监护。

2）若需设备停电，由供电车间按相关规程办理停电手续。

典型工作票的填写

1）以某地铁主变电所检修工作为例，分组并分职责完成表7-9中的任务，并填写对应的第一种工作票。

工作任务：检修35kV城关变电站城瓜线断路器353。

工作地点：35kV城关变电站城瓜线断路器353。

表7-9　检修35kV城关变电站城瓜线断路器353采取的安全措施

安全措施	操作顺序	操作内容
1.断开的断路器和断开的隔离开关	1	断开断路器353
	2	断开隔离开关3533、3531
	3	切除断路器353控制电源断路器
	4	退出断路器353合闸出口压板

（续）

安全措施	操作顺序	操作内容
2. 安装接地线（或接地开关）的位置	1	在35kV断路器353与隔离开关3531之间装设接地线一组
	2	在35kV断路器353与隔离开关3533之间装设接地线一组
3. 装设防护栏、悬挂标识牌的位置	1	在隔离开关3533操作手柄上挂"有人工作，禁止合闸"标示牌
	2	在隔离开关3531操作手柄上挂"有人工作，禁止合闸"标示牌
4. 注意作业地点附近有电的设备		城青线354带电运行、电压互感器0353未退出运行，应视为带电
5. 其他安全措施		督促工作人员正确佩戴和使用安全防护用具，不得超越工作区域进行工作

2）根据如下的事故经过，分析事故原因及教训。

2020年8月5日，××供电分公司故障修理班班长吴××，接到10kV养鱼线81号变压器缺相的故障维修通知到达现场后，在未填写故障修理票且变压器没有停电的情况下，登上变压器台。在未穿绝缘靴、未戴绝缘手套、未系安全带的情况下，左手抓住变压器台二次铁横担，右手握着带绝缘柄的钳子夹着C相刀身合闸环，合上C相跌落式熔断器，因发现刀身合得不牢固，便又使用钳子敲打刀身，此时刀身自然脱落到吴××的右手背上致使其触电身亡。

事故案例：不按规定办理
工作票终结手续

一、不定项选择题

1. 当班值班员办理工作票的具体流程为审票、申请、准备、倒闸、要令、办理安全措施、会检签认、作业间断和_____、消除作业命令。

  A. 结束工作票   B. 作业结束   C. 收票   D. 管理工作票

2. 安排检修的依据有_____方面。

  A. 设备年度或月度检修计划   B. 设备发生事故、故障或存在缺陷需要处理

  C. 设备大修或更新改造的需要   D. 雷击故障

3. 使用过的工作票由发票人和变电所所长分别负责保管，保存时间不少于_____。

  A. 1个月   B. 2个月   C. 3个月   D. 4个月

二、简答题

1. 高压设备检修作业分为哪几类？

2. 工作票的种类有哪几种？其用途分别是什么？

任务4 变电所的倒闸操作

任务描述

熟知倒闸操作的基本概念、操作方法及一般规定，根据倒闸操作任务，按照要求规范填写倒闸操作票，并根据操作票完成标准化倒闸操作。

任务目标

知识目标	1. 掌握倒闸操作的基本概念及操作方法 2. 熟悉倒闸操作的一般规定
能力目标	1. 能够正确填写倒闸操作票 2. 具有根据倒闸操作票，正确执行倒闸操作的能力
素质目标	1. 培养学生严格遵守纪律的意识，要规范操作，兢兢业业对待工作，绝不可懈怠 2. 引导学生树立严肃、严谨的职业态度，避免误操作等责任性人为事故

任务资讯

一、倒闸操作的概念

倒闸操作是指电气设备从一种状态转换到另一种状态，或从一种运行方式转换到另一种运行方式的操作过程，此过程中必须进行分合断路器、隔离开关和高压熔断器等一次设备的操作。

电气设备倒闸操作是变电所运行的基本操作和运行维护人员的常规工作。倒闸操作票是进行倒闸操作最基本也是最重要的依据，通常以书面形式呈现，以此来保证倒闸操作按拟定的正确步骤有序进行，最终确保操作任务安全顺利地完成。运行维护人员应熟练掌握开票原则和技术要领，确保操作票正确。

电气设备有 4 种不同的工作状态。

1. 运行状态

运行状态是指设备回路的隔离开关、断路器均在合闸位置，从而把电源与受电端电路连通，使设备带电运行的工作状态。

2. 热备用状态

热备用状态是指设备回路只断开了断路器，而隔离开关仍在合闸位置，即断路器一经合闸就可接通电源。

3. 冷备用状态

冷备用状态是指设备回路的断路器、隔离开关均在断开位置。若转入运行，须经倒闸操作方能达到的备用工作状态。

电气设备 4 种状态及转换操作

4. 检修状态

检修状态是指设备所有来电方向的断路器、隔离开关均已断开，装设了接地线、临时防护栏和标示牌，正在进行检修（包括试验）的工作状态。

倒闸操作状态转换应遵循的规律：

1）设备由运行状态向检修状态的转换：运行状态→热备用状态→冷备用状态→检修状态。

2）设备由检修状态向运行状态的转换：检修状态→冷备用状态→热备用状态→运行状态。

二、倒闸操作的一般规定

倒闸操作的一般规定有以下几点:

1)电调(电力调度员)在决定系统倒闸操作前,应充分考虑对运行方式、电动列车牵引供电和车站负荷的影响,在得到现场操作完毕的汇报后,应及时核对电力 SCADA 系统工作界面的显示状态。

2)为保证调度操作的正确性,操作时均应执行双重名称和复诵制度。在调度联系时必须做好记录,发布命令时必须使用调度电话。

3)属于电调管辖的供电设备的状态改变,必须得到电调的命令后方可执行。不属于电调管辖的操作,若对电调管辖的设备运行有影响,操作前应得到电调的许可或配合。

4)正常的设备检修由电调根据检修内容编写倒闸操作票,电气 SCADA 系统进行倒闸操作,再发令给变电所值班人员倒闸操作命令,确认后执行。调度命令是逐项操作命令,当值电调给值班人员发布的操作命令是具体的逐项操作步骤和内容,值班人员必须按照命令的操作步骤和内容逐项进行操作。

5)电调在审核工作票和填写倒闸操作票时要对照电力 SCADA 系统工作界面逐项检查,不得主观臆断。如发现疑问或对设备运行状态不清楚时,应与现场人员联系,共同核实设备运行状态,以保证操作正确。

6)电调在倒闸操作前应通知施工人员做好准备,严禁约时停/送电、拆/挂接地线、开工检修和竣工送电。

7)正常的倒闸操作应避免在交接班时进行,如遇特殊情况应延迟交接班时间。如接班后 0.5h 内进行倒闸操作,应由上一班填写操作票,交班时与下一班共同审核后,再交下一班执行。

8)受令人进行操作时,若听到电话铃响,应立即停止操作,当发生威胁人身或设备安全的问题时,可先采取必要措施,如切断电源等,再报告电调。迅速接听电话,问清原因后再继续操作。操作过程中,若发现设备有异常情况或操作顺序有问题而危及人身、设备或系统安全时,应立即停止并报告电调。

9)对于属于当地供电公司调度值班人员的设备,若需正常的倒闸操作,电调在发布操作命令之前,需先取得当地供电公司调度值班人员的许可。

10)电调、值班人员进行倒闸工作的过程应严格遵守发令、复诵、记录和汇报等程序,要执行调度命令标准用语(见表 7-10)。

表 7-10 调度命令标准用语

序号	调度命令标准用语	含义
1	报数:幺、两、三、四、五、六、拐、八、九、洞	报数时一、二、三、四、五、六、七、八、九、零的读音
2	×点×分×断路器跳闸	×点×分×断路器分闸
3	×点×分×断路器跳闸,重合闸成功	×点×分×断路器分闸,重合闸成功
4	×点×分×断路器重合闸拒动	×点×分×断路器重合闸拒动
5	×点×分×断路器×强送×次不成功	×点×分×断路器×强送×次不成功
6	×点×分×断路器×强送×次成功	×点×分×断路器×强送×次成功
7	拉开/合上××隔离开关(断路器)	将××隔离开关(或断路器)切断/接通

（续）

序号	调度命令标准用语	含义
8	×线路（设备）现在许可开工时间为×点×分	×线路（设备）转入检修后电调许可命令
9	现在×线路（设备）工作结束，现场工作接地线已拆除，人员已撤离，可以送电	现场检修人员在调度许可设备上工作结束后的汇报术语
10	×保护动作跳闸	继电保护动作，断路器分闸
11	×断路器跳闸，保护未动	断路器分闸，保护未动作
12	在×设备侧母线、断路器、线路、变压器两侧挂接地线	在×设备侧母线、断路器、线路、变压器两侧挂接地线
13	倒闸操作命令	电调对所管辖设备进行变更电气连接方式和事故处理而发布倒闸操作命令
14	变电所操作命令	电调对所管辖设备的停/送电、保护的投入和撤除、地线的悬挂（安装）和撤除
15	接触网的倒闸命令	电调对所管辖接触网设备隔离开关发布的操作命令
16	变电所作业命令	电调对所管辖变电所的设备发布的检修、试验和事故处理等作业命令
17	接触网作业命令	电调对管辖接触网设备发布的检修、试验和事故处理等作业命令
18	合上	把断路器或隔离开关放在合闸位置
19	分开	把断路器或隔离开关放在分闸位置
20	拉出（摇出）	把断路器拉出（摇出）到试验位（隔离位）

11）防止错、漏停/送电的组织措施：

① 电调1倒闸操作前，电调2宣读倒闸操作票。

② 倒闸操作时，严格执行双人确认制度，一人操作一人监护，电调1操作、电调2监护。

③ 倒闸操作时，先合电动隔离开关，再合与之相对应的断路器，逐项进行操作，禁止全部操作完断路器后再操作隔离开关或操作完隔离开关后再操作断路器。

④ 操作完成后，严格执行双人确认制度，通过电力SCADA系统工作站对所停/送电区域断路器和电动隔离开关状态进行逐一核对，确保无遗漏。

三、倒闸操作的注意事项

为确保倒闸操作正确无误，在倒闸操作中应注意以下事项。

1. 断路器操作

1）电调操作前应确认断路器性能良好。

2）断路器合闸前，电调应确认继电保护装置已按规定投入，断路器分/合闸后，应确认三相均已接通或断开。当设备状态不清时，应通知供电车间生产调度员安排专业人员到现场确认断路器位置。

3）当电动操作拒动时，可以采用机械按钮或紧急手柄进行分闸操作。

4）电动操作断路器的操作电源，在断路器检修时必须断开。

5）停电操作顺序：先分断路器，后分隔离开关，先断负荷侧，后断电源侧。送电操作顺序：先合隔离开关，后合断路器，先合电源侧隔离开关，后合负荷侧隔离开关。

2. 隔离开关操作

1）隔离开关在合闸或分闸前，必须检查和它相对应的断路器已在分闸位置。设备停电时，先让断路器分闸，再让线路隔离开关分闸，最后让母线隔离开关分闸。复位时，先让母线隔离开关合闸，再让线路隔离开关合闸，最后让断路器合闸。严防带负荷让隔离开关分、合闸。

2）运行值班人员在隔离开关操作前及操作后，都应检查各相闸刀的实际开闭位置。

3）隔离开关合闸时必须迅速、准确地一次合闸到底，中途不得停留或发生冲击。

4）除允许使用隔离开关进行下列操作外，严禁用隔离开关切断或投入带负荷的线路及设备。

① 拉合电压互感器和避雷器。
② 拉合空载母线。
③ 拉合不超过 10km 长的空载线路。

5）属于电调管辖的接触网隔离开关，由电调下发倒闸操作命令。

3. 母线操作

1）用断路器向母线送电时，应使断路器继电保护装置处于良好状态。迫不得已用隔离开关向母线送电时，必须检查确认母线绝缘正常。

2）用断路器向母线送电前，应将空母线上只能用隔离开关送电的附属设备（如电压互感器、避雷器等）先行投入。

4. 线路操作

1）接触网线路检修后，在送电前，除有特殊规定外，一般不予以测量绝缘。

2）停用中的电缆超过一个周但不满一个月时，在重新投入运行前应用绝缘电阻表测量绝缘电阻。如有疑问，需要进行直流高压试验，检查绝缘是否良好。

3）对环网线路送电时，一般先让送电端断路器合闸，再让受电端断路器合闸，停电时顺序相反。

4）线路送电时，断路器必须具备完善的继电保护。

5. 变压器操作

1）变压器并列操作条件。
① 联结组别相同。
② 电压比相同。
③ 短路阻抗相同。

2）变压器在倒换操作时，应检查并入的变压器确实带上负荷后，才允许操作要停用的变压器。

3）变压器投运时，一般先对电源侧充电后再让负荷侧断路器合闸。停电时，应先让负荷侧断路器分闸，后让电源侧断路器分闸。

4）新投产或大修后的变压器投入运行时，对可能造成相位变动者应先进行核相。

5）更改变压器（非有负荷调压）的运行分接开关必须停电进行，并在测量三相直流电阻合格后方可将变压器投入。

6. 高压熔断器操作

1）高压熔断器与隔离开关一样，不允许带负荷操作。对接于自用电变压器或电压互感器回路中的高压熔断器，应在切断低压负荷后再进行合闸操作。

2）跌落式熔断器应使用绝缘杆单相操作，雨天还应使用有防水罩的绝缘操作杆。对于特殊排列的跌落式熔断器，为保证操作安全，还应注意操作顺序。对于水平和三角形排列的跌落式熔断器，分闸时的操作顺序为先中间，后两边。遇到大风分闸时应按先中间、再背风相、后迎风相的顺序操作，防止风吹电弧造成短路。送电时操作顺序相反。

7. 低压熔断器操作

带电更换低压熔断器时，操作人要戴防护眼镜，站在绝缘垫上，并要使用绝缘夹钳或绝缘手套。

四、倒闸操作票及其填写规范

倒闸操作票在倒闸操作前由发令人向受令人下发。受令人需要根据发令人的命令，在倒闸操作票中记录相关倒闸信息。需要记录的信息包括：操作任务、顺序、操作项目、编号、发令人、受令人及发令时间等。记录完上述信息后，开始进行倒闸操作，并记录操作开始的时间。

倒闸操作必须两人进行，一人操作，另一人监护，严格实行唱票复诵制。每执行一步后，在操作项目的右边画勾，以表示完成此项操作项目。在最后完成所有倒闸操作后，向发令人回令，并记录操作结束时间，操作人及监护人签字确认，最后由值班负责人签字确认。

倒闸操作票如图 7-19 所示。

倒闸操作票

			编号：				
发令人：		受令人：	发令时间：	年	月	日	时 分
操作开始时间：	年 月 日 时 分		操作结束时间：	年	月	日	时 分
操作任务：							
顺序		操 作 项 目					✓
1							
2							
3							
4							
5							
备注：							
操作人：		监护人：	值班长：				

图 7-19　倒闸操作票

任务实施

倒闸操作票的填写

1）读图 5-10 所示某地铁 110kV 主变电所电气主接线，分角色扮演助理值班员和值班员，其中助理值班员操作，值班员监护，通过综合自动化系统监控后台机操作的方式，分组按图 7-20 所示的倒闸操作票进行馈线 315 停电操作并验收。

倒闸操作票

编号：202205036

发令人：张三	受令人：李四	发令时间：2022年5月16日14时05分	
操作开始时间：2022年5月16日14时35分		操作结束时间：2022年5月16日14时45分	
操作任务：通过综合自动化系统监控后台机操作，使×××地铁110kV主变电所馈线315停电			
顺序	操作项目		√
1	确认开关柜315上的"远方/就地"转换开关确已处于"远方"位		
2	断开断路器315，并确认分后位		
3	断开隔离开关3151，并确认分后位		
备注：			
操作人：王五	监护人：李四	值班长：张三	

图 7-20　馈线 315 停电倒闸操作票

2）读图 5-10 所示某地铁 110kV 主变电所电气主接线图，通过综合自动化系统监控后台机操作的方式，完成馈线 315 送电任务。

① 根据任务填写倒闸操作票，完成图 7-21。

倒闸操作票

编号：

发令人：	受令人：	发令时间：	
操作开始时间：		操作结束时间：	
操作任务：			
顺序	操作项目		√
1			
2			
3			
备注：			
操作人：	监护人：	值班长：	

图 7-21　馈线 315 送电倒闸操作票

② 分角色扮演助理值班员和值班员，其中助理值班员操作，值班员监护，通过综合自动化系统监控后台机操作的方式，分组按图 7-21 所示倒闸操作票进行馈线 315 送电操作并验收。

事故案例：未认真执行倒闸操作监护复诵制度

一、判断题

1. 操作人在接到监护人操作命令后执行操作，不得边听命令边操作。　　（　　）
2. 穿绝缘靴、戴绝缘手套时，只要它们的合格证在有效日期之内就可以使用。（　　）
3. 隔离开关在合闸或分闸前，必须检查和它相应的断路器已在分闸位置。　（　　）
4. 倒闸操作可以跳步就近操作。　　　　　　　　　　　　　　　　　　（　　）
5. 每个操作票能填写 2 个操作任务。　　　　　　　　　　　　　　　　（　　）

二、简答题

1. 电气设备的工作状态有哪几种？倒闸操作状态转换应遵循什么规律？
2. 倒闸操作的一般规定有哪些？

项目 8　变电所常见异常与故障处理

任务 1　变电所常见异常处理

任务描述

识别变电所常见异常并正确进行异常处理，以高压室断路器 212 拒动为例，分组在牵引变电所仿真实训系统完成断路器 212 拒动处理作业。

任务目标

知识目标	1. 熟悉变电所设备异常运行处理的规定 2. 掌握变电所主要设备常见异常的处理方法
能力目标	1. 能进行变电所常见异常的识别 2. 能进行变电所常见异常的处理
素质目标	1. 培养敬业奉献、吃苦耐劳的职业素养 2. 增强平凡岗位大有作为的职业认同感

任务资讯

一、设备异常运行处理的规定

1）异常发生后，助理值班员应立即汇报值班员，值班员要马上召集人员进行处理。

2）详细记录异常运行发生的时间，监控系统显示的信号，保护装置动作情况和电流、电压指示，认真查看数据测控系统的记录和故障录波器的数据。在做好详细记录并得到值班员许可之前，除音响信号外，暂不复归其他各种信号。

3）根据信号的指示和初步判断结果，向电力调度员及领导简要汇报。

4）立即派人到现场对异常设备进行外观检查，记录当时设备的相关数据，根据现场检查结果进一步分析判断故障的性质。

5）将检查结果向电力调度员及领导详细汇报。

6）在值班员指挥下，按电力调度员的命令或相关运行规程的要求进行设备异常处理。

二、变电所主要设备常见异常及处理

1. 主变常见异常及处理

（1）主变油位异常处理方法

1）对照油位－油温曲线判断油位是否正常，检查主变有无渗漏油现象，如有渗油，记录每分钟油滴速度，填写缺陷单，督促检修人员尽快处理。

2）若主变油位下降缓慢，可尽快进行注油处理，禁止从下部补油。

3）若主变油位下降较快，必须汇报电力调度员和上级有关部门决定是否将主变停运。

4）主变油位因温度上升可能高出油位指示极限，经查明是油温过高所致时，则应放油，使油位降至与当时油温相对应的高度，以免喷油。

（2）主变冷却器全停处理方法　出现主变冷却器全停时，将不会是单个主变冷却器故障这么简单。

1）检查主变冷却器控制电源、保护装置是否正常，其他有关回路是否正常，争取尽快恢复主变冷却器的运行。

2）如果是电源切换回路故障，两路电源都无法切换，可以考虑直接将动力电源接至主变冷却器的断路器，先起动冷却器。

3）在未恢复前必须密切监视主变温度变化情况和负荷情况，短时不能处理好的，应申请转移负荷。

4）如果主变冷却器全停投跳闸时，应申请退出跳闸压板，并尽快使用步骤3）的方法处理好。

（3）主变油温异常处理方法

1）现场通过温度计或以手触试的方法检查主变温度情况。

2）检查主变冷却器工作是否正常，将全部备用冷却器投入运行。

3）检查主变负荷情况，必要时申请转移负荷。

4）密切注视主变温度变化情况，注意保持和电力调度员的联系。

（4）主变轻瓦斯动作处理方法

1）检查气体继电器内是否有气体，主变油位是否降低。

2）取气体继电器内气体和变压器油进行分析。

3）如为空气进入引起，必须立即检查冷却系统有无吸入空气现象。

4）如轻瓦斯频繁动作原因未明时，应立即汇报有关部门检查，必要时将主变退出运行。

（5）主变压力释放阀动作处理方法

1）现场检查压力释放阀是否确已动作，有无喷油现象。

2）检查压力释放阀是否已完全关闭，喷油是否已经停止；如喷油不止，应及时汇报，并立即申请退出主变运行。

3）检查储油柜油位是否正确，分析压力释放阀有无可能因油位过高引起动作。

4）检查主变温度是否正常。

5）检查吸湿器管道有无堵塞情况。
6）采取安全的方法复位压力释放阀信号。

（6）主变过负荷处理方法

1）主变过负荷以电流进行判断。
2）立即汇报电力调度员转移负荷，过负荷不宜超过额定负荷的1.2倍。
3）现场检查主变温度情况，注意辅助冷却器是否按整定方案起动。
4）过负荷情况下不能调节有载调压装置。

下列情况变压器不宜过负荷：环境温度大于35℃，变压器有漏油，接线端子发热，冷却器异常，油中色谱分析有问题，全天满负荷。另外，油温、油位异常时不能过负荷，出现过负荷应马上将主变存在的缺陷汇报电力调度员，由电力调度员进行控制。

（7）主变异常运行出现下列情况，报主管领导后，应向电力调度员申请退出运行

1）主变内部响声特别大且很不均匀，有爆裂声。
2）在正常冷却条件下，非因温度计故障引起的主变油温异常且不断上升。
3）储油柜或压力释放阀喷油。
4）套管有严重的破损和放电现象，或看不到油位。
5）漏油致使油面降落低于油位指示计上的限度。
6）主变冒烟着火。

2. 断路器常见异常及处理

（1）断路器SF_6气体压力低

1）对比巡视时的气温，如气温差别不大，可能存在泄漏。
2）确认是SF_6气体泄漏时，到现场检查气压需要从上风口接近，必要时戴上防毒面具。
3）记录现场数据及外观检查情况，如低至闭锁值，查明原因后，应尽快采取措施进行补气。
4）如果SF_6气体泄漏速度快，到了闭锁分、合闸压力后，应立即汇报电力调度员，同时将断路器的分、合闸电源断开，以防故障发生。

（2）断路器液压机构压力低

1）马上到现场检查打压装置是否正常打压，如果打压装置没有动作，实行手动起动打压装置。
2）手动起动装置没有反应时，检查装置电源是否正常，进行电源处理。
3）打压装置正常工作，但无法建立压力时，油路可能存在气体，通知检修班组检查并排气，排气后再起动打压。
4）液压机构出现严重漏油，导致失压至0时应将情况汇报电力调度员，并断开分、合闸电源，通过转移负荷方式，将断路器退出。
5）任何情况导致液压低闭锁分、合闸时，均应断开分合、闸电源，并汇报电力调度员。

（3）断路器拒绝合闸的检查及处理　断路器拒绝合闸的检查及处理见表8-1。
（4）拒绝跳闸的检查及处理　断路器拒绝跳闸的检查及处理见表8-2。
（5）其他异常现象的原因分析　断路器其他异常现象的原因分析见表8-3。

项目 8　变电所常见异常与故障处理

表 8-1　断路器拒绝合闸的检查及处理

序号	检查内容	处理方法
1	合闸控制回路、合闸操作回路是否异常	用万用表分段检查回路电压，并进行处理
2	操动机构压力和 SF_6 气体压力是否正常，是否由于异常而闭锁	检查压力异常闭锁信号，观察压力表指示数值，查出闭锁原因进行处理
3	检查防跳继电器串联触点是否良好	若触点烧坏，则更换防跳继电器
4	闸刀闭锁开关合闸的继电器的触点接触是否良好	处理触点并调至接触良好
5	合闸控制回路有无断线，合闸电磁铁机械部分是否有卡死现象	将断线进行处理使回路接通，将卡死进行调整
6	辅助开关接触不良	调整辅助开关，使其接触良好
7	检查合闸继电器是否断线，接触是否良好	若合闸继电器断线可将其短接进行合闸，事后进行处理
8	保护出口中间继电器是否卡死接通	调整继电器触点消除卡死现象
9	检查合闸线圈的完整性，绝缘是否良好	若合闸线圈断线或烧毁应进行更换
10	检查操动机构的机械防跳机构是否返回	调整至初始状态
11	检查操动机构的机械系统是否瓦解	汇报电力调度员并通知检修单位处理
12	检查"五防"机提示信息	按提示信息内容进行处理

表 8-2　断路器拒绝跳闸的检查及处理

序号	检查内容	处理方法
1	跳闸控制回路和操作回路是否有异常	用万用表分段检查回路电压，并进行处理
2	液压、弹簧储能和 SF_6 气体压力是否由于异常而闭锁	检查闭锁信号，观察压力数值查出闭锁原因，并进行处理
3	辅助开关触点接触不良	调整辅助开关，使其接触良好
4	检查分闸线圈的完整性	如分闸线圈断线和烧坏应更换
5	检查"五防"机提示信息	按提示信息内容进行处理

表 8-3　断路器其他异常现象的原因分析

序号	异常现象	原因分析
1	液压机构不能储能	1. 辅助电源未接通 2. 电气接触元件或控制元件故障 3. 电动机故障 4. 储能回路行程开关触点接错 5. 液压机构漏油 6. 贮压器漏气
2	开关合闸不能保持	1. 开关分闸线圈因错误带电而动作 2. 断电情况下，线圈受到感应干扰信号 3. 开关分闸线圈本身故障 4. 操动机构单元故障 5. 分闸掣子装置机械损坏 6. 防跳继电器触点损坏
3	操动机构动作但辅助开关不切换	1. 辅助开关故障 2. 辅助开关传动连杆损坏

（续）

序号	异常现象	原因分析
4	操动机构动作但主触头不切换	机械传动部分损坏
5	主触头位置与指示信号不一致	1. 机械传动部分损坏 2. 如果问题发生在合闸位置，则主回路可能严重损坏
6	加热器不工作	1. 辅助电源未接通 2. 电气接触元件或控制元件故障 3. 加热器故障
7	防凝露加热器不工作	1. 辅助电源未接通 2. 电气接触元件或控制元件故障 3. 加热器故障 4. 温控器故障 5. 环境温度远高于整定值（比如55℃）
8	就地控制柜无照明	1. 辅助电源未接通 2. 电气接触元件或控制元件故障 3. 灯故障 4. 门开关故障

3. 隔离开关常见异常及处理

（1）隔离开关操作不到位处理方法

1）在倒闸操作时，当闸刀严重分、合不到位时，应通知操作人员重新操作一次，观察是否正常。

2）操作一次仍不到位，可在分合以后用人工手摇办法调整，如仍然不好，就应申请检修。

3）若拉开接地开关时分闸不到位，经领导同意，可以使用绝缘棒扣住刀口，向下拉至正常位置，在操作中必须加强监护。

（2）隔离开关电动操作失灵处理方法

1）隔离开关的电动操作失灵后，应检查控制电源、电动机电源是否正常。

2）检查隔离开关的操作回路、控制回路是否正常。

3）检查各相操作箱侧门是否已关合到位。

4）检查手动/电动转换行程开关位置是否正确。

5）检查电气闭锁回路是否正常运行，闭锁条件是否满足。

6）严禁未查出原因就强行操作。

（3）隔离开关异常发热处理方法

1）当闸刀接触部分发热时，则应向电力调度员申请减轻负荷并加强监视或改变运行方式，将该隔离开关退出运行以便进行检修。

2）当发热程度已达一般缺陷，运行人员应每周对发热闸刀进行一次测温。

3）当发热程度已达严重缺陷，运行人员每天应进行红外测温，并做好跟踪记录。

4）当发热程度到达了紧急缺陷，应马上申请停电处理。

5）其他设备异常发热的处理方法，参考隔离开关异常发热处理方法处理。

设备发热属于哪一类应按本单位发文的红外测温规定执行。一般设备发热分两大类：第一类是电流致热型发热，这一类发热主要是由于设备通过大电流，同时接触电阻偏大造成的,如闸刀触头、开关触头等。第二类是电压致热型发热,这一类发热主要是由于设备绝缘介质可能存在缺陷造成的,如套管、电压互感器等。

(4)绝缘子破损、外观异常处理方法

1)当发现绝缘子局部有裂纹时,可暂不停电,但应马上汇报有关领导,并同时加强监视。

2)绝缘子局部有裂纹,运行人员无法判断是否存在风险时,应马上通知检修班组进行检查确认,再决定是否退出运行。

3)如发现伴有放电现象,则应上报电力调度员,将此设备退出运行。

4. 电压互感器常见异常及处理方法

(1)电压互感器起火处理方法

1)当电压互感器起火时,应断开一次设备电源,并做好必要的安全措施后,方可进行灭火。

2)油浸式电压互感器灭火时应使用泡沫灭火器。

3)油浸式电压互感器存在一定的油量,泄漏时,要防止火势向电缆沟蔓延。

(2)电压互感器二次回路断路器跳闸处理方法　当电压互感器二次回路断路器跳闸或熔断器熔断时,应当特别注意该回路保护装置的动作情况,必要时向电力调度员申请退出相关保护(距离、零序等),并检查二次回路是否短路或故障,检查处理二次回路无异常后再让断路器或熔断器合闸,观察运行正常后再申请投入相关保护。

(3)电压互感器二次电压指示值异常处理方法　运行监视中,发现二次电压指示值变化较大时,应使用万用表在端子箱处进行二次输出测量,如果测量出三相之间数值相差明显,产生了较大的零序电压,而系统电压无明显偏差,可能是内部个别电容被击穿,应加强监视,马上汇报有关领导,同时使用红外测温仪进行红外测温,将测温结果汇报检修人员进行分析。

确认内部存在故障后,在未更换前,应定期对其进行红外测温。

如果故障会引起某些保护装置误动,应经领导同意,向电力调度员说明原因,申请退出可能误动的保护装置。

(4)需退出运行的异常情况　电容式电压互感器在下述情况中应退出运行进行检查处理:

1)绝缘子严重破损、放电。

2)严重漏油。

3)本体异常过热,内部有火花放电或不正常声响,二次电压一相或多相为零等故障。

4)爆炸起火或向外喷油。

5. 电流互感器常见异常及处理方法

(1)电流互感器SF_6气体泄漏处理方法

1)SF_6电流互感器在SF_6压力低而发出信号时,应立即检查SF_6泄漏情况,加强对压力的监视。

2)接近SF_6电流互感器时,应戴防毒面具,从上风口靠近。

3)采取措施,尽快对异常的SF_6电流互感器进行补气。

(2)电流互感器二次回路开路处理方法

1)立即将故障现象汇报电力调度员和部门领导。

2）根据故障现象判断是测量回路还是保护回路的电流回路开路，申请退出可能会误动的保护装置，查明故障位置。

3）请电力调度员尽量减少一次负荷电流，如电流互感器本体严重损伤，应转移负荷停电处理。

4）尽快设法在就近的二次端子上，将电流互感器二次侧短路，再进行检查处理，短接时应使用良好的短路线。

5）判断是电流互感器二次回路端子开路后，若不能进行短路处理，应向电力调度员申请停电处理。

6）凡检查电流互感器二次回路的工作，必须注意安全，使用合格的绝缘工具进行。

7）差动保护二次回路开路时，该保护装置发出的闭锁信号不得擅自复归。

8）二次回路开路引起着火时，应先切断电源，再用干式灭火器灭火。

（3）应马上停运的异常情况 电流互感器出现下列情况应立即申请停电处理：

1）绝缘子严重破损，内部放电异响或电流互感器爆炸起火。

2）端子过热严重。

3）充油式电流互感器喷油或严重漏、缺油。

4）SF_6 电流互感器的 SF_6 气体压力低于第二告警压力，或接近第二告警值且仍持续下降。

5）二次回路开路无法处理。

6. 避雷器常见异常及处理方法

（1）避雷器发现裂纹处理方法 运行中发现避雷器有裂纹时，根据具体情况进行处理：

1）发现避雷器有明显裂纹时，可能由于进水受潮所致，应立即上报。若天气正常，则向电力调度员申请停电，退出更换；若遇雷雨天气，则不要轻易退出运行，但也可酌情申请停电处理。

2）发现避雷器法兰附件有轻微裂纹，尚无明显受潮迹象时，应及时上报并要求检查处理。

3）在雷雨天气时，应尽可能不使避雷器退出运行，待雷雨过后申请处理。

（2）避雷器泄漏电流突变处理方法

1）运行中发现泄漏电流比原始值增大 30% 时，应加强避雷器的运行监视。

2）运行中发现泄漏电流比原始值增大 50% 时，应使用钳形电流表或万用表进行核实，确认属实，汇报部门尽快停电检测或更换。

3）若泄漏电流比原始值减少或减少为 0，有可能是绝缘底座的绝缘能力下降很多或被短路，也有可能是表计损坏，需通知检修人员检查处理。

（3）避雷器运行中发生爆炸处理方法

1）避雷器爆炸尚未造成短路接地时，应在雷雨后向电力调度员申请停电并更换符合运行电压等级的避雷器。

2）避雷器爆炸造成接地时，立即向电力调度员申请停电并更换符合运行电压等级的避雷器。

3）更换的避雷器未经试验或试验不合格的严禁投运。

7. 微机型继电保护装置常见异常及处理方法

（1）液晶显示器黑屏处理方法

1）如整个保护面板及信号灯全灭，则可能为电源部分故障，应迅速向电力调度员申请退出故障保护。

2）对其电源回路、电源小开关及电源插件进行检查。

3）如为外部原因造成电源中断，在电源装置恢复正常后可投入运行。

4）如为装置内部问题则应尽快汇报调度和上级部门，由上级部门通知继电保护人员处理。

5）如只有液晶面板黑屏，按面板无反应，可能是管理板插件故障，尽快通知保护人员更换处理。

（2）芯片出错、通信异常处理方法　报警显示为装置内部芯片出错、通信异常时，按下述方法处理：

1）首先按信号复归按钮，看报警信号是否消失，如消失则为瞬时异常，记录异常出现的时间。

2）如不可复归，可向电力调度员汇报，申请将保护装置退出运行后，通过装置复位或关电重启看是否恢复，如不可恢复时及时通知相关人员处理。

（3）采样值出错处理方法　当装置报警显示电流、电压、开关位置回路异常时，应按以下方法处理：

1）运行人员应立即调看保护采样值，确定这是外部回路还是内部异常引起的。

2）若是外部回路问题时，应再看是否为特殊运行方式引起的，当确认为异常时应及时申请将异常保护装置退出运行，汇报主管部门通知继电保护人员处理。

3）若是内部异常引起的，应及时申请将异常保护装置退出运行，汇报主管部门通知继电保护人员处理。

（4）出口回路、数据采集回路故障处理方法　现场检查保护装置时，如报警信息显示为装置出口回路、数据采集回路故障，应及时向调度申请退出异常保护装置，汇报主管部门通知继电保护专业人员处理。

任务实施

高压室某馈线断路器拒动处理（以断路器 212 为例）

1）教师在牵引变电所仿真实训系统上示范高压室开关柜拒动处理流程，学生学习变电所异常处理标准流程。

2）教师下达任务，学生两人一组，分组在牵引变电所仿真实训系统上完成断路器 212 拒动处理作业。

① 教师通过教师机管理软件向学生发送故障处理任务。

② 学生进入牵引变电所仿真实训系统中的三维场景，进行高压室断路器 212 拒动故障处理实训练习。

3）学生在完成断路器 212 拒动处理作业过程中，观察故障现象并记录，完成表 8-4。

表 8-4　断路器 212 拒动故障现象记录表

故障名称	现象描述
断路器 212 拒动	

4）小组分组按表 8-5 进行断路器 212 拒动故障处理及验收。

表 8-5　断路器 212 拒动故障处理验收表

断路器 212 拒动故障处理步骤	操作内容	操作情况评价
1	查看断路器 212 的测量保护装置信息	
2	向电力调度员汇报	
3	断隔离开关 2121，后合断路器 212	
4	向电力调度员汇报	
5	断断路器 212，后合隔离开关 2121	
6	向电力调度员汇报	
7	查看馈线电压	
8	将残压值修改为 400V	
9	向电力调度员汇报	
10	合断路器 212	
11	向电力调度员汇报完成	
12	记录故障信息	

拓展阅读

全国劳动模范张耘溢：扎根检修一线　守护万家灯火

任务检测

一、简答题
1. 简述主变常见异常及处理方法。
2. 简述断路器常见异常及处理方法。
3. 简述隔离开关常见异常及处理方法。

二、填空题
1. 一般设备发热分两大类：第一类是_____，第二类是_____。
2. 确认断路器中 SF_6 气体泄漏时，到现场检查气压需要从_____接近，必要时戴上_____。

任务 2　变电所常见故障处理

任务描述

识别变电所常见故障并正确进行故障处理，以某地铁降压变电所 35kV 配电变压器柜过电流保护跳闸故障为例，查看事件记录，识读 PSCADA 报文及故障录波图，对相关数据进行分析记录，给出引起断路器过电流保护跳闸故障原因。

项目 8　变电所常见异常与故障处理

任务目标

知识目标	1. 熟悉变电所设备常见故障 2. 掌握变电所常见故障的处理原则 3. 掌握变电所常见故障的处理方法
能力目标	1. 能进行变电所常见故障的原因分析 2. 能进行变电所常见故障的处理
素质目标	1. 树立安全生产、规范操作的职业素养 2. 领略在平凡岗位做出不平凡奉献的劳模精神

任务资讯

一、变电所故障时的主要现象及主要原因

1. 出现故障时的主要现象

1）电气设备出现异常运行声响或出现放电、爆炸。
2）报警信号显示保护、自动控制装置动作，遥测、遥信异常变化。
3）断路器跳闸。
4）电气设备出现变形、裂碎、变色、烧毁、烟火和喷油等异常现象。

2. 主要原因

出现故障的主要原因有：自然灾害，设备缺陷，保护装置误动作，运行方式不合理，检修质量不好。

二、常见故障类型及一般处理原则

1. 常见故障类型

根据运行经验和故障统计来看，变电所中容易出现以下类型的故障：
1）变压器等主要电气设备绝缘损坏，引起匝间短路或相间短路。
2）高压断路器操动机构故障，造成操作失灵，如拒合闸或拒分闸等。
3）绝缘子损坏、破裂或污染，引起套管、绝缘子放电、闪络的故障。
4）继电保护装置和自动装置误动作或拒绝动作。
5）雷击、雨雪、覆冰或动物灾害所造成的故障。
6）运行人员误操作。容易发生的误操作有：检修结束后未撤除接地线就合闸送电；带负荷分、合闸等。
7）二次回路的故障：如控制信号回路和电源回路故障，动作元件切换不到位，灯光指示不正确等。

2. 一般处理原则

变电所设备故障现场处置应当遵循"先通后复"的原则，以最快速度隔离故障设备，切换供电方式，减小故障影响。对于自动复归或暂不影响运营的故障，应进行初步处理，复制相应报文组织分析，必要时安排人员留守现场，待运营结束后检查处理；对于无法自

动复归或影响正常运营的故障,应及时采取其他供电方式,缩小故障影响范围,人员到现场进行抢修,抢修结束待夜间停止运营后再恢复正常供电方式。

三、故障时需要检查的设备及故障处理步骤

1. 故障时需要检查的设备

1)检查监控主机主界面。
2)检查报文信息。
3)检查监控主机一次系统电气主接线图中的断路器位置。
4)检查监控主机一次系统电气主接线图中的遥信量信息。
5)检查监控主机一次系统电气主接线图中的遥测量信息。
6)检查遥测一览界面信息。
7)检查保护信息。
8)检查断路器位置及相关的设备。

2. 故障处理步骤

1)记录故障发生的时间和现象,将故障简要情况汇报给电力调度员,如跳闸时间、天气及设备跳闸情况等。
2)根据故障现象初步判断故障性质及故障范围。
3)迅速切除对人身和设备安全有严重威胁的设备。
4)现场检查保护及自动装置的动作情况、故障录波装置的测距情况、跳闸设备有无异常及设备的故障情况。
5)查找到故障设备后将其隔离。
6)将故障检查及故障隔离的情况详细地汇报给电力调度员。
7)根据调度令恢复无故障设备的运行。
8)做好故障设备的安全措施,等待检修。
9)完善相关记录,并汇报领导。

四、变电所常见故障及处理措施

1. 主变电所常见故障及处理措施

主变电所常见故障及处理措施见表8-6。

表8-6 主变电所常见故障及处理措施

序号	常见故障	处理措施
1	电缆受机械等外力或人为因素造成破损、断裂	破损即修复,断裂则重做中间接头,电缆绝缘检修
2	电缆终端头、中间接头处绝缘击穿	更换电缆头、重做中间接头,电缆绝缘检修
3	35kV环网差动保护光缆故障,闭锁差动保护	通过光纤熔接等方式修复光缆通道
4	电缆廊道、电缆夹层积水造成电缆绝缘不良	用潜水泵抽去积水,对电缆进行绝缘检修
5	干式变压器温控仪故障	检查温控器本体及传感器线缆
6	干式变压器匝间短路	停电,更换原有绕组绝缘或更换变压器
7	油浸式变压器渗漏油	加强巡视,如漏油过大应停电检查法兰连接和密封垫情况

（续）

序号	常见故障	处理措施
8	油浸式变压器套管闪络放电	对闪络套管进行检查和测量，必要时进行检修
9	油浸式变压器压力释放阀薄膜破损	更换薄膜
10	油浸式变压器相间或匝间短路	停电，对变压器放油，必要时吊罩处理
11	油浸式变压器气体继电器油室内有气体进入	将气体收集送检及进行油色谱分析
12	各类电压等级开关柜继电保护装置故障	更换保护装置并将故障装置发回厂家处理
13	各类电压等级开关、隔离开关的电气、机械闭锁功能故障	电气闭锁检查二次回路，机械闭锁检查断路器内部机构
14	开关柜控制电源缺失、断路器跳闸或二次控制回路接线松动、断线	检查直流屏馈出线开关状态，然后紧线换线
15	开关柜二次回路的采样装置或回路松动、断线	对二次回路进行紧线换线
16	35kV GIS 组合电器 SF_6 气体泄漏	先将 35kV 开关室通风，做好安全防护之后用检漏仪查出漏点并处理
17	35kV GIS 组合电器进出线柜差动保护装置通信故障，差动保护闭锁	首先修复保护装置通信，将故障信息复归
18	分、合闸线圈烧损	停电更换
19	各类电压等级开关、隔离开关触头烧损	先停电查看，如触头轻微烧损则进行处理，如严重损毁，则更换
20	各类电压等级开关柜保护装置误动作	复归后，重新合闸
21	各类电压等级开关柜过负荷	加强巡检
22	蓄电池电压偏低、老化	先进行活化，活化后依旧有故障，可以更换少量蓄电池，如果有多个需更换，则应将蓄电池整组更换
23	UPS 旁路切换功能拒动	切至手动旁路，给下级负荷供电，检查或更换旁路切换开关
24	双电源切换装置不动作	可手动操作并对装置进行测试检查，若损坏需更换
25	充电模块故障、过温	重启充电模块，加强通风，若充电模块故障，更换相应充电模块
26	绝缘监控模块故障	更换模块
27	直流母线绝缘下降，母线电压异常报警	根据当时的运行方式、检修作业、天气情况，迅速判断可能接地的回路，必要时采用瞬时切断负荷的方法查找故障点

2. 正线变电所常见故障及处理措施

正线变电所常见故障及处理措施见表 8-7。

表 8-7　正线变电所常见故障及处理措施

序号	常见故障	处理措施
1	全所设备通信中断	通信中断时，需对通信设备进行检查，检查有无通信设备损坏或通信设备相关接线连接是否松动
2	电力调度员无法远方合进线开关	首先检查断路器气室压力过低有无闭锁，故障信号是否复归及保护装置光电耦合器输入状态，确认断路器辅助触点是否到位，保护装置开入、开出板有无故障，二次室内回路、二次接线或短接片有无松动，再检查断路器储能和合闸线圈是否正常，线圈后挡板卡滞情况，合闸连杆与动作连杆之间的间隙

（续）

序号	常见故障	处理措施
3	交、直流屏至综控屏通信不通	更改综控屏至交、直流屏的通信地址，并重启通信管理机
4	整流模块不能正常工作，综控屏有整流模块故障相关报文显示，直流屏故障指示灯点亮，电源开关跳闸	首先停电检查整流模块后面的插件与插针是否接触良好，整流模块后面的二次线是否有绝缘破损和松动现象，如果检查均没有问题，则可以考虑整流模块内部存在故障，然后拆开整流模块进行检查，故障原因可能是整流模块电路板上的小电容爆裂，此时应更换新的整流模块
5	温控箱显示屏显示的温度偏高	现场测量变压器本体温度，与温控显示的温度做对比，如果变压器本体温度正常，则可能是温控箱内测温传感插头接触不良或松动
6	综控屏报文显示"配电变失电告警"	首先查看配电变压器本体是否运行正常，如果正常，再查看综控屏数据库软件里配电变失电告警点位是否取反，如果已经取反，再检查配电变温控箱的报警回路
7	35kV 馈出柜合闸闭锁，无法合闸	查看综合自动化屏报文及保护装置信息，根据故障现象分析故障类型（断路器合闸闭锁，无法合闸） 检查断路器合闸回路和合闸闭锁信号回路的二次接线是否正确，无外部逻辑联锁跳闸和闭锁信号输入 检查断路器本体机构是否有损坏、卡滞，损坏的元器件、部件要及时更换并对其紧固，或在传动机构件之间涂抹润滑剂
8	牵引变压器柜综合自动化后台显示线路侧无压，且无法远控，就地也无法分闸	查看综合自动化屏报文及保护装置信息，根据故障现象分析故障类型（断路器远方和就地均无法正常分闸） 检查带电显示装置及接线回路是否正常，是否有外部逻辑闭锁信号 检查断路器分闸回路接线是否正确，应无虚接、断线现象 查看现场就地机械分闸试验是否正常，检查断路器本体机械分闸装置是否有损坏或卡滞现象
9	35kV 开关柜进、出线柜及配电变压器柜通信中断	查看、刷新综合自动化通道报文及点位是否配置错误 检查通信线是否有松动、错接现象 查看通信设备本体有无损坏现象（综合自动化屏光电转换器损坏）
10	变电所内某一段保护装置跳闸回路断线故障	检查开关柜二次断路器室，各断路器是否在合位，是否正常提供二次电源 查看综合自动化屏后台报文及保护装置事件记录，复制故障报文 对照着图样检查跳闸回路断线回路二次接线是否正确，无异常
11	35kV 馈线开关柜通信中断	查看、刷新综合自动化通道报文及点位是否配置错误 检查通信线是否有松动、错接现象 查看通信设备本体接口有无损坏现象
12	35kV 开关柜配电变压器柜断路器跳闸故障	查看综合自动化后台、保护装置的报文信息并复制报文 检查开关柜本体状态及保护装置面板指示灯状态，确定故障类型 根据图样查看外部逻辑闭锁关系，确定是否由外部引起断路器跳闸。检查开关柜跳闸回路二次接线是否正常 检查配电变压器柜门、电磁锁是否松动
13	35kV 开关柜进出线柜远方/就地无法合闸故障	查看保护装置数据、点位及逻辑是否有异常并复制报文 对照图样检查合闸二次回路是否正常 分析外部逻辑，分析导致开关柜断路器合闸闭锁原因
14	开关柜复归按钮无法正常复归	紧固紧急分闸按钮接线，多试验几次紧急分闸按钮，使外部顶杆处行程开关位置到位，同时对航空插头进行紧固
15	馈线柜通信中断故障	先对馈线柜内保护装置中的网线插头进行清洁，同时将该网线接入负极柜中的光电转换器插口更换为其他插口，并将网线插口进行清洁

（续）

序号	常见故障	处理措施
16	上网隔离开关无法电动分、合闸故障	负极柜内继电器损坏，进行继电器更换 接线松动进行紧固接线 可以分，不可以合，或者可以合不能分，可能是机构箱内分合闸继电器损坏或卡滞，造成无法控制分、合，对机构箱继电器进行更换，同时对二次线进行检查紧固
17	直流开关柜柜面控制屏界面卡滞，无法操作	找到显示屏的电源线，拔掉电源线，待10s左右重新接上电源线，会重启显示屏，故障消失
18	直流牵引系统电流、电压型框架保护装置动作	先测柜体对地绝缘，找出故障点并排除。按下柜内下方的继电器红色复归按钮后，再按下负极柜面板的复归按钮及断路器小车复归按钮。若不成功，解除联锁跳闸开关，恢复大双边供电模式
19	整流器主回路二极管击穿、熔断器熔断	加强巡视，待运营结束检查更换
20	整流器与压敏电阻串联的熔断器熔断	加强巡视，待运营结束检查更换
21	二极管散热器过热，直流电流超负荷	加强巡视，待运营结束检查二极管及熔断器是否完好
22	整流器母排过热，主回路连接螺栓松动	加强巡视，待运营结束检查，并紧固松动螺栓
23	400V Ⅰ、Ⅱ段PLC总通信故障	首先观察开关柜后PLC灯闪烁是否异常和存在停闪现象（正常时PLC灯一直闪烁），若存在停闪现象可对馈线柜后PLC进行重启
24	调度PSCADA与所内综控屏显示分位，设备本体在合位	现场排查抽屉柜合闸继电器是否损坏
25	400V抽屉柜的智能仪表三相电压显示异常	现场对抽屉柜拉开查看，若智能仪表接线正常，可考虑更换智能仪表

任务实施

降压变电所35kV配电变压器柜过电流保护跳闸故障分析（以断路器341为例）

1）结合图5-25所示的电气主接线图，分析35kV配电变压器柜过电流保护跳闸故障可能造成的影响，并分析引起该故障的原因。

2）以断路器341为例，查看断路器341跳闸事件记录（见图8-1），并填表8-8。

动作时间：
191 2015-09-25 03:34:05.787

过电流段2
总启动=320ms

动作电流：
191 2015-09-25 03:34:06.022

过电流段2
跳闸=33A

图8-1 跳闸事件记录图

表 8-8　分析记录表（1）

记录项目	数值	结论
动作电流		
动作时间		
过电流保护动作整定值		
整定时间		

3）分析 PSCADA 报文及故障录波并填写表 8-9。

断路器 341 过电流 2 段保护跳闸时 PSCADA 报文，如图 8-2 所示。

跳闸时刻：
2015-09-25　03:34:07::004　　35kV-1号配电柜(341)　　装置-过电流跳闸　动作
2015-09-25　03:35:06　　　　35kV-1号配电柜(341)　　装置-过电流跳闸　动作
2015-09-25　03:34:06.691　　35kV-1号配电柜(341)　　装置-故障总信号　跳闸

图 8-2　PSCADA 报文

断路器 341 故障录波如图 8-3 所示。

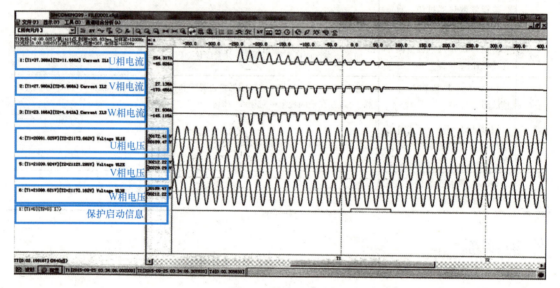

图 8-3　故障录波图

表 8-9　分析记录表（2）

记录项目	变化情况	结论
三相电流		
三相电压		

4）综合以上分析，得出结论并填写表 8-10。

表 8-10　分析记录表（3）

引起断路器 341 过电流保护跳闸故障原因

项目8 变电所常见异常与故障处理

拓展阅读

任务检测

川电劳模李国强：
二十七载运维光阴
深耕一线创造不凡

一、简答题

1. 简述变电所常见的故障类型。
2. 简述电力调度员无法远方合进线开关时的处理措施。

二、填空题

1. 变配电设备故障现场处置应当遵循"_____"的原则，以最快速度隔离故障设备，切换供电方式，减小故障影响。
2. 当电气设备发生火灾时，要立即将该设备的_____，然后按规定采取有效措施灭火。
3. 在发生人身触电事故时，为了解救触电人员，可以不经许可，即_____，但事后必须立即报告设备调度。
4. 在设备因事故停电时，在未与现场人员取得联系前，无论何种理由，都不得对停电设备_____。

参 考 文 献

[1] 徐亚辉. 城市轨道交通供变电技术 [M]. 2版. 北京：机械工业出版社，2020.
[2] 李学武. 城市轨道交通供变电技术 [M]. 成都：西南交通大学出版社，2016.
[3] 杨卫红. 城市轨道交通供配电系统运行与维护：一次系统 [M]. 北京：北京交通大学出版社，2018.
[4] 刘宏泰. 城市轨道交通变电检修工 [M]. 北京：人民交通出版社，2017.
[5] 童岩峰，章新华. 城市轨道交通变配电检修工 [M]. 北京：中国铁道出版社，2015.
[6] 刘让雄. 城市轨道交通供电系统运行与管理 [M]. 成都：西南交通大学出版社，2015.
[7] 方彦. 基于工作过程的牵引变电所运营与维护教程 [M]. 成都：西南交通大学出版社，2017.
[8] 人力资源和社会保障部教材办公室，广州市地下铁道总公司. 变电检修工 [M]. 北京：中国劳动社会保障出版社，2010.
[9] 李建民. 城市轨道交通供电系统概论 [M]. 北京：机械工业出版社，2016.
[10] 赵矿英. 城市轨道交通供电系统 [M]. 北京：电子工业出版社，2015.
[11] 尚俊霞，袁博. 城市轨道交通供电规程与规则 [M]. 北京：北京理工大学出版社，2016.
[12] 北京市规划委员会. 地铁设计规范 [M]. 北京：中国建筑工业出版社，2014.